A Monsieur Antoine d'Abbadie
Membre de l'Institut,
Hommage très respectueux
(J. Perruchon)

PUBLICATIONS DE L'ÉCOLE DES LETTRES D'ALGER
BULLETIN DE CORRESPONDANCE AFRICAINE

VIE DE LALIBALA

ROI D'ÉTHIOPIE

ANGERS, IMP. A. BURDIN ET Cie, RUE GARNIER, 4.

VIE DE LALIBALA

ROI D'ÉTHIOPIE

TEXTE ÉTHIOPIEN

PUBLIÉ D'APRÈS UN MANUSCRIT DU MUSÉE BRITANNIQUE

ET TRADUCTION FRANÇAISE

AVEC UN RÉSUMÉ DE L'HISTOIRE DES ZAGÜÉS
ET LA DESCRIPTION DES ÉGLISES MONOLITHES DE LALIBALA

PAR

J. PERRUCHON

PARIS
ERNEST LEROUX, ÉDITEUR
28, RUE BONAPARTE, 28

1892

INTRODUCTION

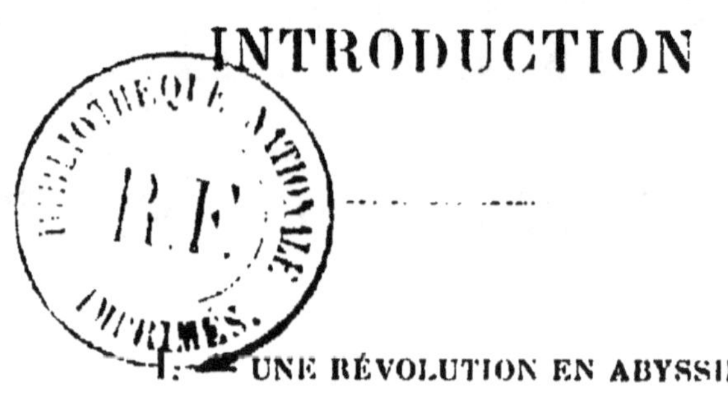

I. — UNE RÉVOLUTION EN ABYSSINIE

L'Abyssinie, ce petit pays de la côte orientale d'Afrique, si pittoresque et si intéressant par la religion, les mœurs et les coutumes de ses habitants, a été plusieurs fois le théâtre de révolutions. L'histoire nous a conservé le souvenir de l'une des plus violentes qui s'est accomplie au xe siècle de notre ère. Le trône d'Éthiopie était alors occupé par Delnaod, un des descendants de Menilek qui, d'après la tradition éthiopienne, serait le fils de la reine de Saba et du grand roi Salomon, d'où le nom de *Salomonienne* donné à cette dynastie. Tout à coup une insurrection éclate, Delnaod est renversé et une nouvelle famille s'empare du pouvoir [1]. Cette famille, qui régna pendant 300 ans environ, est connue sous le nom de Zagüé. Les chroniques abyssiniennes, toujours sobres de détails, disent simplement que le trône fut enlevé à Delnaod et donné à d'autres rois qui

1. Ludolf, *Historia Æthiop.*, livre II, ch. IV, 43 : « Interrupta fuit familia hæc (Salomonis) tempore Delnaodi, qui circa annum Christi 960 regnavit. Post eum alia nova cœpit, de qua nunc agendi locus erit. » Cf. Bruce, *Voyage aux sources du Nil, traduction Castéra*, t. III, p. 332 et suiv.; Salt, *Voyage en Abyssinie*, t. II, p. 265; René Basset, *Études sur l'histoire d'Éthiopie*. Impr. nat., extr. du *Journal Asiatique*. Paris, 1882, note 60.

n'étaient pas israélites, c'est-à-dire aux Zagüés[1]. Pendant le temps que dura cette usurpation, les membres de la dynastie Salomonienne se réfugièrent dans le Shoa, petite province située au sud de l'Abyssinie, qui leur était restée fidèle[2].

Lalibala, dont nous allons publier la vie d'après un manuscrit éthiopien du British Museum, figure le septième sur la liste de ces rois Zagüés dont voici les noms suivant les chroniques éthiopiennes :

1. Marâ-Takla-Haymanot régna		3 ans
2. Ṭaṭodem ou Ṭoṭodem	—	40 ans
3. Jân-Shëyum	—	40 ans
4. Germa-Shëyum	—	40 ans
5. Yëmërëhana-Krestos	—	40 ans
6. Qëdus-Harbê	—	40 ans
7. Lalibala	—	40 ans

1. M. Dillmann, qu'il faut toujours consulter lorsqu'il s'agit de l'histoire d'Éthiopie, a publié en 1853, dans la *Zeitschrift der deutschen morgenländischen Gesellschaft*, un travail intitulé : *Zur Geschichte des abyssinischen Reichs*, qui contient les listes des rois d'Abyssinie. Nous en donnerons tout à l'heure un extrait concernant les rois Zagüés. Il y est dit ceci à propos de Delnaod. « Ihm wurde das Reich (der Thron) geraubt und andern gegeben, die keine Israeliten waren, nämlich den Zague » (t. VII, p. 149). Cf. René Basset, *Études sur l'histoire d'Éthiopie*. Paris, Impr. nation., 1882, p. 98. Par « Israélites », il faut entendre « de la famille de Salomon ».

2. D'après Bruce (*Voyage*, t. III, p. 332), tous les princes confinés sur la montagne de Damo furent égorgés, et Del-Naad ou Del-Naod, seul, survécut et se réfugia dans le Shoa. Ses successeurs furent (p. 341) Mahaber-Wedem, Igba-Sion, Tzenaf-Araad, Nagash-Zaré, Asfeha, Jacob, Bahar-Segued, Adamas-Segued, Icon-Amlak. Salt (*Voyage en Abyssinie*, t. II, p. 266) donne à peu près les mêmes noms : Maimersa-Woudim, Agva-Sion, Sin-Farat, Negush-Zary, Atzfé, Yakoub, Birasgud-Asgud, Woudem-Asgud; il assigne à leurs règnes une durée de 330 ans. (Cf. René Basset, *Études*, p. 98.)

8. Naakueto-Laab	—	48 ans
9. Yëtbarak	—	40 ans
10. Mayrâri	—	15 ans
11. Ḥarbay	—	8 ans.

La durée totale de leurs règnes fut de 354 ans, d'après la chronique la plus accréditée, qui est celle que nous venons de citer [1].

1. Les listes des rois Zagüés publiées par M. Dillmann sont tirées des manuscrits de la Bodléïenne d'Oxford n°s XXVI (deux listes provenant l'une ne du fol. 90, l'autre du fol. 100), XXVIII, XXIX et XXXII. Ces cinq listes sont désignées par les lettres A (ms. XXVI, fol. 90), B1 (ms. XXVI fol. 100), B2 (ms. XXVIII), B3 (ms. XXIX) et B4 (ms. XXXII). Le savant professeur y a ajouté les variantes données par Rüppell, d'après cinq sources, qu'il indique par la lettre R suivie des chiffres 1, 2, 3, 4, 5. Eu égard à l'importance de ce document, nous croyons devoir le reproduire en entier :

« Die Liste der zagäischen Herrscher ist in B1 (cod. XXVI, bl. 100) ausgelassen und ist dort nur die Dauer ihrer Gesammtregierung angegeben; in B2, 3, 4 stehet sie, aber in B4 fehlen die Jahreszahlen der einzelnen Regierungen. Ausserdem setze ich noch aus den 5 Quellen des Rüppell (B2, s. 351) die Varianten als R1, 2, 3, 4, 5.

1.	Marâ Takla Hayemânôt (Sague? R1, 2, 3) regiert. . .	3 J.
2.	Tatôdem (Tôtôdem B3; Wedem B4) in R3 sind es 2 Regenten : Panetau und Panetadam.	40 J.
3.	Jân Šeyûm	40 J.
4.	Guermâ Šeyum (Shan Görema R3)	40 J.
5.	Yemerhana Krestôs (steht in R3, zwischen n°s 8 et 9) .	40 J.
6.	Qedus Ḥarbê (Shan Arbe R3)	40 J.
7.	Lâlibalâ (fehlt in B3)	40 J.
8.	Naakuetô Laab	48 J.
9.	Yetebârak (sc. Egziabḥêr)	40 J.
10.	Mâyerâri (Majoraf R1, 2; fehlt R3).	15 J.
		18 J. R2.
11.	Ḥarbaye (Harbejo R1, 2, fehlt R3)	8 J.
		23 J. R2.

« Es sind 11 Könige und ihre Regierungszeit macht zusammen

La domination des rois Zagüés cessa, vers 1270, par une circonstance bien singulière et bien rare dans l'histoire. Le prince de cette famille, qui régnait alors, consentit à restituer à Yekuno-Amlâk, roi du Shoa, de la dynastie Salomonienne, le trône de ses pères. Cette restitution se fit par l'entremise de l'abouna Takla-Haymanot, célèbre dans l'Église d'Éthiopie; il fut stipulé, dans le traité conclu entre les deux rois, qu'une partie du pays du Lasta, situé à l'est de l'Abyssinie actuelle, resterait la propriété des Zagüés, qui conserveraient dans ce pays la royauté avec toutes ses prérogatives et qu'un tiers du royaume serait cédé à l'abouna lui-même pour l'entretien du clergé, des couvents et des églises d'Abyssinie[1].

II. — LA FAMILLE DES ZAGUÉS

L'origine de la famille des Zagüés est encore incertaine. Suivant une tradition, la révolution dont nous avons parlé aurait été causée par une insurrection des Falashas, peuple

354 Jahre », was richtig ist. Nach B2 wären es 372 Jahre, nach B4 sind es 376; nach B5, 375 und endlich nach B1, 330 Jahre, während welcher die Zagäer regierten.

« Aber ganz abweichend sowohl in der Reihenfolge als auch der Anzahl der Namen findet sich noch in cod. xxvi, bl. 91, als Fortsetzung der oben von uns C1 genannten Liste folgendes Verzeichniss der zagäischer Regenten : Marâri 15 J. — Yemrâh 40 J. — Lalibala, 40 J. — Naakueto-la-ab, 40 J. — Harbaï, 8 J. — und darnach brachte Jekuno-Amlak das Reich wieder an sie (die salomonische Familie) » (*ZDMG.*, t. VII, année 1853, p. 350-351). Cf. la chronique publiée par M. René Basset (*Études sur l'histoire d'Éthiopie*, p. 9 et 98).

1. Cf. Bruce, *Voyage*, t. III, p. 341 et suiv.; Salt, *Voy. en Abyssinie*, t. II, p. 267; René Basset, *Études sur l'histoire d'Éthiopie*, notes 64 et 65).

qui professe la religion juive et qui s'est toujours gouverné lui-même, avec ses rois ou ses reines propres. Ce serait une de leurs reines, nommée Esther, Esât (le feu), Judith ou Terdâe-Gobaz, qui aurait dépossédé Delnaod[1].

1. « Delnoado extincto, familia *Zagæa* regnum invasit : eoque trecentis et quadraginta annis potita est ; scelere fœminæ cujusdam Essâ' (ignem hæc vox significat) dictæ, cui varia flagitia, veluti impudicitia, sacrilegia et avaritia immanis impinguntur. Successores ejus incerti : et pleraque nomina quæ *Marianus Victorius* habet, cum annis regiminis suspecta sunt ; ut taceam, quod *Tellezius* disertè scribit · *Reginas in catalogum regnantium non inferri.* Attamen a Victorio una inseritur nomine *Tredda Gabez*, quæ omnes Salomonæi generis posteros e medio sustulerit, ut filio, ex præfecto quodam Bugnæ concepto, regnum firmaret. *Unicum* tantum regiæ stirpis *juvenem*, ad primores regni *Shewæ*, stemmati legitimo addictissimos, profugum, occultum servatum fuisse. Invidiosè quidem hujus generationis reges a Tellezio traducuntur, tanquam injusti et memoriâ indigni, cum tamen illa multos insignes reges Æthiopiæ dederit, quorum etiam in *Liturgiâ* Æthiopicâ, et apud *poëtam* meum, felix est memoria, ut Degna-Michael ; Newaja Christos, i e *opes Christi* ; qui in catalogo Victorii nuspiam comparet. » (Ludolf, *Hist. Æthiop.*, l. II, ch. v, 1 à 6.) « Cette révolution paraît avoir été causée par une insurrection des Agaous et des Falachas. Ces deux peuples appartiennent à la famille proto-sémitique qui comprend les Égyptiens, les Berbères, les Haoussas et les populations des bords de la mer Rouge. Sahos, Bedjas, etc. Ils occupèrent l'Éthiopie à une époque difficile à déterminer et furent refoulés sur certains points par l'émigration sémitique des Gheez au Ier siècle de notre ère. Toutefois, ils parvinrent à se maintenir dans quelques provinces, le Samen, le Lasta, l'Agaoumdèr et le Dâmot. Une partie d'entre eux professe encore aujourd'hui le judaïsme. Ce fut une de leurs reines, nommée Esther, suivant d'autres Esat, Judith ou Terdaë-Gobaz, qui déposséda Del-Na'ad, mais une dynastie chrétienne, différente de celle des Falâchâs juifs, avec laquelle on la confond quelquefois, s'empara de toute l'Éthiopie. En adoptant la date de 1268 pour le rétablissement de Yĕkouno-Amlak, on trouve que la période de 354 ans assignée par notre chronique à la durée des Zâgués est très proche de la vérité, car elle concorde avec

Mais, ainsi que le fait remarquer Ludolf, après Tellez, les catalogues des princes qui ont régné en Éthiopie ne mentionnent pas de reine. Toutefois Ludolf n'a pas eu lui-même connaissance de ces listes de rois, puisqu'il fait figurer parmi les Zagüés Degnâ-Mikâêl et Newâya-Krestos[1].

Bruce a connu à la fois les listes éthiopiennes, qu'il donne dans son ouvrage, et la tradition, qui lui a fourni matière à une longue dissertation sur ce sujet[2]. Il dut certainement constater le désaccord qui existe entre les deux et cette constatation ne laissa pas sans doute de l'embarrasser. Pour trancher la difficulté, il imagina de diviser la liste des rois Zagüés en deux groupes, l'un de rois chrétiens et l'autre de rois Falashas, originaires du Lasta. D'après le savant explorateur, ces derniers, au nombre de cinq, auraient immédiatement succédé à la reine Judith ou Esther; ce sont :

Totadem,
Jan-Shum,
Garima-Shum,
Harbai
et Marari.

Ces rois juifs auraient été ensuite remplacés par une

les synchronismes que nous fournissent les historiens musulmans et chrétiens. La domination des Falâchâs du Samen dut être de peu de durée; mais elle suffit pour couvrir l'Éthiopie de ruines » (Basset, *Études*, note 60).

1. Voir la note précédente. Degnâ-Mikâêl régna bien longtemps avant les Zagüés; quant à Newâya-Krestos, il gouverna l'Éthiopie de 1342 à 1370 ou 1372 Cependant, je dois dire que le ms. 26 de la Bibl. d'Oxford, nomme Esât, Guedit, Degnâ, Michael et Terdâ'e Gabaz (*ZDMG.*, t. VIII, 349, 350).

2. Bruce, *Voyage aux sources du Nil, trad. Castéra*. Londres, 1790, t. III, p. 331 et suiv.

famille noble du Lasta, alliée à Judith et qui serait retournée au christianisme. Les rois chrétiens composant cette famille seraient :

Tecla Haimanot,
Kedus Harbe,
Itibarek,
Lalibala,
Imeranha Cristos
et Naakueto Laab.

Pour établir cette division, Bruce se base sur l'aspect différent que présentent les noms de ces deux catégories de rois. En présence des noms chrétiens que l'on rencontre dans les listes éthiopiennes, il ne faut pas songer à nier le christianisme de ceux qui les portent; quant aux autres que Bruce qualifie de barbares [1], il suffit de jeter un coup d'œil sur le catalogue général des rois d'Éthiopie pour se convaincre que tous, sauf celui de Totodem ou Toladem ont été donnés à des rois chrétiens [2].

D'autre part Bruce intervertit complètement l'ordre adopté dans la liste éthiopienne. Les chroniques désignent en effet comme le premier roi Zagüé, Mara-Takla-Haymanot, dont le nom éminemment chrétien signifie « Plante

1. Bruce, *Voyage aux sources du Nil*, p. 333. D'après Bruce, Judith aurait régné pendant quarante ans. Nous avons cru devoir maintenir l'orthographe de Bruce pour ces noms ; il est facile d'ailleurs de les rapprocher de ceux de la chronique éthiopienne.

2. Jân-Asgëd, 1297-1299 ; *Gërma* que Bruce rend par Garima, entre comme le mot *Jân*, dans la composition de plusieurs noms de rois chrétiens : Gërma-Asfare=Newaya-Maryam, 1372-1382, et avant l'avènement des Zagués Gërma-Safar. Il y a aussi un saint célèbre qui s'appelle Abba Garima ; Harbaï est analogue à Harbê que nous voyons dans l'autre liste précédé de *qedus* (saint).

de la foi »[1]. C'était donc lui qui devait inévitablement succéder à l'usurpatrice Esther ou Judith, si celle-ci a jamais existé. Or Bruce lui donne pour successeur Tolodem, qui n'est que le second sur la liste et le fait suivre de Jan-Shum, Garima-Shum, Harbaï et Marari, qui sont respectivement les troisième, quatrième, dixième et onzième ; puis il forme un second groupe en tête duquel il place Mara-Takla-Haymanot qui devient ainsi le sixième.

Peut-être y avait-il une tradition qui autorisait à faire cette classification? Il est permis de le croire, mais Bruce ne nous la fait pas connaître[2] et son procédé peut paraître tout à fait arbitraire. En supposant même que les noms donnés par les chroniques éthiopiennes puissent se diviser en deux catégories d'après leur aspect, il faudrait encore, ce me semble, donner le premier rang à celui qui est mentionné le premier. On ne saurait donc s'arrêter à la classification de Bruce qui, faute de justification, n'apporte aucun éclaircissement sur ce point.

Il nous faut donc remonter aux sources, autant que cela sera possible. D'après l'historien arabe consulté par Renaudot au siècle dernier, la mention d'une reine qui aurait dominé sur l'Éthiopie à l'époque dont il s'agit se trouve dans une lettre adressée par le négus ou roi d'Abyssinie au roi Georges de Nubie, pour le prier d'intervenir en sa faveur auprès du patriarche d'Alexandrie, Philothée (981-1002 ou 1003), afin d'obtenir l'envoi en

1. Le nom de Takla-Haïmanot (Plante de la foi) prouve incontestablement que le chef de cette dynastie était chrétien (Basset, *Études*, note 62).

2. J'ai suivi, dit-il seulement, les histoires et les traditions qui sont regardées comme les plus authentiques dans le pays (*Voyage*, t. III, p. 335).

Éthiopie d'un *abouna* ou métropolitain, ce qui n'avait pas eu lieu depuis longtemps. Il était dit dans cette lettre qu'une reine avait envahi le pays, brûlé des villes, détruit des églises et contraint le roi à s'enfuir[1].

La question a été reprise dans ces dernières années par deux critiques éminents, MM. Ignazio Guidi et Joseph Halévy. Dans un article paru dans le *Journal de la Société asiatique d'Italie*[2], M. Guidi a reproduit, d'après le ms. arabe du Vatican, n° 620, fol 181-182, le texte arabe relatif à la lettre visée par Renaudot et écrite par le roi d'Abyssinie au roi de Nubie, pour obtenir, par son intermédiaire, du patriarche Philothée l'envoi d'un *abouna* ou métropolitain. Nous donnons ce texte avec la traduction de la discussion de M. le professeur Guidi :

« Le roi d'Abyssinie raconte au roi de Nubie la triste situation de son pays et lui dit : هوان امراة ملكة على بنى الهموية (الهوته ou) تارت (*sic*) عليه وعلى كورته وسبت منها خلق كتير (*sic*) واحرقت مدن كتير (*sic*) واخربت البيع وطردته من مكان الى مكان

« Renaudot traduit ainsi ce passage : « mulier regnum « obtinens super filios Amovia vel Amouta, Æthiopiam

1. Renaudot, *Hist. Patriarch. Alexand.* Paris, 1713, p. 381-382. L'importance de ce passage m'a été signalée par M. l'abbé Deramey, docteur de Sorbonne, maître de conférences pour l'Histoire religieuse de l'Abyssinie à l'École des Hautes-Études (section des Sciences religieuses).

Cette lettre se trouve également dans l'article du synaxare consacré à Philothée, mais dans l'exemplaire que possède la Bibliothèque nationale, ms. 126, il n'est pas question d'une reine.

2. *Giornale della Società asiatica italiana*, vol. III, 1888, p. 164-181.

« invasit, etc. »[1] et Lequien (*Or. Chr.*, II, 649) dit hardiment : « mulierem quippe Hamowiam vel Amotam », etc. Les mots فى الهمويه sont évidemment corrompus et le فى écrit en caractères égyptiens très petits des manuscrits modernes, dans lesquels le د a l'habitude d'être tracé comme s'il était joint à la lettre suivante, est une erreur pour دين : cette correction, qui me paraît certaine, nous porte à changer الهمويه ou الهويه en اليهودية et à lire le passage ainsi ملكة على دين اليهودية. Toutefois personne n'est nommé, mais on dit seulement qu'une reine de religion juive s'était levée contre le roi d'Abyssinie. Cette femme qui régna en Abyssinie vers 960 est souvent appelée Guedit ou Judith, mais il est permis de supposer que cela vient de ce que l'on n'avait pas bien compris les mots دين اليهودية, et de ce que l'on a tiré son nom propre d'une expression qui ne désignait que sa religion ».

« Le patriarche Philothée accueillit la demande du roi d'Abyssinie et lui envoya l'abouna Daniel, après l'arrivée duquel, dit l'histoire précitée (fol. 181), Dieu ازال امر الامراة التى قامت عليهم. Cela est en substance répété dans le synaxare éthiopien, dans la commémoration du patriarche Philothée. Le salam du ms. éthiop. n° 22 de la Boldléïenne d'Oxford est ainsi conçu, d'après la copie que m'a obligeamment envoyée le Dr Brünnow :

Salâm laka Filâtâwôs ḥawâryâ ;
Liqa pâpâsât za-'Eskendĕryâ ;
Ba'ebrêtka anfasû ḥezba 'Ityôpyâ
Ba'enta zašêmû lâ'elêhômū guĕhĕlĕyâ
Ama ṣe'elata ḫer (lisez *gor*) *konû wa laṣar ḥĕbĕlĕyâ.*

1. Cf. Renaudot, *Hist. Patr. Alex.*, 381-383; Basset, *Études sur l'histoire d'Éthiopie*, p. 228.

« La fin de la persécution contre les chrétiens et l'envoi d'un abouna par Philothée, après une longue interruption dans ces envois, suffisent pour justifier l'honneur que lui rendent les Abyssins, et la conjecture faite par Ludolf d'un Philippon et d'un Philothée n'était certainement pas heureuse. Du reste les mots *ṣe'elata gôr* du salam rappellent l' (امراة) هوان de la lettre du roi d'Abyssinie. »

Pour faire ces corrections, M. Guidi s'est servi de la tradition d'après laquelle le renversement de la dynastie salomonienne aurait été provoqué par une reine juive ou falasha. Se plaçant à un autre point de vue, M. J. Halévy a repris la discussion dans la *Revue des Études juives*[1] et a proposé une autre interprétation plus en rapport avec le nom de Zagüé donné à la famille usurpatrice par les Éthiopiens, qu'on ne pouvait expliquer jusqu'à ce jour. Après avoir reproduit le texte arabe cité par M. Guidi, M. Halévy, le traduit : « هوان femme, reine sur les Benou el-Hamouya (ou el-Haouya), se leva contre lui et son pays, en emmena beaucoup de captifs, brûla beaucoup de villes, détruisit les églises et le chassa lui-même d'un endroit à l'autre. »

Puis il continue : « Le patriarche accueillit sa demande et lui envoya l'abouna Daniel, après quoi, dit l'histoire précitée (fol. 181) : « Dieu fit disparaître le gouvernement « de la femme qui s'était levée contre eux. »

« Cela est substantiellement répété dans le *senkesâr* éthiopien, dans la commémoration du patriarche Philothée. En voici le salâm d'après la copie publiée par M. Guidi :

Salut à toi, Philothée, apôtre,
Patriarche d'Alexandrie

1. *Revue des Études juives*, 1889, p 457.

Grâce à toi, les peuples d'Éthiopie, trouvèrent le repos,
Après avoir ordonné sur eux un imposteur,
Lorsqu'ils furent un objet de mépris pour le voisin et de
[dépouilles pour l'ennemi.

« Le judaïsme de la reine persécutrice est formellement affirmé par les listes royales éthiopiennes et généralement admis par les écrivains modernes. Les Abyssiniens lui donnent le nom de Guedit ou Judith et le sobriquet de Esât « Feu » (suit la reproduction en italien du passage de l'article de M. Guidi, dont nous avons donné plus haut la traduction).

« Je suis absolument d'accord avec M. le professeur Guidi sur l'inexactitude de la forme الهموية ou الهموتة, mais comme la correction qu'il propose, en admettant d'emblée le judaïsme de la reine, laisse de côté le nom de *Zăgüĕ* que les Abyssiniens attribuent à cette dynastie, je pense que le mot de l'énigme doit être cherché dans une voie différente. A mon avis, le passage dont il s'agit est correct, sauf pour le mot الهموية, qu'il faut lire الهغوية. Les *Beni el-Hag'uia* sont simplement les aborigènes du pays, nommés communément Agau ou Agaou. Peut-être s'agit-il en particulier des habitants de l'Agaoumeder soulevés contre la domination du négus sous la conduite d'une femme et par suite de l'élection d'un *aboûna* protégé par celle-ci et repoussé par le négus. Cela résulte de ces paroles du *salâm :* « parce qu'ils avaient ordonné sur eux un *imposteur* ». Le passage arabe appelle la reine هوان, c'est-à-dire très probablement *Ḥĕwân*, Ève (à moins qu'il ne faille lire هو ان , *il arriva que*), mais l'écrivain éthiopien semble l'avoir interprété par l'arabe هوان « vil, méprisé » et y avoir fait allusion dans l'expression : « Lorsqu'ils furent un « objet de *mépris* pour le voisin *ṣe'elata gôr* ». Les auteurs éthiopiens ont tous puisé à cette source unique. Ils avaient transcrit tout d'abord l'ethnique هغويه *Hag'uia*, très servilement *Hâqué*, mais cette forme, grâce à la similitude des caractères *hâ* et *zâ* en écriture guèez, s'est définitivement altérée en *Zâgué*, *Zagué*. Quant à la religion de la reine, il n'y a pas une ombre de vraisemblance que ce fût le judaïsme : tous les princes Zagüés, sauf un seul, portent des noms chrétiens [1]. »

M. Halévy insiste tout particulièrement sur ce point que la lettre dont il est question dans l'histoire arabe a été écrite par Delnaod lui-même, qui raconte au roi de Nubie les événements survenus dans son royaume par le fait de la révolution occasionnée par la reine agaou. Le document arabe nous apprend qu'après l'arrivée de l'abouna Daniel, le calme se rétablit en Éthiopie. M. Halévy pense qu'il n'y a pas eu un changement de dynastie, mais un simple interrègne de peu de durée.

L'origine salomonienne de la dynastie du Shoa se rattachant à Delnaod pourrait néanmoins, d'après lui, reposer sur une tradition exacte, car la présence du roi d'Abyssinie dans le Shoa est fréquemment constatée dans les chroniques et Delnaod a pu laisser un de ses descendants comme viceroi dans ce pays. D'autre part, Mara-Takla-Haymanot serait de la même dynastie chrétienne et aurait été le successeur direct de Delnaod sur le trône d'Aksum.

Je viens de rapporter les diverses opinions qui ont été émises sur cette révolution. M. René Basset a résumé, dans ses *Études sur l'histoire d'Éthiopie* [2], l'état du royaume abyssin pendant la période qui précède immédiatement cet événement : « Sous un des derniers rois de la famille

1. Joseph Halévy, *Revue des Études juives*, 1889, p. 457.

2. Note 60; ce résumé est fait d'après Renaudot, *Historia Patriarcharum Jacobitarum*, p. 336-341.

salomonienne, le patriarche d'Alexandrie Cosmas (923-934) envoya comme métropolitain d'Éthiopie un moine nommé Pierre. Le roi le reçut avec de grands honneurs et, en mourant, le laissa maître de choisir entre ses deux fils celui qui devrait monter sur le trône. L'abouna désigna le plus jeune. Sur ces entrefaites, deux moines coptes, Ménas et Victor, mécontents de Pierre, fabriquèrent de fausses lettres dans lesquelles le patriarche d'Alexandrie déclarait que l'abouna était un imposteur. Le frère aîné du roi s'en servit pour détrôner celui-ci et donna à Ménas le titre de métropolitain. Toutefois le patriarche découvrit la fraude et excommunia Ménas qui fut tué par le roi. Celui-ci redemanda l'ancien abouna qui venait de mourir et, à son défaut, obligea un disciple de Pierre à en remplir les fonctions sans lui permettre d'aller se faire ordonner en Égypte. Les cinq patriarches qui se succédèrent après Cosmas n'envoyèrent plus de métropolitain en Éthiopie. »

Il est fort possible qu'à la faveur des troubles occasionnés par la rivalité des deux frères et des abounas, une princesse d'une province voisine ait pu provoquer un soulèvement du peuple, qui aurait obligé le roi d'Aksum à s'éloigner momentanément de sa capitale. Quant à la question de savoir s'il y a eu réellement un changement de dynastie, il est, je crois, très difficile de se prononcer. Du reste toute cette période historique est très obscure. On ne sait absolument rien des successeurs de Mara-Takla-Haymanôt jusqu'à Lalibala.

III. — HISTOIRE DE LALIBALA

Avant d'examiner la Vie de Lalibala contenue dans le manuscrit éthiopien du *British Museum*, je vais donner un aperçu de l'histoire de ce roi d'après les écrits des auteurs qui se sont occupés de l'Abyssinie et les relations des voyageurs qui ont visité le pays.

La liste des rois éthiopiens de la famille des Zagüés se borne à mentionner le nom de Lalibala. Ces princes n'étant pas de la lignée de Salomon, dit Bruce, on n'a inséré dans les annales de l'Abyssinie rien de ce qui les concerne, excepté la vie de Lalibala, qui passe pour un saint et qui vécut vers la fin du XIIe siècle ou au commencement du XIIIe [1].

Lalibala naquit dans le Lasta, à Roḥa, ville connue aujourd'hui sous le nom de Lalibala [2]. A sa naissance un essaim d'abeilles vint l'entourer et lui annoncer sa grandeur future, car il fut le plus illustre et le plus célèbre de tous les princes de sa famille [3]. Il n'était pas fils d'un roi; mais fils d'une sœur du roi du pays. Ce roi mourut sans avoir d'enfant mâle et son neveu hérita du royaume [4]. Suivant l'historien arabe consulté par Renaudot, son père se nommait Shenoudi et sa femme Masqal-Gabrit (servante de la croix) [5]; mais d'après un passage d'un manuscrit éthio-

1. Bruce, *Voyage aux sources du Nil, trad. Castéra.* Londres, 1790, in-8, t. III, p. 334; René Basset, *Études*, note 63.

2. Ant. d'Abbadie, *Cat. des mss. éthiopiens*, n° 139; René Basset, *op. laud.* et *loc. cit.*

3. « Sed longe clarissimus et magnificentia exstructorum templorum celeberrimus est Lalibala cujus futuram magnitudinem examen apum, recens nato infanti sine noxia insidens, portendit » (Ludolf, *Hist. Æth.*, l. II, cap. v, 8 et 9. — cf. Alvarès, *Verdadeira informação das terras do Preste João*. Lisboa, imprensa nacional, 1883, p. 62; Ant. d'Abbadie, *Catalogue*, n° 139.

4. Alvarès, *op. laud.*, p. 62.

5. Cf. René Basset, *Études sur l'histoire d'Éthiopie*, note 63. Le nom donné par Renaudot est erroné; dans un travail récent, M. le professeur Guidi a repris l'examen du texte arabe. Vu l'importance

pien conservé à Lalibala et traduit par le P. Duflos, mis-

de ce texte, je crois devoir reproduire en entier l'article de M. Guidi. Il s'agit de l'envoi de l'abouna Kil et de l'abouna Isaac dans les dix premières années du XIIIe siècle. « Kil, évêque de Fua, فوة (Μέτηλις), près de Rosette, fut envoyé comme abouna vers 1205, mais quatre ans après il retourna et, pour diverses raisons que l'on peut lire dans Renaudot, il fut déposé. Le ms. arabe n° 686 du Vatican et aussi une fois le ms. arabe n° 620 de la même bibliothèque, portent non كيل mais كييل ; ce nom semble une abréviation de Michel ميكائيل comme خييل, خايل de ميخائيل. Après la déposition de Kil ou Michel, Isaac fut ordonné abouna et l'ordination eut lieu le 8 mars 1210. Le nouvel abouna va en Abyssinie, où, dit l'*Hist. des Patr. d'Alexandrie* (ms. arabe du Vat., n° 620, 246) كان اسم الملك فى ذلك الزمان لالباه ابن شنوده وتفسيرها اسد واسم امراته مسغل كبرى الذى تفسيره عظيم هو الصليب وجنس الملك قبيلة يقال له اللمه وسكنه مدينة عدفه وله ولدين اسم الكبير سارل والصغير اباب.

Ce texte est important à cause des noms propres qui y sont conservés. Tout d'abord, dans la ville capitale du royaume, عدفه, je reconnaîtrais Adoua, car la lecture عدفه elle-même peut être facilement une erreur pour عدوه, erreur née de ce que le *waw* a été joint à la lettre suivante. Dans ce cas, on aurait une mention d'Adoua, à la fin de 1210, comme capitale du royaume. Le nom du roi لالباه est évidemment une corruption de Lalibala; et Renaudot l'a aussi corrigé ainsi. Non moins clair est le nom de la reine, c'est-à-dire *Masqal-Kebrâ*, dont la signification ne s'éloigne pas trop de celle donnée par l'auteur arabe. Renaudot a voulu à tort corriger Masqal-Gabrit, signifiant *ancilla crucis*. Je ne crois pas que ce nom existe non plus que la forme *Gabrit*. Du reste *ancilla crucis* (servante du Christ) se dirait *Amata Masqal* ou *Walatta Masqal* comme on dit *Amata Iyasus*, *Walatta Iyasus*, etc. Le nom de la tribu du roi pourrait se corriger en لاسته *lâstâ*, mais la lecture en est incertaine; plus clair est le nom du fils aîné سارك c'est-à-dire يتبارك correspondant au Yétbârak des listes abyssiniennes. Et comme il ne serait pas raisonnable de supposer que ce Itbârak soit un personnage différent de celui de ces listes, les renseignements certains de l'auteur arabe nous démontrent le peu de foi qu'elles méritent même dans la dernière période. Car Yetbârak ne peut avoir régné ni avant Lalibala, comme cela est indiqué dans sionnaire lazariste, pour M. Achille Raffray [1], le père de Lalibala se nommait Zan-Sioum (le Jân-Shëyum de la Chronique éthiopienne?). Ce manuscrit nous fournit sur ce prince des renseignements nouveaux qu'il est utile de faire connaître : « Guerma-Sioum donna le jour à Imerehané-Christos, pour qui chaque jour le pain et le vin descendirent du ciel pendant trente ans, et il régna quarante ans et vécut quatre-vingts ans.

« Zan-Sioum enfanta Guebré-Mariam et Lalibéla ; Guébré-Mariam régna trente-deux ans et Lalibéla régna quarante ans. Sa nourriture était le *zengada* et trois bouchées de *ouet* (ce sont des aliments peu substantiels et très peu abondants) ; il n'alla jamais jusqu'à quatre.

« Dès l'âge de sept ans, il savait parfaitement lire. Dix ans après son avénement au trône, il bâtit onze églises. Il en faisait une coudée par jour et les anges du ciel lui en faisaient quatre par nuit. Il parvint à l'âge de soixante-dix ans et termina ses constructions en vingt-trois ans.

« Guebré-Mariam donna le jour à Macueto-Le-Ab (*sic*), qui adora son Créateur dès le sein de sa mère, le loua avec les séraphins, parvint à l'âge de soixante-dix ans et nous fut ravi comme Hénoch et Héli. Il se nourrissait de terre le [illegible] dimanche. Il ne mangea pas de grain. Lalibéla était le père dans le Saint-Esprit de Macueto-Le-Ab. »

Bruce, pas plus qu'on ne peut intercaler entre Lalibala et Yetbârak le long règne de Nâakueto-La'ab. Peut-être quelqu'un de ces noms se rencontrera-t-il dans le Gadla Lâlibalâ quoiqu'il semble que cette histoire puisse raconter peu de chose de Lalibala (Ig. Guidi, *Note Miscellanee*, dans le *Giornale della Società asiatica italiana*, vol. III, 1889, p. 164-181).

1. Achille Raffray, *Voy. en Abyssinie et au pays des Gallas-Raïas*, dans le *Bulletin de la Soc. de géographie de Paris*, 1882, p. 345-346.

Lalibala mourut le 12 du mois de sanê, date éthiopienne qui correspond au 6 juin de notre calendrier. Le synaxare, qui célèbre sa commémoration ce jour-là, rapporte, comme Alvarès, qu'il transmit le trône à son neveu [1]; mais Ludolf et Bruce lui donnent comme successeur son fils que le premier appelle Imra et le second Imeranha-Cristos, père de Naakueto-Laab [2].

La durée du règne de Lalibala n'est pas exactement connue; la Chronique éthiopienne et le manuscrit traduit pour M. Raffray indiquent quarante ans, ainsi que Ludolf [3]. Suivant Alvarès, il aurait régné pendant quatre-vingts ans et aurait précédé un roi nommé Abraham [4].

Lalibala passe pour avoir été à la fois un orateur et un poète distingué [5] et l'ancienne fable d'un essaim d'abeilles posées sur ses lèvres, tandis qu'il était au berceau (fable d'origine étrangère), aurait été renouvelée pour montrer la douceur de son élocution [6]. Mais il est surtout connu comme le constructeur des églises monolithes taillées dans le rocher, qu'on voit encore aujourd'hui dans la ville qui porte son nom [7]. Ces églises, au nombre de dix ou de

1. Zotenberg, *Catal. des mss. éthiop. de la Bibl. nat.*, n° 128, fol. 122; Ant. d'Abbadie, *Catalogue*, n° 139; René Basset, *op. laud.*, note 63.

2. Ludolf, *Hist. Æthiop.*, l. XI, cap. v, 8 et 9; Bruce, *Voyage*, t. III, p. 339-340.

3. Voir plus haut. Ludolf, *Hist. Æthiop.*, l. II, cap. v, 8 et 9.

4. Alvarès, *Verdadeira informação*, p. 58. Peut-être Abreha?

5. On montre encore aujourd'hui à Lalibala un tertre ombragé par un arbre et appelé Debra-Siti, sur lequel ce roi aurait enseigné et prêché (Rohlfs, *Land und Volk in Africa*. Bremen, 1870, p. 143).

6. Bruce, *Voyage*, t. III, p. 339.

7. Ludolf, *Hist. Æthiop.*, l. XI, cap. v, rapporte les vers du synaxare qui le louent au sujet de ces monuments (6 juin) :

Salut à Lalibala, le constructeur des temples travaillés avec art, onze, sont appelées Saint-Emmanuel, Sainte-Croix, Bethléem, Saint-Sauveur, Saint-Georges, Saint-Mercure, Lalibala, Sainte-Marie, le Golgotha et les martyrs [1]; elles sont toutes formées d'un seul bloc de pierre et auraient, d'après la tradition, été construites dans l'espace de vingt-quatre ans [2]. Suivant Bruce, les chrétiens auraient été à cette époque violemment persécutés en Égypte, dont les Sarrazins

dans des rochers secs, sans mortier humide.
Pour que sa puissance et sa grandeur fussent bien démontrées,
à l'instar du miel, qui fait les délices des rois et du peuple,
il fut, le jour de sa naissance, entouré par des abeilles.

Cf. Alvarès, *Verdadeira informaçâo*, p. 62; Ludolf, *Comm. ad hist. Æth.*, p. 235; Bruce, *Voyage*, t. III, p. 335; Salt, *Voyage en Abyssinie*, t. II, p. 266; Sapeto, *Viaggio e missione catolica*, p. 425-428, a reproduit le synaxare, d'après deux mss. différents.

1. Cf. Alvarès, Ludolf, *op.* et *loc. cit.*; Salt, *Voy. en Abyss.*, t. II, p. 48; ces églises ont été visitées et décrites par Alvarès. *op. laud.* ch. LIV et LV, p. 58 et suiv; Rohlfs, *Land und Volk in Africa*, p. 143 et suiv.; Achille Raffray, *Voyage en Abyss. et au pays des Gallas-Raïas* (*Bull. de la Soc. de géogr.*, 1882, p. 341, 347); Gabriel Simon, *L'Éthiopie*. Paris, Challamel, 1885, p. 297 et suiv.; cf. Basset, *Études sur l'histoire d'Éthiopie*, note 63. Le nombre des églises donné plus haut est celui d'Alvarès reproduit par Ludolf et Salt. M. Achille Raffray en cite onze, qui sont désignées, dans le manuscrit de Lalibala, sous les noms de Biete-Mariam (Sainte-Marie), Debra-Sina (mont du Sinaï en l'honneur de la Vierge), le Golgotha, Biete-Meskal (Sainte-Croix), Biete-Medani-Allem (Saint-Sauveur), Biete-Danaghel (les Vierges), Biete-Gabriel (Saint-Gabriel), Biete-Abba-Libanos, Biete-Mercurios (Saint-Mercure), Biete-Ammanouel (Saint-Emmanuel) et Biete-Gorghuis (Saint-Georges). Ce manuscrit, dit M. Raffray, date de l'époque (*Voyage en Abyssinie et au pays des Gallas-Raïas*, dans le *Bull. de la Soc. de géogr.*, 1882, p. 341 et suiv.).

2. Alvarès, *Verdadeira informaçâo*, p. 62; René Basset, *op. laud.* et *loc. cit.*; toutefois le mss. cité par M. Raffray porte vingt-trois ans (voir page précédente).

avaient achevé la conquête et les maçons ainsi que les tailleurs de pierre auraient été plus vivement poursuivis que les autres parce que les Arabes regardaient leur métier comme la plus grande abomination. Lalibala offrit un asile dans ses États à tous ceux qui fuyaient la persécution et eut ainsi un grand nombre d'ouvriers, auxquels il fit faire plusieurs églises creusées dans le roc solide de la province de Lasta, sa patrie[1]. Alvarès rapporte que les Éthiopiens lui dirent que ces constructions avaient été faites par les Gibètes (Coptes ou Égyptiens?), c'est-à-dire les blancs, parce qu'eux-mêmes (les Éthiopiens) reconnaissaient bien qu'ils ne sauraient faire de si belles choses[2]. D'autre part, M. Achille Raffray raconte que d'après la légende qu'il a recueillie et le manuscrit qui lui a été communiqué, ce ne sont pas les Abyssins qui ont construit ces monuments si remarquables, mais que le roi Lalibala qui était très pieux fit venir de Jérusalem et d'Alexandrie d'Égypte quatre ou cinq cents ouvriers qui les ont bâtis[3].

Enfin on attribue à Lalibala le projet d'avoir voulu détourner le Nil, pour ruiner par la famine, en les privant des eaux fertilisantes de ce fleuve, les musulmans qui occupaient l'Égypte[4]. J'emprunte à Bruce l'exposé qu'il

1. Bruce, *Voyage*, t. III, p. 335.

2. Alvarès, *Verdadeira informação*, p. 62.

3. Achille Raffray, *Voyage en Abyss. et au pays des Gallas-Raïas* (*Bulletin de la Soc. de géogr. de Paris*, 1882, p. 345).

4. Bruce, *Voyage*, t. III, p. 336, 337; Salt, *Voyage en Abyssinie*, t. II, p 266, « ce qui est aussi rapporté, dit cet écrivain, dans les historiens arabes de l'Égypte et indiqué à l'année 831 de l'ère dioclétienne ou à l'année 1095 de l'ère chrétienne ». Cf. René Basset, *Études sur l'histoire d'Éthiopie*, note 63. — On nomme El-Makin, comme l'historien racontant ce fait à l'occasion d'un voyage fait en Éthiopie par le patriarche Mikhaïl à la suite d'une baisse considérable du Nil que

fait de ce projet et des causes qui l'auraient empêché d'aboutir :

« Cependant Lalibala, en voulant détourner le cours du Nil, ne conçut pas la folle idée de le faire sortir de son canal, entreprise dont la possibilité a si longtemps et si mal à propos occupé les esprits. Il avait seulement le dessein d'affamer l'Égypte, et comme la fertilité de ce pays n'est point due au cours ordinaire du Nil, mais à ses débordements produits par les pluies du tropique, il avait, dit-on, trouvé et calculé d'après une inspection très attentive que dans les hautes parties des montagnes où il coule plusieurs rivières, ces rivières pouvaient être interceptées par le moyen de mines et rejetées du côté du sud au lieu de

l'on attribuait aux entreprises de ce roi. Voici la traduction latine du texte arabe d'El-Makin : « Tempore illius, Nilus quamplurimum decrevit, ita ut Mustansirus (*Mostanser, sultan d'Égypte*) illum (*le patriarche Michel*, 809-818 *ère des Martyrs*) in Æthiopiam mitteret cum muneribus et ornamentis multis, eique obviam venit Rex ejus, et cum reverenter eum excepisset, quæsivit quâ de causâ eò venisset, et exposuit illi qua Nilo Ægypti aquæ penuria laborante magnum terræ ejus et incolis damnum impenderet. Itaque diverticulum recludi jussit ut aqua inde ad Ægyptios deflueret propterea quod eò usque Patriarcha venisset, et accrevit Nilus una nocte ad tria brachia ita ut coimpleto campi Ægypto irrigati atque consiti fuerunt. Magnoque cum honore rediit Patriarcha in Ægyptum et princeps Mustansirus beneficiis illum et dignitatibus ornavit » (*Historia sarracenica... latine reddita opera et studio Thomæ Erpenii*. Leyde, 1625, in-4°, l. III, ch. VIII, p. 358, 359. *Note communiquée par M. René Basset*).

« La date de 1095 donnée par Salt pour l'époque de Lalibala est fausse; l'écrivain anglais semble avoir admis ce prétendu voyage, mais l'auteur contemporain du patriarche a passé ce conte sous silence. Maqrizy, qui l'a rapporté (*Khitat*, t. II, p. 496) ne nomme pas le prince éthiopien. Legrand (*Relation historique d'Abyssinie*, p. 217) avait déjà montré l'invraisemblance de ce récit ». René Basset, *op. laud.*, note 63.

tomber dans le Nil, qu'elles grossissent considérablement en se précipitant vers le nord. De cette manière, il crut être capable d'empêcher le fleuve de croître au point de jamais inonder et fertiliser l'Égypte ; et il était si sûr du succès de son projet, à ce que m'ont assuré les habitants de ces contrées que, détournant le cours de deux grandes rivières, il les porta du côté de l'océan Indien, où depuis elles ont continué à couler. Il avait de plus commencé un nivellement vers le lac Zawaïa, où plusieurs rivières se versent au commencement des pluies et il aurait effectivement par là détourné le cours de toutes ces rivières, ce qui n'eût pu que diminuer considérablement le courant qui est au-dessous.

« La mort empêcha Lalibala d'exécuter ce projet. Tous ces ouvrages ont été faits dans le pays de Shoa, et Amha-Yasous, prince de Shoa, jeune homme plein d'esprit, avec lequel j'ai vécu plusieurs mois à Gondar dans la plus grande intimité, m'assura qu'on les voyait encore et qu'ils étaient faits de manière à ne pouvoir se méprendre sur leur usage. .... Amha-Yasous me dit aussi que dans les annales du Shoa, il était dit que Lalibala ne fut point arrêté dans son travail par la mort ; mais que les moines lui avaient persuadé que si une grande quantité d'eau était portée dans les royaumes arides d'Hadea, de Mara et d'Adel, qui croissaient chaque jour en population et qui étaient déjà aussi puissants que l'Abyssinie elle-même, ces royaumes stériles deviendraient le jardin du monde ; qu'aux premières approches de la diminution du Nil un si grand nombre de Sarrazins abandonneraient l'Égypte et viendraient s'établir dans ce pays, que non seulement ils s'affranchiraient de sa domination, mais qu'ils seraient assez forts pour envahir l'empire entier d'Abyssinie. D'après ces conseils, continua Amha-Yasous, Lalibala renonça à son premier plan, qui était d'affamer l'Égypte, et il en exécuta un second en employant ses ouvriers à creuser des églises souterraines.

« Don Roderic de Lima, ambassadeur du roi de Portugal, vit en 1522 les restes de ces grands ouvrages et il voyagea dedans pendant plusieurs jours, ainsi que nous l'apprend Alvarez, chapelain et historien de cette ambassade[1]. »

Cette tradition, qui est sans doute de beaucoup postérieure à l'époque de Lalibala[2], a donné naissance à un conte que l'on dit encore aujourd'hui chez les Bogos et que M. Denis de Rivoyre, qui parcourut ce pays, a recueilli de la bouche de son interprète Gœrguis (Georges)[3].

Il existe dans le Mensah, à quatre ou cinq journées de

1. Bruce, *Voyage aux sources du Nil, traduction Castéra*. Londres, 1790, in-8, t. III, p. 336-339.

2. C'était au commencement du XVIe siècle une croyance répandue que le roi d'Éthiopie était maître d'affamer et de détruire l'Égypte en détournant le cours du Nil. En 1511, Frère Jean Thénaud, dans la relation de son voyage en Orient, y faisait allusion : « La quarte nation est des Abassins ou Ethiopes qui sont de la terre d'icelui Roy et prince que, en langue corrompue, nommons le prebstre Jehan qui est assez craint du soubdan pour ce que icelluy prebstre Jehan lui peut diminuer l'eaue du Nil ; et par ainsi la plus grande partie de l'Égypte seroit stérille » (*Le voyage d'Outremer de Jean Thenaud, gardien du couvent des Cordeliers d'Angoulême*, éd. Schefer, t. V du *Recueil de voyages et de documents pour servir à l'histoire de la géographie depuis le* XIIIe *jusqu'à la fin du* XVIe *siècle*. Paris, 1884, in-8°, p. 99).

Le projet de détourner le cours du Nil est attribué à Albuquerque par Maffei, *Historiarum Indicarum libri XVI* (Lyon, 1637, pet. in-8, l. XV, p. 233) : « Facinora duo apprime gloriosa vasto dudum agitabat animo (Albuquerque) : alterum, ut Nili fluenta, novo et spatii longe brevioris alveo, Abassinis adinventibus, in Arabicum sinum averteret, ac totam Ægyptum Turcis redderet prorsus infructuosam. » *Notes communiquées par M. Basset.*

3. Denis de Rivoyre, *Aux pays du Soudan, Bogos, Mensah, Suakim*. Paris, Plon, 1885, p. 223.

marche de Massaouah, vers l'ouest et tout près d'un village nommée Gueleb, un bloc de pierre énorme, qui se dresse au milieu de la plaine, dominant tous les environs et entouré d'autres blocs plus petits. Les habitants l'appellent *la fille du négus*.

Nous allons résumer ce que raconta Gœrguis à ce sujet. Son récit débute par l'histoire de la reine de Saba et de son fils Ménélick, puis il arrive à Abreha, qui se convertit au christianisme. Tégulat, la ville des hyènes, dans le Shoa, bâtie par Ménélick, était restée jusque-là la capitale de l'empire. A partir de cette époque, elle fut remplacée par Axoum et c'est, d'après les anciens, dans la pierre même des collines qui entourent cette ville que fut creusé le tombeau de la reine de Saba. Abreha y transporta sa résidence; puis désireux de conquérir des peuples à sa foi nouvelle, il traversa la mer Rouge, pénétra dans l'Arabie et, monté sur un éléphant blanc, fit son entrée dans la Mecque, après un siège de deux mois.

Cette guerre sema chez les musulmans des germes de vengeance qui se firent jour au temps des invasions des Arabes. Après bien des luttes avec eux, la suzeraineté du roi des rois d'Éthiopie s'étendait, obéie et respectée, jusqu'aux bords du fleuve Blanc, lorsque vers le XIIe siècle Lalibala monta sur le trône. Ce prince résolut d'exterminer les musulmans établis dans le voisinage de ses États. Dieu lui donna la victoire, il s'empara de Zeilah, passa le détroit et soumit la plus grande partie de l'Yémen; il conçut alors le projet de détourner le cours du Nil, pour stériliser ainsi l'Égypte devenue l'empire des khalifes.

Or, dit le narrateur, dans les temps les plus reculés, une vaste mer s'étendait au sud-ouest de Kordofan et du Darfour, bien loin au delà de Tombouctou, et ses flots allaient rencontrer l'Océan. A cette époque, le fleuve Blanc, au lieu de continuer à couler vers le nord, s'arrêtait à peu près au milieu de son cours et, avant ces marais pestilentiels, qui s'appellent à présent le lac Nô, tournait vers le couchant pour se perdre dans cette mer. Cette mer a disparu par suite de bouleversements successifs et un autre lit a été tracé au fleuve qui a été rejeté vers le nord.

Lalibala se proposait de forcer le fleuve Blanc à se déverser dans cette ancienne mer, en décapitant une montagne entière pour lui barrer la route.

Ce roi n'avait qu'une fille nommée Judith, comme la reine juive du Samen qui renversa les empereurs éthiopiens. Elle était fière et valeureuse et possédait la gloire et la beauté. Nombre de prétendants aspiraient à sa main, mais, à ses yeux, il n'y avait qu'un descendant de Salomon, comme elle, qui pût en être digne, et aucun des princes de sa famille n'était à l'âge d'homme.

Un des plus grands seigneurs de l'Éthiopie, Naacueto-Laab, prince de Lasta, se rendit à la cour du *négus*. Il l'avait autrefois suivi dans l'expédition de l'Yémen et lorsque Lalibala avait été sur le point de rentrer dans ses États, c'est à lui qu'il avait confié le gouvernement de cette province ; mais une fois soustrait au contrôle impérial, Naacueto-Laab s'était laissé éblouir par le faste des princes arabes, ses voisins. Il s'était lié d'amitié avec eux et était même allé secrètement au Caire saluer le khalife. De retour dans l'Yémen, il avait gardé un excellent souvenir de ce voyage et une grande sympathie pour le souverain ennemi de son roi.

Ce fut alors que le négus le rappela près de lui. Il se présenta entouré d'une grande pompe et s'empressa de déposer ses hommages aux pieds de la belle Judith, mais, plus hardi que les autres prétendants, il n'hésita pas à affirmer hautement ses intentions et à manifester ouvertement son amour, qui fut dédaigné.

Or c'était le moment qu'avait choisi Lalibala pour initier ses peuples au plan qu'il méditait. Afin de se concilier la faveur du ciel, il avait érigé des temples et c'est même à lui que remontent ces églises souterraines que l'on voit çà et là en Éthiopie. Il avait convoqué toute sa noblesse et dressé sa tente sur la rive orientale du lac Tsana.

Tous les grands étaient présents et chacun d'eux, escorté de ses hommes d'armes, avait établi son camp près de celui du négus. On remarquait, entre tous, celui de Naacueto-Laab. Ce prince était accompagné par de nombreux cavaliers gallas; il était fils d'une princesse de cette nation, qui avait feint de se convertir pour épouser son père et il aimait à s'entourer des compatriotes de sa mère. Leur stature élevée, leur costume, leurs armes, la taille colossale de leurs chevaux imposaient à tous une crainte respectueuse.

On était arrivé à l'anniversaire de saint Georges, le patron de l'Éthiopie; c'était l'époque choisie par Lalibala pour cette réunion; des fêtes avaient lieu depuis deux jours et le roi avait convié à un festin tous les hauts feudataires pour leur dévoiler ses projets Dès que les convives furent réunis, l'empereur fit son entrée solennelle et, au milieu du repas, la belle Judith, vêtue d'un costume resplendissant, vint chanter des vers dans lesquels elle évoquait les triomphes de la croix sur l'islam. Naacueto-Laab, assis au-dessous du négus, la contemplait d'un regard où se lisait un mélange de haine et de passion.

Lorsqu'elle eut fini, Lalibala se leva et prononça un discours dans lequel il démontrait la nécessité de détourner le cours du Nil pour affamer l'Égypte et éloigner les musulmans. Ce discours fut accueilli par un grand tumulte. Comme les serviteurs se précipitaient pour remplir les coupes, Naacueto-Laab se leva et s'écria : C'est moi qui verserai à boire au roi des rois. Et saisissant le vase des mains de l'échanson impérial, il s'approcha de Lalibala. A peine celui-ci eut-il touché la coupe de ses lèvres, qu'il tomba inanimé.

Profitant de l'épouvante causée par cet événement, Naacueto-Laab, à la tête de ses guerriers gallas, se fit proclamer négus par la foule et les grands.

La princesse Judith s'était retirée après avoir dit ses vers. Des messagers vinrent lui annoncer la mort de son père et l'usurpation de Naacueto-Laab. Elle appela aussitôt auprès d'elle ses femmes les plus sûres ; puis elle se fit amener sa mule et, ramassant à la hâte ses bijoux précieux, elle prit le chemin du nord. Naacueto-Laab envoya des cavaliers à sa poursuite du côté du Shoa, car il pensait qu'elle avait dû se réfugier dans ce pays, berceau de ses ancêtres, mais toutes les routes furent explorées et fouillées sans résultat.

L'infortunée princesse songeait à se rendre près d'un ami de son père qui était gouverneur de l'Hamacen. Ce fut de ce côté qu'elle se dirigea, après avoir dépêché un courrier pour l'avertir. Déjà elle approchait de Hâsaga, la capitale du pays, lorsqu'elle vit revenir son messager, qui lui apprit que ce gouverneur refusait de la recevoir.

Après avoir beaucoup pleuré, ne sachant plus où porter ses pas, elle remonta sur sa mule et atteignit les frontières du Mensah. Le même serviteur, qu'elle avait envoyé pour chercher un endroit hospitalier, la rejoignit peu de temps après sur un tertre ombragé, où elle s'était arrêtée. La terreur était peinte sur ses traits ; il lui apprit que les émissaires de Naacueto-Laab étaient sur sa piste. Ceux-ci se rapprochaient de plus en plus et la princesse fugitive allait tomber en leur pouvoir.

« Seigneur Dieu, s'écria Judith, dans un élan de désespoir, sauve-moi ! que ta pitié descende sur la fille de Lalibala ! » Tout à coup son corps se raidit et devint immobile, une teinte de marbre se répandit sur son front; tout son être grandit et se transforma, et à sa place on ne distingua plus que ce bloc de rocher. Ses suivantes furent aussi changées en pierre et sont devenues ces quartiers de roche plus petits groupés autour du grand bloc, qui représente leur maîtresse.

C'est ainsi que Judith échappa aux poursuites et à la vengeance de Naacueto-Laab. Quant à celui-ci, il ne jouit pas longtemps du fruit de son crime. Les nobles du Shoa indignés se soulevèrent contre lui et proclamèrent pour succéder à Lalibala un des rejetons de la dynastie de Salomon qui vivait parmi eux. D'une voix unanime, ils s'écrièrent *Icon amlak*, ce qui veut dire *qu'il soit roi* et l'histoire lui a conservé ce nom [1].

Malgré tout mon désir d'abréger le plus possible cette histoire, j'ai cru devoir reproduire certains détails qui peuvent paraître superflus, mais que j'ai jugé utile de conserver pour la critique. « Ce conte, dit M. René Basset, est purement éthiopien. Il nous montre un exemple de l'altération des faits historiques dans la tradition populaire. C'est, on le voit, le récit du rétablissement de la dynastie salomonienne sur le trône d'Ethiopie occupé par les Zagués. Le rôle joué par Naacueto-Laab, Lalibala et sa prétendue fille Judith est de pure invention. On doit regretter que M. de Rivoyre, tout en défigurant ce conte dans sa traduction y ait mêlé des fragments d'histoire qu'il connaissait mal et qui devaient être étrangers à l'Éthiopien Gorghuis, son conteur. L'aventure d'Abraha et son nom même comme conquérant du Yémen sont inconnus des Éthiopiens, c'est Kaleb qui a cet

1. Denis de Rivoyre, *Aux pays du Soudan, Bogos, Mensah, Suakim*. Paris, Plon, 1885, p. 223-242.

honneur. De plus, dans la tradition arabe, Abraha n'entra pas à la Mekke. C'est une nouvelle erreur — et celle-ci encore doit être attribuée au voyageur européen — de dire que l'*Éthiopie fut la première des nations chrétiennes contre lesquelles se tournèrent les menaces des musulmans.* — Ce conte n'a rien de bilèn ; il vient du Tigré et il est probable que c'est dans la langue de ce pays que M. de Rivoyre l'a recueilli[1]. »

Je n'ajouterai que peu de mots à ce que dit M. Basset. D'après le conte rapporté par M. de Rivoyre, Lalibala aurait entrepris une expédition heureuse contre Zeilah et le Yémen ; ce fait n'est mentionné dans aucune des histoires de Lalibala et, comme on le verra plus loin, ce roi n'est pas représenté comme ayant eu des mœurs guerrières. On ne trouve nulle part non plus qu'il ait eu une fille, et dans tous les cas celle-ci devait savoir que son père appartenait à la famille des Zagüés et non à la dynastie salomonienne. Elle ne pouvait donc pas dire qu'*à ses yeux il n'y avait qu'un descendant de Salomon, comme elle*, qui pût être digne de sa main. Tous ces détails doivent être connus des Éthiopiens lettrés et il semble que Gorghuis n'aurait pas dû les ignorer. Enfin il paraît peu probable que les Abyssins aient jamais eu l'idée d'une mer intérieure en Afrique ni qu'ils aient connu Tombouctou. Ce récit n'a donc aucune valeur historique et si je l'ai rapporté, c'est uniquement afin de le rapprocher de ce que dit Bruce au sujet du projet attribué à Lalibala d'avoir voulu changer le cours du Nil et aussi pour grouper dans ce mémoire le plus grand nombre possible de légendes se rapportant à ce roi.

1. René Basset, *Bulletin de Correspondance africaine*, 1885, fascicules III-IV, p. 353.

IV. — VIE DE LALIBALA D'APRÈS LE MANUSCRIT ÉTHIOPIEN DU BRITISH MUSEUM

La vie de Lalibala nous est donnée dans le manuscrit oriental n° 718 du *Musée Britannique*, décrit dans le catalogue de M. Wright, sous le n° 295 [1], et dont on trouvera plus loin de longs extraits que j'ai copiés pendant un court voyage que j'ai fait à Londres. J'aurais voulu pouvoir le publier en entier, mais comme il n'a pas moins de 130 feuillets, soit 260 pages à deux colonnes, j'ai dû me borner, faute de temps, à relever les parties qui m'ont paru avoir une certaine importance au point de vue historique et laisser de côté les passages qui m'ont semblé moins intéressants. Ce manuscrit qui contient, en outre, plusieurs enluminures représentant divers épisodes de la vie de Lalibala, a été écrit au commencement de ce siècle pour la reine Walatta Iyasus et ses enfants, mais ce n'est vraisemblablement que la reproduction d'un ouvrage plus ancien, puisqu'il existe au *British Museum* même un autre exemplaire de cette vie, datant du XIVe siècle (n° 394 du Catalogue de M. Wright). Toutefois je n'affirmerais pas que la rédaction soit la même pour les deux, le temps m'ayant manqué pour les collationner l'un avec l'autre.

La Vie de Lalibala ne se trouve pas, je crois, dans d'autres bibliothèques publiques de l'Europe. Je l'ai cherchée en vain dans le catalogue de la Bibliothèque nationale de Paris. M. Antoine d'Abbadie en possède une copie qu'il avait fait faire dans l'espoir de rencontrer dans cette vie quel-

1. Wright, *Catalogue of the Ethiopic manuscripts in the British Museum, acquired since the year 1847*. London, 1877.

ques données historiques ou au moins quelques-unes de ces gracieuses légendes qui vivent encore parmi le peuple, espoir qui a été déçu. Aussi fait-il peu de cas de cette histoire dont le style est peu remarquable, dit-il, et où l'on trouve quelques mots étranges[1].

L'auteur de cette Vie a considéré Lalibala plutôt comme un saint que comme roi. C'est pourquoi l'on y trouve si peu de données historiques, tandis que l'on y rencontre au contraire plusieurs traits destinés à faire ressortir les grandes vertus du monarque. Lalibala est en effet regardé comme un saint par l'Église d'Abyssinie, qui célèbre sa fête le 6 du mois de juin. Pensant que les Bollandistes, qui ont réuni dans un vaste recueil les vies de tous les saints, avaient peut-être reproduit celle de Lalibala, j'ai tenu à m'assurer, avant d'en commencer la copie, qu'elle n'avait pas encore été publiée. J'ai donc consulté leur recueil à la date du 6 juin. Le nom de ce prince y est mentionné, parmi les saints omis ou renvoyés à un autre jour, avec cette remarque

1. « Lalibala, ou Gabra-Masqal, était roi d'une portion au moins de l'Éthiopie, et comme l'histoire est sans détails sur cette époque, j'ai fait copier cette Vie, fort rare d'ailleurs, dans le vain espoir d'y trouver quelques données historiques, ou au moins quelques-unes de ces gracieuses légendes qui vivent encore parmi le peuple. Lalibala était natif de Roha, plus connu sous le nom de Lalibala, et si remarquable par ses églises taillées en dehors comme en dedans dans un roc ferrugineux, de manière à imiter l'architecture grecque. Le style de cette Vie est peu remarquable, et l'on y trouve quelques mots étranges. Ainsi ce saint roi est mort au mois de haziran, *ḥazîrân*, Samson est appelé le *qâdê* (قاضى « juge ») d'Israël, Lalibala vit en prenant au piège des perdrix, *pérdĕksydât*. Ce mot πέρδιξ, étranger au gi'iz, peut d'ailleurs provenir de cette même influence étrangère qui a prévalu à Roha, comme l'atteste une courte inscription grecque sur l'une des églises » (*Catalogue raisonné de manuscrits éthiopiens appartenant à Antoine d'Abbadie*. Paris, Imprimerie impériale, 1859, nº 139).

qu'il serait difficile que les rois de cette époque eussent été exempts du schisme d'Alexandrie et de l'hérésie nestorienne[1].

Cette vie de Lalibala se compose de plusieurs chapitres détachés, rédigés en forme de sermons ou d'entretiens édifiants, car l'auteur déclare lui-même à la fin qu'il n'a composé cette histoire que pour édifier les fidèles et les fortifier dans la foi.

Le manuscrit commence par deux sermons véritables, qui servent d'introduction. Le premier, qui débute par une longue invocation à Dieu, renferme des considérations sur la grande sainteté de Lalibala que l'auteur appelle dans son langage hyperbolique une montagne d'or, une montagne d'argent, de perles fines et de saphir, une colline admirable de myrrhe et d'encens; le second contient une profession de foi semblable à notre Symbole des Apôtres et c'est pour ce motif que j'ai cru devoir la reproduire.

Nous abordons ensuite la vie de Lalibala. Il naquit à Roḥa, ancien nom de la ville actuelle de Lalibala, dans le Lasta. Ses parents étaient riches et illustres; son père se nommait Jân-Seyum. Lorsque sa mère le mit au monde, un grand nombre d'abeilles vinrent l'entourer. A la vue de ces abeilles, sa mère, douée de l'esprit de prophétie, s'écria: Les abeilles savent que cet enfant sera grand et elle le

1. « Die sexta Junii : (Sancti) prætermissi et in alios dies rejecti. Lalibala, rex Abassiæ, ex familia Zagæa, quæ ab anno 960 ad 1300 circiter imperium tenuit, ut sanctus in Hagiologio metrico istius gentis laudatur, ideo potissimum quod ex solidis rupibus templa excavarit, quorum descriptionem vide in *Historia Æthiopica* Ludolfi lib. II, cap. v. Difficile esset ejus ætatis reges ab Alexandrino schismate et Nestoriana hæresi excusare » (Bollandistes, *Acta Sanctorum*, juin, t. I, p. 606).

nomma Lalibala, mots qui signifient : « L'abeille a connu sa grâce ou sa grandeur. »

Lalibala grandit rapidement. Il avait un port majestueux et était parfaitement beau; ses joues étaient rouges comme la grenade; ses yeux semblables à l'étoile du matin; ses mains belles comme un couple de tourterelles; son nez droit; sa voix douce et agréable.

Le trône d'Éthiopie était alors occupé par son frère, nommé Ḥarbay. Celui-ci ayant eu connaissance de la prédiction dont Lalibala avait été l'objet et craignant qu'il ne cherchât à s'emparer du trône, voulut le faire mourir. Il fut servi dans ses projets par une sœur consanguine de Lalibala, qui lui apporta une coupe pleine de cervoise dans laquelle elle avait versé un poison mortel. Lalibala ayant offert cette boisson à un diacre qui se trouvait avec lui, celui-ci mourut sur-le-champ; malgré cela, il n'hésita pas à boire lui-même le contenu de la coupe, mais le poison ne lui causa qu'une grande lassitude et une forte douleur d'entrailles.

Dieu lui envoya alors un de ses anges, qui le transporta au ciel. Il parcourut successivement en compagnie de l'ange les six premiers cieux et arriva au septième ciel, où Dieu lui montra les églises faites d'une seule pierre; le nombre de ces églises était de dix et chacune d'elles avait une architecture différente et un aspect particulier. Dieu lui annonça ensuite qu'il régnerait un jour pour bâtir des églises semblables.

Puis l'ange le ramena sur la terre, après une absence de trois jours [1]. Les gens qui étaient restés près de son corps

1. « Lalibala a passé trois jours et trois nuits en extase (mot à mot : « dans la substance de son âme »). L'ange du Seigneur lui révéla le secret des cieux. De par la volonté de Dieu, lève-toi, lui dit-il,

se disposaient à l'enterrer, mais ils n'osaient le faire parce que le corps était encore chaud. Tout à coup il se leva comme un homme qui se réveille après un profond sommeil. Ses gens l'entourèrent et lui demandèrent ce qui lui était arrivé, mais il ne voulut rien leur dire de ce qu'il avait vu dans le ciel.

Pour échapper aux vexations de son frère et de ses courtisans, Lalibala prend la résolution de quitter sa famille et se retire dans un désert, où il vit d'animaux qu'il tue à la chasse ou de perdrix qu'il prend dans des filets.

Un jour l'ange qui l'avait transporté au ciel, lui apparut et lui annonça que le lendemain une jeune fille dont il lui dépeignit les traits se rendrait dans le désert. Cette jeune fille deviendra ta femme, lui dit-il; elle a été choisie par Dieu à cause de ses bonnes œuvres. Lalibala fit quelques objections à ce mariage, mais l'ange insista et Lalibala finit par y consentir. Le lendemain matin, il aperçut une jeune fille qui ramassait des herbes et lui parla comme l'ange lui avait dit; puis il alla demander sa main à son père. C'était aussi un homme craignant Dieu; il accueillit la demande de Lalibala et sa femme donna son consentement au mariage. Lalibala épousa donc cette jeune fille. qui sera connue désormais sous le nom de Masqal-Kebrâ

Son frère, ayant appris ce mariage par des personnes qui lui en avaient parlé en de très mauvais termes, le manda à la cour et le fit frapper avec un fouet de cordes parce qu'il avait épousé une jeune fille qui avait déjà donné sa foi à un autre. Mais les anges le protégèrent et il n'eut aucun mal.

Il retourna près de sa femme et ils se retirèrent tous

va, bâtis dix églises où les pécheurs trouveront le salut. Il se leva, régna et bâtit, comme l'ange du Seigneur le lui avait montré » (*Manuscrit éthiopien de Lalibala traduit pour M. Raffray*).

les deux dans le désert. Cependant son frère, qui voyait en lui un prétendant à la couronne, ne tarda pas à les poursuivre de nouveau. Il envoya des troupes dans tout le pays pour les chercher et les ramener; mais un ange les prévint du danger et les conduisit en un lieu sûr, dans le pays de Mesrâq (l'Orient), sur les confins de l'Éthiopie.

Cet ange était Gabriel, qui avait toujours veillé sur Lalibala; il lui annonça ensuite qu'ils allaient partir tous les deux pour Jérusalem [1]. A cette nouvelle, Masqal-Kebrâ eut

1. Il existe parmi les Éthiopiens des légendes relatives au voyage de Lalibala en Judée. On trouve dans Paul Soleillet, *Explorations éthiopiennes*. Rouen, 1886, in-4, p. 270, note 1 : « Les Amaras seraient venus de Judée en Éthiopie en l'an 1200 (après ou avant J.-C.), avec l'empereur Lalibelâ. Ils s'établirent d'abord dans le Saïnt (?), d'où ils se répandirent dans des régions nombreuses nommées actuellement : Amara, Menza, Oualo, Choa, Kaffa même. » Lalibala paraît être confondu ici avec Ebna-Hakim, fils de Salomon et de Makeda. Voici encore une autre légende concernant saint Abo, où il est fait mention du pèlerinage de Lalibala. D'après Borelli, *Éthiopie méridionale*. Paris, 1890, in-4, p. 208, « saint Abo, dont l'église est encore vénérée à Zoukouala, dans le Chaoua, était un saint catholique originaire de Gênes, qui vint en Abyssinie dans un temps très éloigné de nous ». Soleillet (*op. laud.*, p. 281-283) place l'église du saint sur l'Amba de Tamo entre Dabra-Berhan et Dabra-Libanos. D'après la légende, telle qu'il la rapporte, Abo naquit dans une ville du nord, nommée Nehisa, le jour de Noël, à minuit. Son père et sa mère appartenaient aux plus grandes familles du pays des Francs. Le nom de son père était *Semeon*, celui de sa mère Labsia. En sortant de l'utérus maternel, il se jeta par terre, la baisa et dit : Gloire à Dieu, je suis sorti des ténèbres. Il reste un moment agenouillé en prières, est baptisé, se lève et part sans avoir même pris une seule fois le sein de sa mère. Abo, en quittant la maison paternelle, se rendit à Jérusalem, et de là en Éthiopie, où il se fit ermite, d'abord sur le mont Zaqualâ (le Zakouala de Borelli), et ensuite à Medr-Kbd (*sic*) dans le pays des Gouragués. L'empereur Lâlibalâ, fils de l'empereur Zôn (*sic*), chassé par son frère Harebeie (*sic*), du trône d'Éthiopie, s'était réfugié à Jéru-

un profond chagrin, car elle n'aurait pas voulu se séparer

salem. En l'an 1200 du Christ, Abo va à Jérusalem, en ramène Lalibala et le réintègre sur le trône d'Éthiopie. C'est à cette époque que les Amaras qui habitaient la Judée vinrent en Éthiopie avec Abo et l'empereur. Ils s'établirent à Saïnt (?) dans le Oualô. Abo retourna dans son ermitage de Zaquala, qu'il ne quittait que pour aller à Medr-Kbd.

Toute la création était soumise à Abo comme à Adam avant le péché. En voyage, ses montures étaient un lion et un léopard. Il conversait avec les oiseaux du ciel, les plantes des forêts, les animaux, les anges et Dieu. Jamais il ne mangea ni but. La légende énumère ensuite ses divers miracles : la pénitence de sept ans qu'il s'imposa pour détruire du Godjam les *boudâ* (possédés) qui l'infestaient. Il demeura d'abord sept ans en prière, la tête en bas et les pieds en l'air; puis sept ans debout, les bras en croix : un vautour lui arracha un œil sans qu'il fît entendre une plainte. Dieu pardonna au Godjam. Cinq cents ans après sa naissance, il refusa de mourir; les plantes, les anges, les animaux intercédèrent en sa faveur, mais Dieu ayant fait observer que lui-même était mort, décida qu'Abo mourrait, mais que de grands privilèges seraient le partage de ceux qui l'invoqueraient, même à leurs serviteurs et à leurs visiteurs. Son corps fut transporté à Jérusalem par les anges.

Soleillet ajoute : « Abo est actuellement le patron vénéré de toute l'Éthiopie, où l'on chôme en son honneur le 5 de chaque mois. De plus il y a chaque année au mois de magabit (mars) une octave (?) en son honneur. Elle commence le 5 du mois. »

Dans mes notes sur le synaxare éthiopien, me dit M. Basset, je ne trouve pas au 5 de magabit une trace quelconque de fête en l'honneur d'un Abo. — Le 5 de tĕr a lieu la commémoration d'Abba Mâtéouos, 88e (87e) patriarche d'Alexandrie, fils de Siméon (comme le père d'Abo) et dont la naissance fut accompagnée de plusieurs miracles. Il prédit que David succéderait sur le trône d'Éthiopie à son frère Ouedma-Asfered, cf. *Bibl. nat., ms. éthiop.*, n° 126, fol. 132-133. — Renaudot, *Historia Patriarcharum Alexandrinorum*, p. 610 (Paris, 1714, in-4) ne fait que nommer ce Mathieu qui aurait vécu vers l'an 1400. — Le 5 de magabit a lieu la commémoration d'Abba Manfas Qedous (*Bibl. nat., ms. éth.*, n° 128, fol. 5). *Note communiquée par M. Basset.*

de son mari; Gabriel la consola et lui promit que l'ange Mikâ'êl viendrait lui tenir compagnie pendant l'absence de Lalibala.

Gabriel et Lalibala se mettent en route pour la Palestine. J'ai dû passer cette partie du manuscrit qui eût pourtant été intéressante : elle ne comprend pas moins de quarante pages. Mais j'ai pris des notes sur les points qui m'ont le plus particulièrement frappé. Chemin faisant, Lalibala, que le commerce des anges avait rendu familier avec eux et qui trouvait long et pénible de voyager à pied, demande à son compagnon pourquoi il ne le porte pas sur ses ailes, comme il l'avait fait autrefois, lorsqu'il l'avait conduit au ciel. Et Gabriel de lui répondre que les messagers célestes ne traitaient pas ainsi les mortels en tout temps. Plus loin, ils obtiennent par la prière un dîner qui leur manquait. Enfin, ils arrivent à Jérusalem. Le pontife de cette ville rappelle à Lalibala qu'il doit construire des églises en Éthiopie. Peu après le Christ lui apparaît, lui renouvelle l'ordre qui lui a été donné de bâtir des églises et lui fait connaître que son nom de roi doit être Gabra-Masqal.

Le retour de Lalibala s'effectue d'une manière miraculeuse; Gabriel le prend sur ses ailes et le transporte à l'endroit où était Masqal-Kebrâ. Celle-ci était à ce moment en compagnie de Mika'êl qui la préparait à l'arrivée prochaine de son mari. Tout à coup Gabriel fait irruption dans la maison portant sur ses ailes Lalibala qu'il dépose devant Masqal-Kebrâ. Après s'être embrassés, les deux époux se racontèrent ce qui leur était arrivé.

Ils partirent ensuite tous les quatre pour se rendre à proximité de la résidence royale. Nous approchons maintenant de l'avènement de Lalibala et pour expliquer comment son frère, qui avait pour lui une haine profonde, ainsi que nous l'avons vu, se décida à lui abandonner son trône, l'auteur a recours à une intervention divine.

Notre Seigneur apparut au roi dans un songe et lui fit au sujet des mauvais traitements qu'il avait infligés à Lalibala des reproches très vifs qui le frappèrent de terreur; il lui annonça que son règne était terminé et que son royaume allait être donné à son frère pour qu'il pût construire des églises; puis il lui fit connaître dans quel endroit se trouvait Lalibala et lui ordonna de l'aller chercher en grande pompe et de l'installer lui-même sur son trône avec les cérémonies d'usage. Ḥarbay se rendit près de Lalibala et se conforma en tous points aux ordres qui lui avaient été donnés par le Christ. Lalibala fut nommé roi et à son avènement il prit le nom de Gabra-Masqal qui lui avait été indiqué par Dieu lui-même.

La nouvelle position de Lalibala n'apporta aucun changement dans sa manière de vivre; il continua de pratiquer le jeûne et l'humilité comme auparavant. Il s'abstenait des mets de la table royale et ne mangeait chaque jour que trois morceaux de pain trempé dans du bouillon aux herbes[1]; encore parfois les donnait-il à trois pauvres qui se présentaient à sa porte au moment du repas. Ces pauvres étaient des anges qui venaient l'éprouver.

L'auteur cite ensuite plusieurs miracles se rapportant au saint roi.

Un jour que les habitants d'une petite ville lui apportaient des pots de miel, ils furent arrêtés par une rivière qui avait considérablement grossi. Ayant voulu la traverser, ils furent emportés par le courant et les pots de miel furent

1. Voir plus haut, p. 17, le manuscrit éthiopien traduit pour M. Raffray.

entraînés au fond de l'eau; mais lorsque la crue eut cessé on les trouva intacts sur le sable.

Un des vassaux de Lalibala se révolta contre lui et il dut envoyer son fils à la tête de ses troupes pour réprimer la rébellion. Son fils proposa la paix qui fut repoussée et un combat singulier eut lieu entre lui et le fils du rebelle. Lorsque celui-ci l'attaqua, Dieu fit dévier son arme; ce fut alors le tour du fils de Lalibala : son javelot atteignit au cou le fils du rebelle, le traversa de part en part et le cloua sur la terre. Les troupes de ce dernier prirent la fuite et le fils de Lalibala amena à son père le vassal révolté dont il s'était emparé. Lalibala, qui était miséricordieux, se borna à lui faire des remontrances et le renvoya dans son pays. En le quittant, ce prince se moqua de lui et de ses troupes, puis il sauta sur son cheval et s'en alla; sur sa route, il se heurta à un arbre épineux qui lui perça le front et il mourut sur-le-champ.

L'auteur cite encore deux autres exemples, l'un d'une femme riche qui blasphémait contre Lalibala et qui, ayant mangé un morceau de viande qui était resté dans son gosier et l'étranglait, n'en fut délivrée qu'en invoquant le nom de celui qu'elle avait insulté; l'autre d'un homme qui proférait aussi des injures contre ce roi et qui devint aveugle.

Nous arrivons enfin à la construction des églises monolithes. Lalibala fit forger un grand nombre d'outils pour travailler la pierre; puis il rassembla ses sujets et leur demanda de fixer eux-mêmes le prix du salaire qu'ils désiraient recevoir. Lorsque les prix furent convenus, les travaux commencèrent aussitôt. Il alla lui-même avec ses officiers prendre les mesures et faire le tracé des églises sur un terrain qu'il avait acheté à cet effet. L'auteur donne ensuite la description des dix églises, construites par Lalibala en conformité de celles qu'il avait vues dans le ciel et avec le concours des anges qu'il pouvait seul apercevoir.

Lorsque ces constructions furent terminées, Lalibala ne voulut pas que la royauté passât aux mains de son fils, mais il demanda à Dieu de la ramener à la maison d'Israël. Il distribua ensuite tous ses biens aux pauvres et dota les églises qu'il avait bâties. Puis, après une courte maladie, il mourut le 22 du mois de ḥazirân (juin).

Il n'est pas difficile de voir que cette histoire repose sur la construction de ces églises monolithes qui font encore aujourd'hui l'admiration des voyageurs[1]. C'est pour les

1. Je dois dire cependant que certains faits qui y sont rapportés se trouvent également mentionnés dans l'article du synaxare consacré à Lalibala, mais ils sont exposés différemment. Afin qu'on en puisse juger, je donne ici la traduction de cet article d'après le manuscrit éthiopien de la Bibliothèque nationale, n° 128, fol. 122 v° (Zotenberg, *Catal.*, p. 188): « Ce jour-là (le 12 de sené) mourut (?) aussi le bienheureux et pur Lalibala, roi d'Éthiopie, qui vit les mystères des cieux. Dès sa plus tendre enfance, ses parents l'élevèrent dans la crainte de Dieu. Lorsqu'il eut grandi et fut arrivé à l'âge d'homme, son frère ayant appris qu'il posséderait un jour son royaume et qu'il s'asseoirait sur son trône, en conçut de la jalousie. Il manda Lalibala et lorsque celui-ci fut en sa présence, il imagina un prétexte et le fit frapper à grands coups depuis 3 heures jusqu'à 9 heures; puis il ordonna de le ramener devant lui. Il fut étonné, ainsi que tous les gens de sa cour, de voir que Lalibala n'avait eu aucun mal, car un ange de Dieu l'avait protégé. Le roi lui dit : Pardonne-moi, mon frère, ce que je t'ai fait. Ils se reconcilièrent et devinrent amis. Dieu vit le châtiment qui avait été infligé à Lalibala ce jour-là et il lui donna le royaume. Lorsque Lalibala fut roi, il voulut être agréable à Dieu; il fit beaucoup d'aumônes aux pauvres et aux malheureux, et quand Dieu vit son grand amour, il lui envoya dans un songe un ange qui le ravit près de lui. Dieu lui montra comment il devait construire dix églises de couleur (ou d'aspect) différente et Lalibala fit ce que Dieu lui avait montré. Lorsqu'il eut terminé la construction de ces églises, Dieu

construire que Lalibala est devenu roi et les faits antérieurs à son avènement concourent tous à ce but.

Ainsi que l'a fait remarquer M. Antoine d'Abbadie, dont j'ai cité l'opinion, il y a fort peu de données historiques dans cette Vie de Lalibala. Pourtant il semble que ce soit le plus ancien document que nous possédions sur ce roi. J'ai dit qu'il existe au *British Museum* un autre manuscrit de la Vie de Lalibala qui remonte au XIVe siècle et dont j'ignore le contenu. Mais il est certain que M. d'Abbadie qui avait en Abyssinie tous les moyens de se procurer le meilleur texte et qui est très compétent pour tout ce qui touche à la langue et à l'histoire de ce pays, a fait copier celui qui lui paraissait avoir le plus de valeur, qui était regardé comme authentique. Or, sa copie, d'après la description qu'il en donne, concorde avec la mienne. On peut donc, à mon avis, considérer les trois manuscrits comme ayant la même rédaction et relatant ce que l'on savait en Abyssinie sur Lalibala au XIVe siècle, c'est-à-dire à une époque où le souvenir de ce roi était encore vivant.

Les seules indications historiques à retenir de cette histoire sont celles-ci :

1° Lalibala était fils de Jân-Seyum, riche personnage de l'époque [1], ce qui s'accorde avec le manuscrit éthiopien

donna le trône au fils de son frère; puis Lalibala mourut en paix. » Suit le salam reproduit par Ludolf et dont nous avons donné la traduction, p. 18, note 7.

1. Il ne faut pas songer, je crois, à identifier ce Jân-Seyum avec le Jân-Shëyum des listes éthiopiennes. Celui-ci se trouve en effet séparé de Lalibala par trois rois qui, d'après ces listes, auraient régné chacun 40 ans, soit pendant un espace de 120 ans. Mais alors, comment expliquer que le frère de Lalibala était roi d'Éthiopie? Enfin le manuscrit éthiopien cité par M. Raffray donne deux fils à Jân-Seyum, Guébré-Mariam et Lalibéla, dont le premier n'est mentionné nulle part ailleurs.

consulté par M. Raffray et avec ce que dit Fr. Alvarès, que Lalibala n'était pas fils d'un roi.

2° Le trône était alors occupé par son frère, nommé Ḥarbay, qui abdiqua en sa faveur. Ce nom est aussi mentionné dans la légende de saint Abo, que nous avons rapportée plus haut (v. note, p. 35).

3° Lalibala ne voulut pas que son fils héritât de la royauté, mais qu'elle revînt à la maison d'Israël. Ce qui démontre d'une part qu'il n'était pas de la dynastie Salomonienne et tendrait à prouver d'autre part que c'est à sa mort ou peu de temps après que la restauration de cette dynastie eut lieu.

V. — CHRONOLOGIE

Les successeurs de Lalibala sont, d'après la liste éthiopienne, Naakueto-La-Ab, Yetbarak, Maïrâri et Ḥarbay. On ne connaît pas l'histoire de ces rois ; on sait seulement que, suivant une tradition, la restauration de la dynastie Salomonienne sur le trône d'Éthiopie eut lieu sous le règne de Naakueto-La-Ab, à la suite d'un accord intervenu par l'entremise de l'abouna-Takla Haymanôt[1], entre ce prince et Yekuno-Amlak, le descendant de Delnaod[2].

Nous allons rechercher maintenant s'il est possible, à

1. Il est singulier que la commémoration de cet abouna dans le synaxare éthiopien, dont le texte a été publié par M. Dillmann dans sa *Chrestomathie*, p. 36, ne parle pas de cette négociation si avantageuse pour l'Église d'Éthiopie puisqu'un tiers des revenus du royaume était affecté au clergé (cf. Basset, *Études*, p. 99 et note 64).

2. Bruce dit, dans son ouvrage (*Voy.*, t. III, p. 343), que la convention conclue entre Yekuno-Amlak et la maison de Zagüé est de l'année 1300, ce qui est matériellement impossible, car le même auteur déclare plus loin (t. IV, p. 1), que Yekuno-Amlak a régné de 1268 à 1283 seulement.

l'aide des données que nous avons recueillies, d'établir la chronologie des rois Zagüés.

Bruce n'indique aucune date pour la révolution provoquée par la prétendue reine Judith ; il se contente de faire remarquer que la période d'usurpation n'a guère duré plus de 300 ans et qu'en supposant que cette reine, qui aurait régné quarante ans, soit morte dans la dernière année du xe siècle, chacun des rois qui sont mentionnés dans la chronique éthiopienne serait censé avoir régné pendant vingt-quatre ans en moyenne, ce qui est excessif[1]. D'après lui, Lalibala a vécu vers l'an 1200[2], et Yekuno-Amlak est monté sur le trône en 1268[3].

Pour Salt, le renversement de la dynastie Salomonienne a eu lieu vers l'an 925[4]. Cet auteur s'est évidemment appuyé, pour déterminer cette date, sur les événements qui ont eu lieu en Éthiopie vers cette époque et dont j'ai donné, p. 13, le résumé fait par M. Basset, mais la révolution qui éclata dans ce pays, est, à mon avis, de beaucoup postérieure à 925. Puis se basant sur le passage d'El-Makin qui relate l'envoi de l'abouna Mikhaïl en Éthiopie à l'occasion d'une baisse du Nil attribuée à Lalibala (voir la note, p. 21), il fixe à 1095 environ l'époque de ce roi[5]. Le commencement du règne de Yekuno-Amlak est rapporté par lui à l'année 1255[6], après une période d'usurpation de 330 ans, durée totale des règnes des descendants de Delnaod dans le Shoa[7].

1. Bruce, *Voyage*, t. III, p. 334.
2. Bruce, *ibid.*, p. 335.
3. Bruce, *Voyage*, t. IV, p. 1.
4. Salt, *Voyage*, t. II, p. 265.
5. Salt, *ibid.*, p. 266.
6. Salt, *ibid.*, p. 267.
7. Salt, *ibid.*, p. 266.

Enfin M. Gutschmidt, dans sa chronologie des rois d'Abyssinie, assigne la date de 1270 à l'avènement de Yekuno-Amlak.

D'autre part, les chroniques éthiopiennes ne mentionnent aucune date; elles nous font connaître seulement la durée du règne de chacun des rois Zagüés et la durée totale de leurs règnes qui est de 354 ans (ou de 330 ans d'après le ms. n° XXVI de la Bodléienne, p. 4).

Il semble qu'avec tous ces renseignements, il serait facile de dresser la chronologie de la famille des Zagüés, en prenant une des dates extrêmes données par les auteurs, celle de l'avènement de Yekuno-Amlak, par exemple, soit 1268 ou 1270[1], qui est certaine, et en défalquant successivement de ce nombre le chiffre indiqué par les listes éthiopiennes pour la durée du règne de chaque roi. Rien ne serait plus simple, en effet, si ces listes étaient exactes. Malheureusement il n'en est pas ainsi; il existe entre elles et les autres documents que nous avons examinés des divergences très grandes.

La Vie de Lalibala nous apprend, par exemple, que ce roi était le frère de Ḥarbay, qui régna avant lui et lui céda le trône plus tard. Or, sur la liste éthiopienne, son prédécesseur est Qedus Ḥarbê. Là n'est pas la difficulté, car Ḥarbê peut être une contraction de Ḥarbay, mais ce qu'on s'explique moins, c'est l'épithète *qedus* (saint) placée devant ce nom. Par contre, on trouve à la fin de la liste un roi nommé Ḥarbay, sous lequel ou après lequel aurait dû avoir lieu la restauration de la dynastie salomonienne, si elle a été rétablie peu de temps après la mort de Lalibala,

1. Je laisse de côté la date de 1255 donnée par Salt; elle a été obtenue par cet auteur en ajoutant 330 ans à la date de 925 qu'il indique pour le renversement de la dynastie salomonienne, mais cette date est évidemment fausse.

comme le donne à entendre la vie de ce roi. Or, suivant la tradition, cette restauration aurait eu lieu sous le règne de Naakueto-La-Ab, et toutes les listes s'accordent à désigner ce prince comme le successeur de Lalibala. Naakueto-La-Ab n'est indiqué nulle part comme le fils de Lalibala, ce qui s'accorde encore avec les paroles qui lui sont attribuées par l'auteur de sa vie, d'après lesquelles il ne voulut pas que la royauté fût transmise à son fils. Enfin dans le texte arabe reproduit par M. Guidi, le fils aîné de Lalibala porte le nom de Itbarak, le Yetbarak de la liste, où il figure après Naakueto-La-Ab. Ainsi que le fait observer le savant professeur, Yetbarak ne peut avoir régné avant Lalibala, comme on le trouve dans Bruce, et d'autre part on ne peut intercaler entre son père et lui le long règne de Naakueto-La-Ab. On ne saurait donc avoir aucune confiance dans ces listes et les prendre pour base d'une chronologie.

Nous n'avons plus que les deux textes des historiens arabes publiés par M. Guidi qui puissent par leurs synchronismes nous fournir des dates certaines pour les deux événements les plus importants de l'époque : le renversement de la dynastie salomonienne et le règne de Lalibala.

La lettre adressée par le roi d'Éthiopie au roi de Nubie ne peut avoir été écrite que par Delnaod et peu de temps après l'envahissement de l'Éthiopie par la reine ennemie, puisque. c'est le roi dépossédé lui-même qui raconte ses tribulations[1]. Eu égard à la situation de l'Éthiopie à cette

1. V. plus haut, p 9 le texte arabe : ثارت عليه ... وطردته. C'est dans le même sens qu'est rédigée la lettre insérée dans l'article du synaxare concernant Philothée, le 12 de hedar (ms. 126 de la Bibl. nat., fol. 71 v° et 72 r°; Zotenberg, *Catalogue*, p. 162), mais il n'y est pas question de reine. Voici en transcription le texte éthiopien correspondant au

époque, j'inclinerais à penser que cette lettre a été écrite au commencement du patriarcat de Philothée, c'est-à-dire vers 981.

Quant au second texte relatant l'envoi en Éthiopie de l'abouna Isaac, qui y trouve le roi Lalibala, sa femme Masqal-Kebra et ses deux fils, Itbarak et Anab ou Atab, comme cet abouna a été ordonné le 8 mars 1210, avant son départ pour l'Abyssinie, il n'est pas douteux qu'il faut placer au commencement du XIIIe siècle le règne de Lalibala.

Ce sont les seuls résultats auxquels nous a conduit cette étude. Peut-être des recherches plus nombreuses et plus minutieuses m'auraient elles permis d'élucider cette question si intéressante de la dynastie des Zagüés et d'arriver à des conclusions plus importantes. Malheureusement le temps m'a manqué pour faire ces recherches; je le regrette sincèrement et je me propose de les entreprendre plus tard si j'en ai le loisir.

Il me reste maintenant à remplir un devoir, dont j'ai le plus grand plaisir à m'acquitter, celui de témoigner ma reconnaissance à ceux qui m'ont aidé et encouragé : à M. René Basset, professeur à l'École supérieure des Lettres d'Alger, qui s'est montré pour moi d'une rare obligeance et à qui je dois non seulement la publication de ce travail dans le *Bulletin de Correspondance africaine*, mais encore un cer-

texte arabe publié par M. Guidi : *watanš'eû la'elêna ṣalâ'etna waçêwawomû labëzuḥan sabë'e embëhêrna wa'amazbarû 'ahgurina watakalë'a zenâm kama 'iyërad wamëdërni 'îtahab fërêha waṣala'etna 'awe'âyû 'ahgurina wa'amazbarû'abyâta krëstiyânâtina wasadadûna ëmmakan wësta makân.* « Nos ennemis se sont levés contre nous, dit le roi, ils ont emmené en captivité beaucoup de gens de notre pays, ont saccagé nos villes, ont détruit nos églises et nous ont chassés (ou poursuivis) d'endroit en endroit. »

tain nombre de notes qui n'ont pas peu contribué à l'illustrer, comme on a pu le remarquer; à M. Masqueray, directeur de cette École, qui a bien voulu faire un bon accueil à mon travail; enfin à mon cher professeur, M. J. Halévy, chez qui ses élèves sont toujours sûrs de trouver le plus bienveillant concours.

Je les prie d'agréer mes plus vifs remerciements.

J. PERRUCHON.

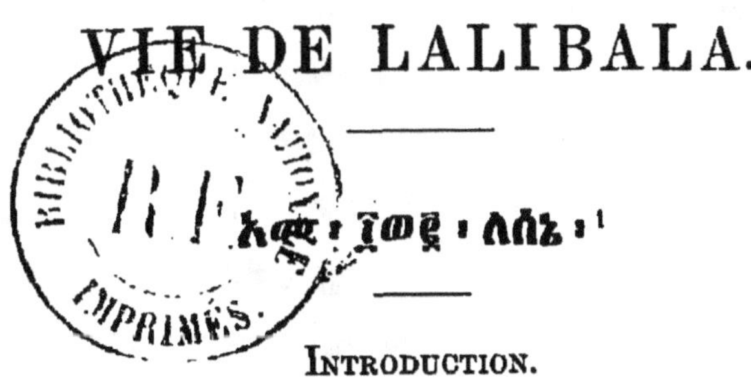

VIE DE LALIBALA.

አመ ፡ ፲ወ፪ ፡ ለሰኔ ፡[1]

INTRODUCTION.

በስመ፡አብ፡ወወልድ፡ወመንፈስ፡ቅዱስ፡፩ አምላክ፡ሥሉስ፡ዘኢ fol. 1; 1.
ይሰደቅ፡ዋሕድ። ዕሩይ፡ታሉት፡ዘኢይነፍድ፡ዘሀሎ፡እምቅድመ፡
ከዋኔሁ፡እንዘ፡ኢይትበዓድ። ወእምሀላዌሁ፡እንዘ፡ኢየሐፅፅ፡
ወኢይፌደፍድ። በአናስረ፡ዓለም፡ዘኢይተረጐም፡ወኢይትዔ
ለድ። ወዘኢይትፌለጥ፡ወልድ፡እምአቡሁ፡ወመንፈስ፡እምወል
ድ። ዘ[አ]ምጽአ፡ዓለመ፡በቃለ፡ጽውዓ፡እምኅበ፡ኢሀሎ፡በአሐቲ፡
ምክር፡ወበአሐቲ፡ፈቃድ። ዘማረረ፡ለምድር፡በልቡና፡ዘኢ|ይኄ 2.
ለድ። ወለማይኒ፡ዘአንበሩ፡በዓየር፡እሳት፡ዘይነድድ። ወለእሳትኒ፡
ዘሰፍሖ፡በዓየር፡ሰማይ፡እንበለ፡ገሚሥ፡በእድ፡ወለነፋስ፡ዘረበበ፡
ዲበ፡ሰረገላ፡ጽልመት፡እንበለ፡መሠረት፡ወድድ፡አርጊዖ፡ማየ፡
ዘረሰየ፡ሰማየ፡ወሰቀሎ፡ከመ፡ቀመር፡ወዓምድ። ዘረሰዮሙ፡ለመ
ላእክቲሁ፡መንፈሰ፡ወለእለ፡ይትለአከዎ፡አይቁና፡ዘነድ። ዘይመ

1. Sur la page précédente, en regard de cette mention écrite à l'encre rouge, se trouvent les mots : ገድለ፡ላሊበላ፡ዘቅዱስ፡መድኃኔ፡ዓለም፡ écrits à l'encre noire. Les chiffres 1, 2, 3, 4, mis en marge indiquent les quatre colonnes de chaque feuillet, deux pour chaque page. Le verso commence au chiffre 3. Un trait placé dans le corps du texte marque le point précis où commence chaque colonne.

ይጦ፡ለንጥረ፡መብረቅ፡ወያጽንዖ፡ለነጐድጓድ። ዘይፌትቶ፡ለዕ
3. ብን፡በረድ። እምከርሠ፡ደመና፡በበሕጠቲሁ፡ከመ፡ይረ|ድ። ዘይ
ጌሥዖ፡ለፀዓዕ፡ወይዘርዎ፡ለጊሜ፡ከመ፡ሐመድ። ጊልጌላሁ፡ዘነ
በልባል፡ወሰረገላሁ፡መርዕድ። ዘያረምማ፡ለማዕበለ፡ባሕር፡ወያ
ዝኅና፡ለሞገድ። ዘኢየኃልቅ፡ምስፍናሁ፡ለትውልደ፡ትውልድ።
ወኢይትዌዳእ፡ምኵናኑ፡ለዘመደ፡ዘመድ። ጥንተ፡መዋዕሊሁ፡
ዘኢይትኌለቍ፡ወስፍሐ፡ሀልዎቱ፡ዘኢይትኌለድ። ዘለሐኮ፡ለአ
ዳም፡በአርአያሁ፡ከመ፡ይትገሃድ። ለዘከመዝ፡እግዚእ፡እንዘ፡እገኒ፡
ወእሰግድ። እንግር፡ዜና፡ገድለ፡ፃማሁ፡ለብፁዕ፡ወለቅዱስ፡ብእሲ፡
4. ክቡር፡ወርኡስ፡ስቡሕ፡| ወውዱስ። ለባሴ፡ንጽሕ፡ዘኢለከፎ፡
ደነስ። ፀዋሬ፡ንዱት፡ዘምስለ፡ንግሥ፡ዘኢያንሶሰወ፡በፍኖት፡
መብዕስ። ዘኢተሀይጸ፡በአሕፃሁ፡ለመስተቃርን፡ዘውእቱ፡ዲያብ
ሎስ፡ደብረ፡ወርቅ፡ወደብረ፡ብሩር፡ደብረ፡ባሕርይ፡ወደብረ፡
ሰንፔር፡ወግረ፡ቀንዓት፡ወወግረ፡ስኂን፡መንክር። ደብረ፡ወርቅ፡
ንብሎ፡በእንተ፡ስነ፡ሃይማኖቱ፡ርትዕት፡ወበእንተ፡ስነ፡ትእግ
ሥቱ፡በውስተ፡ገድል፡እንዘ፡ይጽሕቅ፡ለፈጽሞ፡ቃለ፡ወንጌል፡
እስመ፡ይሰምዮ፡ለቀርነ፡መድኃኒትነ፡ዘውእቱ፡ብስራተ፡እስራ
fol. 2; 1. ኤል፡ሐዲሳን፡ዘደም|ፀ፡እምልሳነ፡በግዑ፡እንዘ፡ይትነፋሕ፡በቤተ፡
ክርስቲያን፡በአፈ፡ካህን፡ወድምፀ፡ቃሉ፡ከመዝ፡ይብል። በትእ
ግሥትክሙ፡ታጠርይዋ፡ለነፍስክሙ፡ወካዕበ፡ይቤ፡ባኍ፡እንተ፡
ጸባብ፡አንቀጽ፡ወስፍሕት፡ፍኖታ፡እንተ፡ትወስድ፡ወታበውእ፡
ውስተ፡ሐጕል። ወፈድፋደ፡ጸባብ፡አንቀጽ፡ወጥቀ፡መቅዓን፡
ወጽዕቅት፡ፍኖታ፡እንተ፡ትወስድ፡ወታበውእ፡ውስተ፡ሕይ
ወት። ወኅዳጣን፡ይበውእዋ፡ወውስተ፡ስፍሕትስ፡አንቀጽ፡ይብል፡
ብዙኃን፡እለ፡ይበውእዋ። እለ፡መኑ፡ኬ፡እለ፡ቦእዋ፡ለአንቀጸ፡
2. ሐጕል፡ወ|እለ፡መኑ፡ካዕበ፡እለ፡ይበውእዋ፡እምድኅረ፡ዝንቱ፡

እስመ፡ኢተዓዕዋ፡እስከ፡ይእዜ፡እላንቱ፡ፍናው፡ክልኤቲ፡አሐቲ፡
እንተ፡ሞት፡ወአሐቲ፡እንተ፡ሕይወት።ወእለ፡በእዋሰ፡ለአንቀጸ፡
ሐኰል፡እሉ፡እሙንቱ፡እለ፡ሖሩ፡በፍኖተዝ፡ዓለም፡ስፉሕ፡
ዘውእቱ፡በሊዕ፡ወሰትይ፡ወእንበለ፡ዓቅም።እስመ፡እለ፡ይበ
ልዑ፡ወይሰትዩ፡ዘእንበለ፡ዓቅም፡ይትቃረንዎ፡ለቃለ፡ወንጌል፡
ዘይቤ፡ኢታክብዱ፡ልበክሙ፡በበሊዕ፡ወሰትይ።ወይትፌጸም፡
ላዕሌሆሙ፡ቃለ፡ነቢይ፡ዘይቤ፡አሌ፡ሎሙ፡ለእለ፡ይገይሱ፡በጽ
ባሕ፡ቤተ፡መያሲ፡ወይውዕሉ፡|ውስተ፡ስታይ፡ወያነድዶሙ፡ 3.
ወይን፡ወከዕበ፡ያቴክሎሙ፡አፍአ፡እምቤተ፡ግዕዝ፡ቃለ፡መር
ዓዊ፡ዘይቤ፡አሌ፡ሎሙ፡ለእለ፡ይጸግቡ፡ይእዜ፡እስመ፡እሙንቱ፡
ይርኀቡ፡እስመ፡ኃደግዋ፡ለቃሉ፡መሐሪተ፡ጽሙና፡እንተ፡
ትብል፡ተገበሩ፡እንከ፡ለመብልዕ፡ዘይነብር፡ለሕይወት፡ዘለዓ
ለም፡ዘይሁበክሙ፡ወልደ፡እጓለ፡እመሕያው፡ወአከ፡ለመብልዕ፡
ኃላፌ፡ወይፈልስ፡ጸጋ፡እግዚአብሔር፡እምስሱዓነ፡ከርሥ፡ኀበ፡
እለ፡ያፈቅሩ፡ጽሙና።በከመ፡ፈለሰ፡ብኵርና፡ኢሳው፡መፍቀሬ፡
መብልዕ፡ኀበ፡ያዕቆብ፡መኀፈደ፡ጽሙና፡|ወእሉ፡ካዕበ፡እለ፡ 4.
ይበውእዋ፡ለአንቀጸ፡ሐኰል፡ምስለ፡እለ፡አቅደምነ፡ነጊረ፡ምስለ፡
ስሱዓን፡ወዘማውያን፡ሠራቅያን፡መስተበቅላን፡ሐያድያን፡መስተ
መይናን፡መስተሣለቃን፡ዕቡያን፡ዝኁራን፡መሰግላን፡ወእለ፡ይት
አመኑ፡በሐሳበ፡ከዋክብት፡በቃለ፡ብእሲ፡ወበቃለ፡ብእሲት፡እለ፡
ይብሉ፡ነአምር፡ዘይመጽእ፡ወንፈልጥ፡ዘይከውን።እሉኬ፡ወእለ፡
ይመስልዎሙ፡ፍኖተ፡ሐኰል፡ፍኖቶሙ፡ሞት፡ደኃሪቶሙ፡ወሲ
ኦል፡ተፍጻሜቶሙ።ዛቲ፡ይእቲ፡ተፍጻሜታ፡ወትርጓሜሃ፡ለአ
ንቀጽ፡ስፍሕት፡|እንተ፡ትወስድ፡ውስተ፡ሐኰል።ኢይምስል fol. 3; 1
ከሙ፡አፍቁራንየ፡ሰበ፡ትሰምዑ፡አንቀጸ፡ሐኰል፡ዘተብህለ፡
በወንጌል፡ከመ፡ህለወት፡ውስተ፡ሰማያትሰ፡አልቦ፡አንቀጸ፡ሐ

ጐል ፡ ዘእንበለ ፡ አንቀጸ ፡ ማሀል ። ኅበ ፡ ይኑብር ፡ አምላክነ ፡ ባሕረ ፡
ምሕረት ፡ ወንቅዓ ፡ ብረከት ። ወዘይትሐጐልሰ ፡ ኢየዓርግ ፡ ውስተ ፡
ሰማይ ። ሰበሰ ፡ ዘተሰምየ ፡ ሊቀ ፡ መላእክት ፡ ወድቀ ፡ እምሰማይ ፡
ሶበ ፡ ሐለየ ፡ ሕሊና ፡ ሐጐል ፡ እሮኬ ፡ ያዓርግ ፡ ሰማየ ፡ ብእሴ ፡ ሐ
ጐል ። ወእለሰ ፡ ቦኡ ፡ አንቀጸ ፡ ጸባበ ፡ እሉ ፡ እሙንቱ ፡ እለ ፡ ያሩ ፡
2. መስቀ|ሎ ፡ ለክርስቶስ ፡ ወተለውዎ ። ወፀዊረ ፡ መስቀሉኒ ፡ ዛቲ ፡
ይእቲ ፡ ጾም ፡ ምስለ ፡ አኰቴት ፡ ፍቅር ፡ ምስለ ፡ የውሃት ፡ ዘምስለ ፡
ትሕትና ፡ ንዴት ፡ አንብዕ ፡ ዘምስለ ፡ ትጋሀ ፡ አልጐሞ ፡ ልሳን ፡ ዘም
ስለ ፡ ትእግሥት ። እምነገረ ፡ ጽርፈት ፡ ወእምነቢበ ፡ ዓመፃ ፡ ወሐሰት ፡
ወርኂቅ ፡ እምግብር ፡ ኃላፊት ፡ እንተ ፡ ትወስድ ፡ ውስተ ፡ ሐጐል ፡
ወሞት ። አንጽሖ ፡ ሥጋ ፡ እምዝሙት ፡ ዓዪል ፡ ውስተ ፡ ገዳም ፡ በዘ
ብድወ ፡ ጠሊ ፡ ወበሐሜለት ። ወተዘግሖ ፡ ውስተ ፡ ጾማዕት ።
አንጽሖ ፡ ልቡና ፡ እምሐልዮ ፡ ኃጢአት ። ወተዘክሮ ፡ ሞት ፡ በ
3. ኵሉ ፡ ጊዜያት ፡ ዛቲኬ ፡ አ|ንቀጸ ፡ ከመ ፡ ይባእ ፡ ተኃየለ ፡ ተመሪሖ ፡
በእለ ፡ ቀደምዎ ፡ ቅዱሳን ፡ ወቦአሂ ፡ ዝንቱ ፡ ብእሲ ፡ መክሀ ፡ ዘስሙ ፡
ላሊበላ ፡ ዘተሰምየ ፡ ገብረ ፡ መስቀል ፡ አመ ፡ ቅብዓተ ፡ ንግሡ ፡ ዘአ
መስቀለ ፡ አክናፈ ፡ ሕሊናሁ ፡ ከመ ፡ አክናፈ ፡ ኪሩቤል ፡ ከመ ፡ ይት
መሠጥ ፡ ቦቱን ። ኅበ ፡ መንበረ ፡ መለኮት ፡ ከመ ፡ ይኅበር ፡ ሰብሖ ፡ ም
ስለ ፡ ሱራፌል ። እስመ ፡ ተወክፈ ፡ ኵሎ ፡ ሥቃያተ ፡ እለ ፡ አቅደ
ምነ ፡ ነጊረ ፡ ተሠጢሞ ፡ ውስተ ፡ ባሕረ ፡ ትእግሥት ። እስመ ፡ ርኂ
ብኒ ፡ ኢይትከሀል ፡ ዘእንበለ ፡ ትእግሥት ። ወጸሚዕኒ ፡ ኢይትከሀል ፡
4. ዘእንበለ ፡ ትእግሥት ። ዓሪቅኒ ፡ |ወተፅናስኒ ፡ በእንተ ፡ እግዚአብ
ሔር ። ወፈጽሞ ፡ ኵሉ ፡ ቃለ ፡ ወንጌል ፡ ኢይትከሀል ፡ ዘእንበለ ፡ ትእ
ግሥት ፡ ወበእንተዝኬ ፡ ለብሰ ፡ እልታሐ ፡ ትእግሥት ፡ ወድርዓ ፡
እንግድዓ ፡ ዘመዊዕ ፡ ከመ ፡ ይማዕ ፡ ኵሎ ፡ ምንደቤ ፡ ገድል ። ዝንቱ ፡
ብእሲ ፡ ዘሰመይናሁ ፡ ደብረ ፡ ወርቅ ። እስመ ፡ በከመ ፡ ወርቅ ፡ ይትዓ

ቀብ ፡ ውስተ ፡ አስከሬን ፡ ተዘጊሖ ፡ በቀማጥር ። ከማሁ ፡ ከኖ ፡ መዝ
ገበ ፡ ለቃለ ፡ ወንጌል ፡ አስከሬን ፡ ልቡ ፡ ለብፁዕ ፡ ወለቅዱስ ፡ ላሊበላ ፡
ወቃለ ፡ ወንጌልሰ ፡ በአማን ፡ ወርቅ ፡ ውእቱ ። ዘአልቦ ፡ ተምያን ።
ዘኃደረ ፡ ውስተ ፡ ልቡ ፡ ለዝንቱ ፡ ብእሲ ፡ ፍጹ|ም ፡ ብጹሐ ፡ አምጣን ፡ fol. 4; 1.
በአቅሙ ፡ ለክርስቶስ ። ህየንተ ፡ ቀማጥርኒ ፡ ከኖ ፡ ትሕትናሁ ። እስመ ፡
በሐብለ ፡ ትሕትና ፡ ዕሡር ። ወሀሉል ፡ ከሣደ ፡ ልበሙ ፡ ለጻድቃን ።
እስመ ፡ እንበለ ፡ ትሕትና ፡ ኢይትከሀል ፡ ያሥምርዎ ፡ ለእግዚአብ
ሔር ። በከመ ፡ ነበበ ፡ ነቢይ ፡ ተመጣዌ ፡ ፍሕም ፡ እምኆጠተ ፡ ሱራ
ፌል ፡ እንዘ ፡ ይብል ፡ ከመዝ ፡ ይቤ ፡ እግዚአብሔር ፡ ኀበ ፡ መኑ ፡ እኔ
ጽር ፡ ዘእንበለ ፡ ኀበ ፡ የዋህ ፡ ወትሑት ፡ ወጽምው ፡ ዘይርዕድ ፡ እም
ቃልየ ። ወእግዚእ ፡ ነቢይኒ ፡ ይቤ ፡ ተመሐሩ ፡ እምኔየ ። እስመ ፡ የዋህ ፡
አነ ፡ ወትሑት ፡ ልብየ ፡ ወትረክቡ ፡ ዕረፍተ ፡ ለነፍስ|ክሙ ። ደብረ ፡ 2.
ብሩርሂ ፡ ወደብረ ፡ ሰንፒር ፡ አስተማሰልኖ ፡ በእንተ ፡ ቃለ ፡ ፍትሕ ፡
ዘይወፅእ ፡ እምአፉሁ ፡ ሣዕሣዕ ፡ ወቅሡም ፡ ልሳኑ ፡ በዜወ ፡ መለኮት ።
ደብረ ፡ ባሕርይኒ ፡ ንቤሎ ፡ በእንተ ፡ ንጽሐ ፡ ሥጋሁ ። እስመ ፡ አጥ
ረየ ፡ ንጽሐ ፡ ከመ ፡ መላእክት ። ወአዕደለ ፡ ባሕርየ ፡ ንጽሑ ፡ ምስብ
ዒተ ፡ እምአሶንያ ፡ ወእምኦርያሬስ ፡ ወእምአርዮብ ፡ ወእማዝሮት ።
እስመ ፡ ይሰምዖ ፡ ለሐዋርያ ፡ እንዘ ፡ ይብል ፡ አንጽሑ ፡ ልበክሙ ፡
ወአንጽሑ ፡ እደዊክሙ ። ወዓዲ ፡ ተዳደቀቶ ፡ ቃል ፡ እምአፈ ፡ ጳው
ሎስ ፡ እንተ ፡ ትብል ፡ ከመዝ ፡ አልበ ፡ እምውስቴትክሙ ፡ |ዘይከ 3.
ውን ፡ ዘማዌ ፡ ወርኩሰ ። ወካዕበ ፡ ይቤ ፡ ወዘሰ ፡ አማሰነ ፡ ቤቶ ፡ ለእግ
ዚአብሔር ፡ ሎቱኒ ፡ ያማስና ፡ እግዚአብሔር ። ወዓዲ ፡ ተፍዕመ ፡ ሕ
ጠተ ፡ ቃል ፡ እምአስካለ ፡ ትንቢቱ ፡ ለብፁዕ ፡ ዳዊት ። ዘይቤ ፡ መሥ
ዋዕተ ፡ ወቍርባነ ፡ ኢፈቀድኩ ፡ ሥጋከ ፡ አንጽሕ ፡ ሊተ ፡ ምሥዋዕተ ፡
ዘበእንተ ፡ ኃጢአት ፡ ኢሠመርኩ ። ወዝንተ ፡ ኵሎ ፡ ዓቂቦ ፡ ውስተ ፡
ምጕንጳ ፡ ንጽሕ ፡ ተኃብአ ፡ ከመ ፡ ኢይርከቦ ፡ ሕምዝ ፡ ከይሲ ፡ ዘያስዖ

ዝዝ፡ኀበ፡ተንዝኃ፡ሕምዙ። በእንተዝኬ፡ጕየ፡እምሐውዘ፡ጣ
ዕሙ፡ለዝ፡ዓለም፡ዘያወረዙ፡ለአብሶ፡ከመ፡ይሰመይ፡ጥሪተ፡
4. ዓቢየ፡|ዘዕሉድ፡ውስተ፡መዝገበ፡ቤቱ፡ለልዑል። በከመ፡ይቤ፡
ሰሎሞን፡ጥሪት፡ክቡር፡ብእሲ፡ንጹሕ። ወግረ፡ቀንዓትሂ፡ወወ
ግረ፡ስሒን፡ተብህለ፡በእንተ፡አፈዋተ፡ኒሩቱ፡ዘምዕዘ፡ዕፍረተ፡
ርሔሁ፡ውስተ፡ኵሉ፡አጽናፈ፡ዓለም። በከመ፡ይቤ፡መጽሐፍ፡
እ[ም]አጽናፈ፡ምድር፡ሰማዕነ፡ዝክረ፡ተስፋሁ፡ለጻድቅ። ወነዋ፡ያረ
ውያሙ፡ለሕዝብ፡ወለአሕዛብ፡ለመኳንንት፡ወለመሳፍንት፡ለዓበ
ይት፡ወለበሐውርት። ወመዓዛ፡ዕፍረቱ፡ዘኢተመዝመዘ፡እስከ፡
ይእዜ፡ጣዕመ፡ጼዓጤሁ። በከመ፡ይቤ፡መጽሐፍ፡በመዓዛ፡ዕፍረ
fol. 5; 1. ትከ፡ንረውጽ። ወዕፍረቱ|ሰ፡ለዝንቱ፡ብእሲ፡ብፁዕ፡አኮ፡ከመ፡
መዓዛ፡ዕፍረቱ፡ለአሮን፡ካህን፡ዘእምአፈዋተ፡ጽጌ፡ዘከርቤ፡ወአ
በሜ፡ወኢዘእምአበሞ፡ወቀናንሞስ፡ወቅብዖን፡[...] እምዘ
ይት። አላ፡ዕፍረቱኒ፡እምአፈዋተ፡ወንጌል፡ወኢኮነ፡እምዕፅ።
ወመኀፈደ፡ደብተራሁኒ፡ኢኮነ፡ከመ፡ደብተራ፡ሙሴ። እስመ፡
አርአያሃ፡ወጽላሎታ፡ይእቲ፡ደብተራ፡ሙሴ፡ለእንተ፡ትመጽእ፡
ሠናይት፡ሐዳስ፡ደብተራ፡እንተ፡ይእቲ፡ቤተ፡ክርስቲያን። ወፈ
ድፋደሰ፡ዘተገብረ፡በእደ፡ላሊበላ፡ሕንጻ፡ማኅፈደ፡ቤተ፡ክርስ
2. ቲያን፡ወቤተ፡መርዓ፡ዘበግዐ፡ዘኢተገብረ፡በኀበ፡ካልአን፡|በሐ
ውርት፡ወኢበአሐቲኒ፡እስከ፡ኀበ፡ይሬኢ፡ዐሐየ፡ወኵሎ፡ግብረ
ኃቲሆን፡ወድኅረ፡ንነግረክሙ፡ዘከመ፡እፎ፡ግብረ፡ሕንጻሆን።
ወቀዲሙሰ፡ንፈቅድ፡ንንግርክሙ፡ግብሮ፡ለሐናጺሆን። እፎ፡
ኮነ፡ጥንቱ፡ወእፎ፡ኮነ፡ተፍጻሜቱ። እምከመ፡ሰአልናሁ፡ለመጥ
በቤ፡አብዳን፡ከመ፡ያርኁ፡ለነ፡አናቅጸ፡ቃል። በከመ፡ይቤ፡ሐዋ
ርየ፡እመቦ፡ዘኃጥአ፡ለጥበብ፡ለይስአል፡ኀበ፡ወሀቢ፡እግዚአብ
ሔር፡ዘይሁብ፡ለኵሉ፡በስፉሕ። ወይስአል፡እንዘ፡ይትአመን፡

ወኢይናፍቅ ፡ ወይትወሀብ ፡ ሎቱ ። ወአንትሙኒ ፡ አፍቁራንየ ፡ ሕ
ዝብ ፡ ዘምክህ ፡ ዘይ|ሰመይ ፡ እስራኤል ፡ ሐዳሳን ፡ እለ ፡ ትሴስዩ ፡ እም 3.
ጥብሕ ፡ መንክር ፡ ዘኢየዓዒ ፡ ገደላሁ ፡ ዘኢክነ ፡ እምፍርፍርት ፡ ዘከነ ፡
ዕፄ ፡ ወወፅአ ፡ በአእናፈ ፡ እለ ፡ በልዕዎ ። ወእለ ፡ ትስትዩ ፡ ማየ ፡ ሕይ
ወት ፡ እምኰኵሐ ፡ ኮሬብ ፡ ዘአምጽአ ፡ ማዩ ፡ ቅስተ ፡ ማእከለ ፡ እግዚ
አብሔር ፡ ወማእከለ ፡ ነቢዩ ። ሰአሉ ፡ ሊተ ፡ ከመ ፡ የሀበኒ ፡ ልሳነ ፡ ጥ
በብ ፡ ከመ ፡ አእምር ፡ ዘእነብብ ። እስመ ፡ አነ ፡ ሕፁፀ ፡ ልብ ፡ እስከ ፡
ይእዜ ፡ ኢገሠሥኩ ፡ ማእዘንተ ፡ ነገረ ፡ ዚአሁ ፡ ለዘእትናገር ፡ በእንቲ
አሁ ፡ እስመ ፡ ነዋህ ፡ ነገሩ ፡ ወልጐት ፡ ክሥተተ ፡ ምሥጢሩ ። ወባ
ሕቱ ፡ እነግረክ|ሙ ፡ በሐሳብ ፡ ክህልኩ ፡ እንዘ ፡ እትአመን ፡ በኃይለ ፡ 4.
ጸሎትክሙ ። ወበጸሎቱ ፡ ለዝንቱ ፡ ብእሲ ፡ ኮከበ ፡ ክብር ፡ ጽባሐዊ ፡
ዘየኃይድ ፡ ብርሃነ ፡ እምብርሃነ ፡ ከልአን ፡ ከዋክብት ። እንዘ ፡ አብ ፡
ይረድእ ፡ ለወጢን ፡ በለብዎ ፡ ወእንዘ ፡ ወልድ ፡ ያጸንዕ ፡ በአስተሰና
ዕዎ ። ወመንፈስ ፡ ቅዱስ ፡ እንዘ ፡ ይከውን ፡ ፈጻሜ ፡ ኃይለ ፡ ቃል ፡
በአስተታልዎ ። በሰላመ ፡ ዚአሁ ፡ አሜን ። ጸሎቱ ፡ ወበረከቱ ፡ ወሀ
ብተ ፡ ረድኤቱ ፡ ለዝንቱ ፡ ብፁዕ ፡ የሃሉ ፡ ምስለ ፡ ፍቅርቱ ፡ ንግሥትነ ፡
ወለተ ፡ ኢየሱስ ፡ ወምስለ ፡ ወልዳ ፡ መስፍን ፡ ኃይለ ፡ ኢየሱስ ፡ ለዓ
ለመ ፡ ዓለም ፡ አሜን ።

Seconde Introduction.

አቀድም ፡ አእኵቶቶ ፡ ለእግዚአብሔር ፡ በእንተ ፡ እግዚእነ ፡ ኢየ fol. 6; 1.
ሱስ ፡ ክርስቶስ ፡ ዘውእቱ ፡ ወልዱ ፡ ወቃሉ ፡ ለአብ ፡ ዘበሕፅነ ፡ አቡሁ ፡
ሠረፀ ፡ ፍሬ ፡ ስብሐት ፡ ዓቃቤ ፡ ሥራይ ፡ ዘወረደ ፡ እምሰማያት ፡ ከመ ፡
ይደይ ፡ ርጢኖ ፡ ዲበ ፡ እለ ፡ ቈስሉ ፡ በንስከተ ፡ አርዌ ፡ አስዋረ ፡ ወአ
ልህምት ። አትቡዕ ፡ ወአፅኑስ ፡ ፈኒዎ ፡ መንፈሰ ፡ ኀበ ፡ ነቢያቲሁ ፡ ዘያ
ጌብሮሙ ፡ ከመ ፡ ይበልዎ ፡ እግዚኦ ፡ አጽንን ፡ ሰማያቲከ ፡ ወረድ ።

አንሥእ፡ ኃይለከ፡ ወነዓ፡ አድኅነነ፡ አምላከ፡ ኃይላን፡ ሚጠነ፡ ግሥ
ሦሙ፡ ለአድባር፡ ወይጠይሱ። ምንትኑ፡ ግሡቶሙ፡ ለአድባር፡ |
2. ወጢሰቶሙ። እምከመሰ፡ ጤሱ፡ ይጠፍው። አድባረሰ፡ እለ፡ ይሰ
መዩ፡ ሰይጣን፡ ወአጋንንቲሁ፡ በእንተ፡ ልዕልና፡ ትዕቢቶሙ፡ እ
ስመ፡ ቀዳሚሁ፡ ሰይጣን፡ ኮነ፡ ደብረ፡ ትዕቢት፡ ዐኒሶ፡ በዓዕር፡ ዘወ
ለደ፡ ኃጢአተ፡ እማኅፀኑ፡ ዘምሉዕ፡ ኅምዘ፡ ዘይቀትል፡ ወይእቲ፡
ኃጢአቱ፡ ልሒቃ፡ ፍጡነ፡ ኮነቶ፡ ቀኖተ፡ ለአዳም፡ ወለዘርኡ። ወ
በእንተዝ፡ ዝኩኒ፡ ለሐኮ፡ ለአዳም። ወሶበ፡ ርእየ፡ ልሕኵቶ፡ እንዘ፡
ይዬዓር፡ ለአርዐተ፡ ቅኔሁ፡ ለሰይጣን። ወረደ፡ እንዘ፡ ኢየዓርቅ፡
3. እመንበረ፡ ስብሐቲሁ። ዘሰማየ፡ ሰማያት፡ ኢያገምሮ፡ ውስተ፡ |ማኅ
ፀነ፡ ብእሲት፡ ኃዲሮ፡ ፱ተ፡ አውራኃ፡ እንዘ፡ ኢያርኑ፡ ማኅተመ፡
ድንግልናሃ፡ ተወልደ፡ ዘበደባትረ፡ ብርሃን፡ ይሜወር፡ በአዕርቅት፡
ተጠብለሎ። ዘበጽርሐ፡ አርያም፡ ያሰምክ፡ ውስተ፡ ጎል፡ ሰኪበ።
ዘኢይበልዕ፡ ሥጋ፡ ላህም፡ ወኢይስቲ፡ ደመ፡ ጠሊ፡ ሕፃን፡ ሐሊበ፡
ጠቢዎ። ዘበክነፊ፡ ነፋስ፡ ይፀወር፡ በእብራኪ፡ ተሐቊፎ። ዘብሉይ፡
መዋዕሊሁ፡ በበሕቅ፡ ልሒቆ። ዘይትለአክዎ፡ አእላፊ፡ አእላፋት፡
መላእክት፡ ከመ፡ ገብር፡ ተልእኮ። ዘሐፀበ፡ ለዓለም፡ በማየ፡ አይኅ፡
4. በዮርዳኖስ፡ ተጠሚቆ። ፵ መዋልተ፡ ወ፵ ሌሊተ፡ በውስተ፡ |ገዳም፡
ጸዊሞ። ወእምድኅረዝ፡ ረኃቦ። እምነበ፡ ዲያብሎስ፡ ተመኪሮ፡ ወ
ወንጌለ፡ መንግሥት፡ ምሒሮ። ድውያነ፡ ፈዊሶ። ዕውራነ፡ ከሢቶ፡
መፃጕዓነ፡ አርቲዖ። ሐንካሳነ፡ አርዊዖ፡ ወሕሙማነ፡ ፈቲሖ፡ ሕሱ
ፋነ፡ አዔርዩ፡ ወእለ፡ ለምጽ፡ አንጺሐ። ጽሙማነ፡ አስሚዖ፡ ወበሐ
ማነ፡ አስተናጊሮ። ዘደመና፡ ፀለለ፡ እገሪሁ፡ ምድረ፡ ከይዶ። ዘይዴ
ዓን፡ ዲበ፡ ኪሩቤል፡ ምድረ፡ ከይዶ፡ ወዲበ፡ ዕዋለ፡ አድግ፡ ተፅዒኖ።
ወኵሎ፡ ትሕትና፡ አርእዮ። ወሕማማተ፡ ሥጋ፡ ተወኪፎ። በየማነ፡
fol. 7; 1. ገብር፡ ቀዊሞ። ከመ፡ ጊጉይ፡ |ተዓሚሮ። በእደ፡ ገብር፡ ተጸፊዖ።

በበትረ፡ሕለት፡ርእሶ፡ተኰረየ። ወዲበ፡መስቀል፡ተሰቅሎ፡ዲበ፡
እእጋር፡ወእዕዳው፡ተቀኒዎ። ወሐሞተ፡ዘምስለ፡ከርቤ፡ቱሱሐ፡
ሰትዮ። ወሠሊጠ፡መዊተ፡በአጽንኖ፡ርእሱ። ወገቦሁ፡ተረጊዞ፡እ
ንተ፡እምኔሁ፡ውኀዙ፡ክልኤቱ፡አፍላገ፡ሕይወት። ወተገኒዞ፡በሰ
ንዱናት፡ገርዜን። ወተቀበሮ፡ውስተ፡መቃብር። ወተዓቂዎ፡በዕ
ብነ፡መኀተሞሙ፡ለአይሁድ። ወነቢሮ፡ውስተ፡ልበ፡ምድር፡ሠ
ሉሰ፡መዋዕለ፡ወሠሉሰ፡ለያልየ። ወተንሥኢአ፡እምውታን። |ወአን 2.
ሥኢአ፡ምውታን፡ዓርገ፡ሰማያተ፡ወሀሎ፡ይነብር፡በየማነ፡ዕበዩ፡
ዘውእቱ፡አብ፡ወይትጦተሎ፡በእንቲአነ። ወገዝንቱ፡ኰሎ፡ፈጺሞ፡
ኃደገ፡ለነ፡ማዕተቦ፡ሰቲሮ፡አሕባለ፡ማሣግር፡ወአንዲዶ፡እሳተ፡
እኮ፡ከመ፡ያውዒ፡አባለ፡ሥጋ። አላ፡እሳተ፡ፍቅሩ፡ውእቱ፡
ዘኢያቄርሮሙ፡ላህቡ፡ለእለ፡ያፈቅርዎ። በከመ፡ይቤ፡አበ፡ኵሉ፡
ለሊሁ፡ወሲሳየ፡ኵሉ፡ሥጋሁ። እሳተ፡አምጻእኩ፡ለብሔር፡ወእ
ፈቅድ፡አንድዶታ። ወሰበ፡ነደት፡ይእቲ፡እሳት፡መልዓ፡ነበልባለ፡
እሳት፡ውስተ፡ልበ፡ኵሎሙ፡ኅሩያኒሁ። ወቦቱ፡ነዲዶ|ሙ፡አርአዩ፡ 3.
ፍድፋዴ፡ፍቅር፡ዘበግዑ፡በቃል፡ወበምግባር። በቃሎሙሰ፡ይ
ቤሉ፡ወበከመ፡ኮነ፡ውእቱ። ኮነ፡ንሕነኒ፡ውስተ፡ዝንቱ፡ዓለም።
ወበምግባሮሙኒ፡ፈጸሙ፡ኵሎ፡ፍኖተ፡ወንጌል፡በዛቲ፡እሳት፡
ውዕዮሙ፡ሰማዕትኒ፡አጥፍዑ፡ዕቶነ፡እሳት፡ዘአንደዱ፡ዓላውያን፡
እስመ፡ትኄይል፡እሳተ፡ፍቅር፡ዘውስተ፡ልበሙ፡ዘአንደዳ፡መድ
ኅን። በዛቲ፡እሳት፡ውዕዮሙ፡ጻድቃን፡አጥፍዑ፡እሳተ፡ውርዙት፡
ዘቍጹር፡ውስተ፡ሥጋሆሙ፡ወአጥረዩ፡ንጽሐ፡እስከ፡ትሰምዩ፡መ
ላእክተ፡እንዘ፡ሀ|ለዉ፡በሥጋሆሙ፡ለብሱ፡ጠባይዓ፡እሳት፡ወኮኑ፡ 4.
ከመ፡ኪሩቤል፡እለ፡ስሱ፡አክናፊሆሙ። እስመ፡ፈጸምያነ፡ቃለ፡
ወንጌል፡ስሱ፡ምስለ፡ኵሉ፡ፍድፋዴ። ወበእንተ፡ዝኬ፡ኮኑ፡ቢጸ፡ሱ
ራፌል፡ወሰባሕያነ፡ምስሌሆሙ። በዛቲ፡እሳት፡ውዕዮሙ፡ደናግል፡

ኃደጉ፡አውስቦ፡ወሐጸዉ፡ርእሶሙ፡ለመንግሥተ፡ሰማያት። በዛቲ፡
እሳት፡ ውዕዮሙ፡ መንክሳት፡ ተናከርዎ፡ ለዝንቱ፡ ዓለም፡ ወለጣ
ዕሙ፡ ወአይበሱ፡ ሥጋሆሙ፡ በትኅርምት። ወዔሉ፡ ገዳመ፡ እንዘ፡
fol. 8; 1. ኢይፈርሁ፡ እምአናብስት፡ እምዋዕዩ፡ መዓልት፡ ወእምቍ|ረ፡ ሌ
ሊት። ወመሣግረኒ፡ ዘሰተረ፡ አኮ፡ በከ፡ አላ፡ ከመ፡ ይስሐቦሙ፡
ቦቱ፡ ኀበ፡ መልዕልት፡ ለእለ፡ አሥገሮሙ። በከመ፡ ይቤ፡ ለሊሁ፡
እግዚእን፡ እምከመ፡ ተለዓልኩ፡ እምድር፡ እስሕብ፡ ኵሎ፡ ኀቤየ።
ወበዝንቱ፡ ሐብል፡ ተሠገሮሙ፡ ብዙኃን፡ እለ፡ ወፅኡ፡ እምዓዘ
ቅተ፡ ኀርትምና፡ ወእምዕቡር፡ አምዓም፡ ተባልሑ። በዝንቱ፡ ሐ
ብል፡ ተሠገሮሙ፡ መሠግራን፡ ዓሣ፡ ኃደጉ፡ መሣግሪሆሙ፡ ወተለ
ውዎ፡ ለዓሥጋሬ፡ ሰብእ፡ ከመ፡ ይትመሐሩ፡ እምኔሁ፡ ንዒወ። ከመ፡
2. ይንዓዉ፡ እሙንቱኒ፡ አናብስተ፡ በአየውሆ፡ ወአናምርተ፡ በ|አበ
ግዖ። ወኵሎ፡ ዘቦ፡ እከየ፡ በመይጦ፡ ኀበ፡ ግዕዝ፡ ሠናይ። ወዝንቱኒ፡
ዕፀ፡ ገነት፡ ርጡብ፡ ዘስሙ፡ ለሊበላ፡ በዘትረ፡ ቃሎሙ፡ ተሠቂዮ፡
ጸገየ፡ ምዑዘ፡ ወበሐብለ፡ ሐረጎሙ፡ ተእኂዞ፡ ፈረየ፡ ሐዋዘ። በከመ፡
ይትከሠት፡ ይእዜ፡ ፍሬ፡ ምግባሩ፡ ፍድፉድ፡ ሶበ፡ ነኃልፍ፡ ንስቲተ።
ወፍሬሁሰ፡ አኮ፡ ዘዕፀ፡ ገነት። አላ፡ ዘዘ፡ ዚአሁ፡ አርአያሁ፡ ወዘዘ፡
ዚአሁ፡ አስከሉ፡ በከመ፡ ይትዓወቁ፡ ዘገነታት፡ ፍሬያት፡ በበመዓዛ
ሆሙ፡ ወበበአርአያሆሙ፡ ወበበኅብሪሆሙ። ፍሬ፡ ወይንኒ፡ ክልእ፡
3. አርአያሁ፡ |ወጥላሌሁ፡ ወመዓዛሁ፡ ወጼናሁ። ፍሬ፡ ሮማንኒ፡ ክልእ፡
አርአያሁ፡ ወአምሳሊሁ፡ ወመዓዛሁ፡ ፍሬ፡ ከርከዕኒ፡ ክልእ፡ አርአ
ያሁ፡ ወአምሳሊሁ፡ ወጣዕመ፡ መዓዛሁ። ፍሬ፡ ተመርትኒ፡ ክልእ፡
አርአያሁ፡ ወአምሳሊሁ፡ ወጣዕመ፡ መዓዛሁ፡ ወፍሬ፡ መልጸጸንሂ፡
ክልእ፡ አርአያሁ፡ ወአምሰሊሁ። ወፍሬ፡ ዕንኰታትሂ፡ ክልዕ፡ አርአ
ያሁ፡ ወአምሳሊሁ። . . . .

L'auteur commence a raconter la vie de Lalibala.

ስምዑኬ፡ አፍቁራንየ፡ እለ፡ ተኃሥሡ፡ በረከተ፡ ጻጋሁ፡ ለጻድቅ፡ fol. 35; 1.
ወእለ፡ ትፃምዉ፡ በፍቅረ፡ ላሊበላ፡ ከመ፡ ትርወዩ፡ እምነቅዓ፡ ገድሉ፡
ጥዑም። ዘይበውእ፡ ከመ፡ ማይ፡ ውስተ፡ አማዑት። ወከመ፡ ቅብዕ፡
ውስተ፡ አዕፅምት። እስመ፡ ከረምተ፡ ውዳሴ፡ ውእቱ፡ ዘኢየሐጊ።
ከሥቱኬ፡ እዝነ፡ ልብክሙ። ወናሁ፡ ወጠንኩ፡ እንግርክሙ፡ ለእመ፡
ከሀለ፡ ላዕላዕ፡ ወጸያፍ፡ ልሳንየ። ወሕፁፅ፡ አእ|ምሮትየ። ዜንዎ፡ ኀ 2.
ዳጠ፡ እምነ፡ ብዙኀ፡ መንክራቲሁ። ወአከ፡ ፍጹመ፡ ዘእከል፡ ከመ፡
እዜኑክሙ። አላ፡ ኅዳጠ፡ መክፈልተ፡ እምነ፡ ፃማሁ፡ ለዝንቱ፡ ብ
ፁዕ፡ ከመ፡ ይትፌሥሐክሙ፡ ልብክሙ። በሰሚዖቱ፡ እስመ፡ ዜና፡
ጻድቅ፡ ያስተፌሥሕ፡ ፈድፋደ፡ እምነ፡ ማዕድኒ፡ ሥሩዕ፡ ያጸግብ።
ወእምነ፡ ወይንኒ፡ ወእምነ፡ ሜስ፡ ያጠልል። ወእምነ፡ ዘይትኒ፡ ወ
እምነ፡ ቅብዕ፡ ያጽሕድ። በከመ፡ ይቤ፡ ነቢይ፡ ወጽሕደ፡ እምቅብዕ፡
ነገሩ። ወአንትሙሂ፡ መፍትው፡ | በተአምኖ፡ ትልበስዎ፡ ከመ፡ ል 3.
ብስ። ወትትሞጣሕዎ፡ ከመ፡ ሞጣሕት። እንዘ፡ ታከብርዎ፡ ከመ፡
መላእክት። ወከመ፡ ነቢያት፡ ወሐዋርያት። ወከመ፡ ጻድቃን፡ ወሰ
ማዕት፡ ወከመ፡ ደናግል፡ ወመነከሳት። እስመ፡ ውእቱኒ፡ ኢሐፀ፡
እምኔሆሙ። ጸሎቱ፡ ወስእለቱ፡ ወሀብቱ፡ ረድኤቱ፡ ወበረከቱ፡ ተ
ስፋሁ፡ የሃሉ፡ ምስለ፡ አመተ፡ እግዚአብሔር፡ ንግሥትነ፡ ወለተ፡
ኢየሱስ፡ ወምስለ፡ ወለታ፡ ኂሩተ፡ ሥላሴ፡ ወምስለ፡ ኵልክሙ፡ እለ፡
ሀለውክሙ፡ ዝየ፡ ወ|እለ፡ መጻእክሙ፡ እምርኁቅ፡ ወእምቅሩብ። እ 4.
ንዘ፡ ትትአመኑ፡ በጽላሎተ፡ ክነፊሁ፡ ወውእቱ፡ ኢይርኅቅ፡ እምኔ
ክሙ። ለዓለመ፡ ዓለም፡ አሜን። ። ።

NAISSANCE DE LALIBALA.

ወሀለወት፡ አሐቲ፡ ሀገር፡ እምአህጉራተ፡ ኢትዮጵያ፡ እንተ፡ ት
ሰመይ፡ ሮሐ፡ ሀገረ፡ ሙላዱ፡ ለብፁዕ፡ ላሊበላ፡ ወሀለወ፡ በይእቲ፡
ሀገር፡ አሐዱ፡ ብእሲ፡ እንተ፡ እምዘመደ፡ ዓበይት፡ ወክቡራን፡ ወ
ብዑላን፡ ፈድፋደ፡ በወርቅ፡ ወበብሩር፡ ወበአልባስ፡ ወበአልባሰ፡
fol. 36; 1. ቀጠንት፡ ወበአግብርት፡ ወአዕ|ማት። ወስሙሰ፡ ለውእቱ፡ ብእሲ፡
ዣን፡ ሥዩም። ወነሥአ፡ ሎቱ፡ ብእሲተ፡ ወወለዶ፡ እምኔሃ፡ ለዝንቱ፡
ቡሩክ፡ ወቅዱስ፡ ዘተሰምየ፡ ላሊበላ፡ በምሥጢር፡ ወትርጓሜሁ፡
እንግረክሙ፡ በእንተ፡ ምንት፡ ተሰምየ፡ ወተጸውዓ፡ በዝንቱ፡ ስም፡
ዘውእቱ፡ ላሊበላ፡ ወአመ፡ ወለደቶ፡ እሙ፡ መጽኡ፡ አንህብት፡ ብ
ዙኃን። ወዓገትዎ፡ ከመ፡ ዘየዓግቱ፡ መዓረ። ወርእያ፡ እሙ፡ ለሎ
ንቱ፡ አንህብተ፡ ከመ፡ ዓገትዎ፡ ወሐጸርዎ፡ ለሕፃን፡ ከመ፡ ዘየዓው
2. ድዎ፡ ሐራሁ፡ ለንጉሥ። ወ|ሶበ፡ ርእየት፡ ዘንተ፡ ወረደ፡ ኀቤሃ፡ መ
ንፈሰ፡ ተንብዮ። ወትቤ፡ ንህብኒ፡ አእመረ፡ ከመ፡ ዓቢይ፡ ውእቱ፡
ዝንቱ፡ ሕፃን። ወበእንተ፡ ዝንቱ፡ ሰመየቶ፡ ላሊበላ፡ ንህብ፡ አእመረ፡
ጸጋሁ፡ ብሂል። አማንኬ፡ አእመረ፡ ጸጋሁ፡ ንህብ፡ እስመ፡ ዓገትዎ፡
ከመ፡ እንተ፡ መዓር፡ እስመ፡ ንህብ፡ ያፈቅር፡ መዓረ። ወበእንተ፡
ዝንቱ፡ ከበብዎ። እስመ፡ ሀለዎ፡ ለብፁዕ፡ ላሊበላ፡ ከመ፡ ያምዕር፡
ጺቃውዓተ፡ ዘምግባረ፡ ሠናይ። አስተጋቢኦ፡ ጽጌያተ፡ ዘዘ፡ ዚአሁ፡
3. ኀበሪሁ። ወዘዘ፡ ዚአ|ሁ፡ አርአያሁ። ወዘዘ፡ ዚአሁ፡ ጼናሁ። ወዘዘ፡
ዚአሁ፡ መዓዛሁ። እመኒ፡ ገድለ፡ ኵሎሙ፡ ቅዱሳን። እምኒ፡ ጸዋም
ያንሂ፡ ጸመ። ወእምኒ፡ ንጹሓን፡ ንጽሐ፡ ወእምኒ፡ ቀዋምያን፡ ቀዊመ።
ወእምኒ፡ ሰጋድያን፡ ሰጊደ። ወእምኒ፡ ትሑታን፡ ትሕትና፡ ወእምኒ፡
የዋሃን፡ የውሃተ። ወእምኒ፡ መሐርያን፡ ምሕረተ፡ ወእምኒ፡ መጽዋ
ትያን፡ ምጽዋተ። ወእምኒ፡ መፍቀርያን፡ ሰብእ፡ አፍቅሮተ፡ ቢጽ።

ወእምነ፡ ረዋጽያን፡ ለገዳሰ፡ ቤተ፡ ክርስቲያን። ወእምነ፡ ሰላማው
ያን፡ |ሰላመ። ወእምነ፡ ኵሉ፡ ዘበ፡ ምግባረ፡ ሠናይ፡ አልቦ፡ ዘኢያስ 4.
ተጋብአ፡ ብፁዕ፡ ላሊበላ፡ ዘንተኬ፡ ኵሎ፡ ጽጌያተ፡ ምግባር፡ ዘሠ
ናይ፡ ከመ፡ ያስተጋብእ፡ አእሚሮ። ዘይፈትን፡ ልበ፡ ወኵልያተ፡ ፈ
ነዎሙ፡ ለአንህብት፡ ከመ፡ ይእግትዎ። በከመ፡ የዓግቱ፡ መዓረ፡ በ
ዕለተ፡ ተወልደ፡ ዝንቱ፡ ብፁዕ፡ ላሊበላ፡ ወዓዲ፡ በ፡ ክልእኒ፡ አም
ሳል፡ ዘይፌጽም፡ ትእምርተ፡ ዝንቱ፡ ንህብ፡ ላዕለ፡ ብፁዕ፡ ወቅዱስ፡
ላሊበላ፡ እስመ፡ ዓቢይ፡ ምሥጢር፡ ተከሥተ፡ በዕለተ፡ ልደቱ።
አ|መ፡ ሕፃን፡ ውእቱ፡ ዘሀለዎ፡ ይከውን፡ አመ፡ ልሕቅናሁ። ንህብሰ፡ fol. 37; 1.
ይትሜሰል፡ ለሠራዊተ፡ ንጉሥ። ወመኳንሜሆሙኒ፡ በዘቦቱ፡ ያሐሙ፡
ሰብአ፡ በንዋየ፡ ሐቅል፡ ዘሠራዊተ፡ ንጉሥ፡ በዘቦቱ፡ ይፀብው፡ ዓላ
ውያን፡ እለ፡ አፅረርዎ፡ ለንጉሥ፡ እስመ፡ ሀለዎ፡ ለብፁዕ፡ ላሊበላ፡
ከመ፡ ይኩን፡ ንጉሠ፡ ወበእንተ፡ ዝንቱ፡ ዓገትዎ፡ አንህብት፡ በአም
ሳለ፡ ሠራዊተ፡ ንጉሥ፡ ወሐራሁ። እንዘ፡ ኢያአምር፡ ለሊሁ፡ ተአ
ምረ፡ ምኵናን፡ ዚአሁ። ወእንበለ፡ ይሚምዎ፡ ተዓውቀ፡ ሚመ|ተ፡ 2.
ንግሡ። ወእንበለ፡ ያምልክናሁ። ወእንበለ፡ ያመስፍንዎ፡ ተዓውቀ፡
ምስፍናሁ። ወንህብሰ፡ ኢኮነ፡ ዘሥጋ። አላ፡ መላእክት፡ እሙንቱ፡
እለ፡ ተመሰሉ፡ አንህብተ፡ እንዘ፡ ያኤምሩ፡ ንግሦ። ወጸቃውዓተ፡
ምግባር፡ ዘይትቀዳሕ፡ እምኔሁ። እስመ፡ ሀለዎ፡ ለብፁዕ፡ ላሊበላ፡
ከመ፡ ይልበስ፡ ወይፈጽም፡ ዘንተ፡ ኵሎ፡ ትንቢታተ፡ ዘበምድር፡
እንተ፡ ይእቲ፡ ምግባራት፡ ጽድቅ። ።

Portrait de Lalibala.

ወእምዝ፡ ልሕቀ፡ እንዘ፡ የሐዕዎ፡ መንፈስ፡ ቅ|ዱስ፡ ወያጸንዖ፡ 3.
በኃይል፡ ወበጥበብ፡ ወበምክር፡ ወበግርማ፡ መንክር። ወኵለንታ
ሁ፡ አዳም፡ ውእቱ። ወአልቦ፡ ሕሡም፡ እምኔሁ፡ እምርእሱ፡ እ

ስከ ፡ እገሪሁ ። ወቂሐተ ፡ መላትሒሁ ፡ ከመ ፡ ቅርፍተ ፡ ሮማን ። ወ
አዕይንቲሁ ፡ ከመ ፡ ከከበ ፡ ጽባሕ ። ወአፃብአ ፡ እደዊሁ ፡ ዘውገ ፡
ማዕነቅ ። ወአዕናፈሁ ፡ ቀዋም ። ወአውሥአተ ፡ ቃሉ ፡ ጥዑም ። ወ
ጣዕሳዕ ፡ አፉሁ ፡ ወበለዝ ፡ ልሳኑ ። ወከመዝኬ ፡ ልሕቀ ፡ እንዘ ፡ ትት
4. ልዎ ፡ ጸጋ ፡ እግዚአብሔር ፡ ወረድኤተ ፡ | ኢየሱስ ፡ ክርስቶስ ፡ ወሀ
ብተ ፡ መንፈስ ፡ ቅዱስ ፡ ወኵሉ ፡ ዘርእዮ ፡ ያነክር ፡ እምግርማሁ ፡ ወእ
ምነ ፡ አርአያሁ ። ወይትኔበዩ ፡ ሎቱ ፡ መንግሥተ ። እስመ ፡ ንህብ ፡
አመረቶሙ ፡ ቀዳሚ ፡ በዕለተ ፡ ልደቱ ። ዝኩ ፡ ሕፃን ፡ መድኃኔ ፡ ገ
ጽነ ፡ ዘተወልደ ፡ እምቅድስት ፡ ድንግል ፡ ዘእንበለ ፡ ዘርአ ፡ ብእሲ ፡
በከመ ፡ ፈነወ ፡ ከኩብ ፡ ኀበ ፡ ሰብአ ፡ ሰገል ፡ ዘይዜንዎሙ ፡ ልደቶ ።
ወይኤምሮ ፡ ንግሦ ፡ እስሙ ፡ ተወልደ ፡ ንጉሥ ፡ ሰማያት ፡ ወምድር ፡
ውስተ ፡ ምድረ ፡ ይሁዳ ፡ ከማሁ ፡ ሀየንተ ፡ ከኩብ ፡ (Le fol. 38 recto
contient un dessin colorié avec cette inscription : ዘከመ ፡ ተወልደ ፡
fol. 38 v° 3. ቅዱስ ፡ ላሊበላ ፡ በሀገረ ፡ ሮሐ ።) ፈነወ ፡ ንህበ ፡ አመ ፡ ልደቱ ፡ ዘይኤ
ምር ፡ ንግሠ ፡ ሉበዐሰ ፡ ላሊበላ ፡ አመ ፡ ሕፃን ፡ ውእቱ ። እስመ ፡ ሀለዎ ፡
ይኩን ፡ ንጉሠ ፡ አመ ፡ ልሕቅናሁ ። እስመ ፡ ይፈቅድ ፡ ኢየሱስ ፡ ክ
ርስቶስ ፡ ከመ ፡ ይክፍሎ ፡ መንግሥተ ፡ ዘበሰማያኒ ፡ ወዘበምድርኒ ።
ዘሎቱ ፡ ልደተ ፡ ሰበከ ፡ ከኩብ ። ወልደተ ፡ ገብሩኒ ፡ ላሊበላ ፡ ሰበከ ፡ ን
ህብ ። እስመ ፡ ይፈቅድ ፡ እግዚአ ፡ ከመ ፡ ያዔርዮ ፡ ምስሌሁ ። ወበእን
ተዝ ፡ መልዓ ፡ መንፈስ ፡ ቅዱስ ፡ እምከርሠ ፡ እሙ ። ከመ ፡ ኤርምያስ ፡
ወዮሐንስ ። ወከመዝ ፡ ተወልደ ፡ ብፁዕ ፡ ላሊበላ ፡ እንዘ ፡ ምሉዕ ፡ መን
ፈሰ ፡ አእምሮ ፡ ወመንፈሰ ፡ ጥበብ ። መንፈሰ ፡ ልቡና ፡ ወመንፈሰ ፡ ም
ክር ። መንፈሰ ፡ ቅድስና ፡ ወመንፈሰ ፡ ንጽሕ ፡ ወከመዝ ፡ ተወልደ ፡ በ
ፈቃደ ፡ አብ ፡ ወበሥምረተ ፡ ወልድ ፡ ወበኃይለ ፡ መንፈስ ፡ ቅዱስ ።

Le fol. 39 v° contient une image coloriée avec cette inscription :

ለነዳያን ፡ ልጁን ፡ እንደ ፡ መጸወተ ፡

Le frère de Lalibala cherche a le faire mourir.

ወበውእቱ ፡ መዋዕል ፡ ሀሎ ፡ እኁሁ ፡ ዲበ ፡ መንበረ ፡ መንግሥት ፡ fol. 41; 1.
ዘስ|ሙ ፡ ኃርባይ ። ወሰበ ፡ ሰምዓ ፡ ትንቢተ ፡ መንግሥት ፡ በእንተ ፡ 2.
ላሊበላ ፡ እኁሁ ። እንዘ ፡ ይመስሎ ፡ ከመ ፡ ይነሥእ ፡ ወየኃይዶ ፡ ን
ግሦ ፡ እንበለ ፡ ፈቃደ ፡ እግዚአብሔር ፡ ተሀውከ ። ወኵሎሙ ፡ ፍቁ
ራኒሁ ፡ ተሀውኩ ፡ ምስሌሁ ። ወባሕቱ ፡ ነሚአ ፡ መንግሥትሰ ፡ ኢይ
ትከሀል ፡ ዘእንበለ ፡ ፈቃደ ፡ እግዚአብሔር ፡ ወእመሰ ፡ በጽሐት ፡ ፈ
ቃደ ፡ እግዚአብሔር ፡ ኢይትረፍ ፡ ዘእንበለ ፡ ይኩን ። ወእኁሁሰ ፡
ነጋሢ ፡ አኃዘ ፡ ይኒሶ ፡ በእንተ ፡ ቅንዓተ ፡ መንግሥቱ ። ወኵሎሙ ፡
ቤተ ፡ መንግሥት ፡ ሀራዊተ ፡ እኁሁ ፡ ጸልእ|ዎ ፡ እንበይነ ፡ ቅንዓተ ፡ 3.
መንግሥቱ ፡ ለእግዚኦሙ ፡ በከመ ፡ ጸልዕዎ ፡ አኃዊሁ ፡ ለዮሴፍ ። በ
እንተ ፡ ዘነገሮሙ ፡ ሕልሞ ፡ እንዘ ፡ ይብል ፡ እሬኢ ፡ በሌሊት ፡ ከመ ፡
ዘሀሎነ ፡ ውስተ ፡ ገራህት ፡ ወነዓዕድ ። ወመጽኡ ፡ ከላስስቲክሙ ።
ወሰገዱ ፡ ለከላስስተ ፡ ዚአየ ። ወአእመሩ ፡ አኃዊሁ ፡ ሕልመ ፡ እኁ
ሆሙ ። ወይቤልዎ ፡ አንተኑ ፡ ትነግሥ ፡ ላዕሌነ ፡ ወትከውነነ ፡ ንጉሠ ።
ወበእንተዝ ፡ ሤጥዎ ፡ ውስተ ፡ ግብጽ ። ወባሕቱ ፡ ኢተኃድገ ፡ ዝን
ቱኒ ፡ ዘእንበለ ፡ ይኩን ፡ አመ ፡ በጽሐ ፡ ዕድሜሁ ። ወአ|ኃዊሁኒ ፡ ሰ 4.
ገዱ ፡ ሎቱ ። ምስለ ፡ አንስቲያሆሙ ፡ ወምስለ ፡ ደቂቆሙ ፡ ውስተ ፡
ምድረ ፡ ግብጽ ፡ እስመ ፡ በሀየ ፡ ነግሠ ፡ ዮሴፍ ። ወዘንተኒ ፡ ኢያእ
መሩ ፡ እለ ፡ ጸልዕዎ ፡ ለብፁዕ ፡ ላሊበላ ፡ እንዘ ፡ በሙ ፡ ጽሑፍ ፡ እም
ትካት ። በከመ ፡ ይቤ ፡ ነቢይ ፡ ኢያእመሩ ፡ ወኢለበዉ ፡ ውስተ ፡ ጽል
መት ፡ የሐውሩ ። ሶበሰ ፡ አእመሩ ፡ እምኢጸረፍዎ ፡ ልቱ ። ወእምኢ
ተሣለቅዎ ፡ አላ ፡ እምይቤሉ ። ለዘአቅነየነ ፡ እግዚአብሔር ፡ ንትቀ
ነይ ፡ ወለአኰነነነ ፡ ንትኰነን ። ወባሕቱ ፡ ተኬነዉ ፡ ሎቱ ፡ እንዘ ፡ ይ
መስሎሙ ፡ ከመ ፡ | ይኽሉ ፡ ቀቲሎቶ ፡ በሥራይ ። ወአሐተ ፡ ዕለተ ፡ fol. 42; 1.

ሰትየ፡ብፁዕ፡ላሊበላ፡ሀበ። ወበ፡ዝንቱ፡ደኪሞ፡እንዘ፡ሀለወ፡እ
ስመ፡መድክም፡ውእቱ፡ዘሰትየ፡ወያወፅእ፡ርስሐተ፡ዘውስተ፡
ከርሡ። ወሀለወት፡አሐቲ፡ብእሲት፡እኅቱ፡ለላሊበላ፡ዘተወልደት፡
ምስሌሁ፡እምአሐዱ፡አብ። ወይእቲሰ፡እኪተ፡ምግባር፡ይእቲ።
ወለታ፡ለኤልዛቤል፡ወከልእታ፡ለሄሮድያዳ፡ወዘውጉ፡ለቃየል፡
ቀታሊ፡እኁሁ። ይእቲኬ፡አምጽአት፡ለእኁሃ፡ገቢሩ፡ሥራየ፡
2. ሕምዘ፡ዘይቀትል፡ቶሲ|ሐ፡በምዝር፡እንዘ፡ትሔሊ፡ከመ፡ፍጡነ፡
ይሙት፡ከመ፡ኢይኩን፡ንጉሠ። ፈነወት፡ሎቱ፡ውእተ፡ሕምዘ፡
መሊዓ፡በጽዋዕ። ወላሊበላ፡ጐጕዓ፡ከመ፡ይስተይ፡እንዘ፡ይመ
ስሎ፡ከመ፡ምዝር፡ባሕቲቱ። እስመ፡ጽሙዕ፡ውእቱ፡ወኢያእመረ፡
ከመ፡ሕምዘ፡ቶስሑ፡ሎቱ፡ወአዘዘ፡ለአሐዱ፡ዲያቆን፡ዘይቀ
ውም፡ቅድሜሁ፡ወልደ፡ቤቱ፡ውእቱ። ወይቤሎ፡ስተይ፡መቅ
ድመ፡እንዘ፡ትባርክ፡ሊተ። እስመ፡ከመዝ፡ውእቱ፡ልማዱ፡ለላ
3. ሊበላ፡መቅድመ፡ያሰትዮ፡ለዲያቆን፡እ|ምነ፡ጽዋዕ። ወእምዝ፡ይ
ሰቲ፡ውእቱ። ወውእቱሰ፡ዲያቆን፡ሶበ፡ሰትየ፡እምውእቱ፡ጽዋዕ፡
ተሠውጠ፡ውስተ፡ኵሉ፡አባሉ፡እምርእሱ፡እስከ፡እገሪሁ። ወበ
ጊዜሃ፡ቈዓ፡ወወድቀ፡ወሞተ፡ግብተ፡እስመ፡ፈድፋደ፡ጸዋግ፡
ኀምዙ። ወቂያዓኒ፡ዘቈዓ፡ውእቱ፡ሰትየ፡ከልብ፡ዘሀለወ፡ህየ። ው
እቱኒ፡ሞተ፡በጊዜሃ። ወሶበ፡ርእየ፡ብፁዕ፡ላሊበላ፡ዘንተ፡ግብረ፡
ዕፁበ፡ወአንከረ፡ወይቤ፡እፎ፡ሞቱ፡ፍጡነ፡ውእቱ፡ዲያቆን፡ዘሰ
ትየ፡እምውእቱ፡ጽዋዕ፡ዘፈነወት፡ሎቱ፡እኅቱ። ወውእቱኒ፡ከ
4. ልብ፡ዘሰትየ፡ቂያዖ፡|ለውእቱ፡ዲያቆን፡ዘንተ፡ርእዮ፡ብፁዕ፡ለሊ
በላ፡ከመ፡ሞቱ፡ክልኤሆሙ፡ግብተ፡በጊዜ፡ሰትይዎ፡ለውእቱ፡
ጽዋዕ፡ዘቦቱ፡ሕምዝ። ወላሊበላሰ፡ርእዮ፡ዘንተ፡ተሠጥመ፡ው
ስተ፡ባሕረ፡ኀዘን። በእንተ፡ሞቶሙ፡ለእሉ፡ክልኤቱ፡ወጐድዓ፡
እንግድዓሁ፡ወሆከ፡ርእሶ፡ወይቤ፡እንዘ፡ይበኪ፡አሌ፡ሊተ፡አ

ኮኑ ፡ በእንቲአየ ፡ ዝንቱ ፡ ጽዋዓ ፡ ሕምዝ ። ወበእንቲአየ ፡ ሞቱ ፡ እ
ሉኒ ፡ ክልኤቱ ፡ ዲያቆንኒ ፡ ወከልብኒ ። እስመ ፡ ጌጋይየ ፡ በዝኃኒ ፡ እ
ስመ ፡ በእንቲአየ ፡ ተቀትሉ ፡ እሉኒ ። ወዘንተ ፡ ኵሎ ፡ ብ|ሂሎ ፡ በከየ ፡ fol. 43; 1.
ብዙኃ ፡ ወተጋብአ ፡ ውስተ ፡ ልቡ ፡ ፍቅረ ፡ እግዚአብሔር ። ወፍ
ቅረ ፡ እኅው ፡ እስመ ፡ ሰምዓ ፡ እምውስተ ፡ መጻሕፍት ። ወፈድፋ
ደሰ ፡ ዘይቤ ፡ ጳውሎስ ። ወዓዲ ፡ እንተ ፡ ትኄይስ ፡ ፍኖተ ፡ እሜህረ
ክሙ ፡ አልቦ ፡ ዘይበቍዓክሙ ፡ ምንትኒ ፡ ገቢረክሙ ፡ እንበለ ፡ አፍ
ቅሮ ፡ ቢጽክሙ ። እመኒ ፡ አእመርኩ ፡ ነገረ ፡ መላእክት ፡ ወነገረ ፡
ኵሉ ፡ በሐውርት ። ወዓዲ ፡ ሥጋየኒ ፡ ለውዕየተ ፡ እሳት ፡ ከሠ ፡ እጉ
መዝገን ፡ አልቦ ፡ ዘበቋዕኩ ። ወእመኒ ፡ ተነበይኩ ፡ ወአእመርኩ ፡
ኵሎ ፡ ዘኅ|ቡእ ፡ ወዘክሡት ። ወተፋቅሮ ፡ አልብየ ፡ ከንቶ ፡ ኮንኩ ፡ 2.
ወአልቦ ፡ ዘበቋዕኩ ፡ እስመ ፡ ተፋቅሮ ፡ አልብየ ፡ ከንቶ ፡ ኮንኩ ፡ ወአ
ልቦ ፡ ዘበቋዕኩ ፡ እስመ ፡ ተፋቅሮሰ ፡ ፍጹም ፡ ሕግ ፡ ውእቱ ። ዘንተኬ ፡
ርእዮ ፡ ላሊበላ ፡ ወአእሚሮ ፡ አፍቅሮተ ፡ ሰብእ ፡ ዘእግዚእነ ፡ ኢየ
ሱስ ፡ ክርስቶስ ፡ ከመ ፡ ያፈቅሮ ፡ ለሰብእ ፡ ነሥአ ፡ ውእተ ፡ ጽዋዓ ፡ ዘ
ቀተሎሙ ፡ ለዲያቆንኒ ፡ ወለከልብኒ ፡ ወሰትየ ፡ እስመ ፡ ይቤ ፡ ለእ
ሙት ፡ ከማሆሙ ፡ እስመ ፡ በእንቲአየ ፡ ሞቱ ፡ እሙንቱኒ ። ርእዩኬ ፡
አፍቁራንየ ፡ ዘከመዝ ፡ ይዋ|ሄ ፡ ወዘከመዝ ፡ ንጽሐ ፡ ልብ ፡ ዘኃደረት ፡ 3.
ላዕለ ፡ ላሊበላ ፡ ዘመጠወ ፡ ነፍሶ ፡ ለሞት ፡ በእንተ ፡ ሞተ ፡ ካልኡ ፡ ወ
ኢመሐከ ፡ ርእሶ ። እስመ ፡ ላህበ ፡ ፍቅረ ፡ መንፈስ ፡ ቅዱስ ፡ ነደት ፡
ውስቴቱ ፡ ወኢቈረት ፡ እምውስተ ፡ ልቡ ፡ እስመ ፡ ኢለከፈቶ ፡ ማየ ፡
ሙስና ። ርእዮኬ ፡ አፍቁራንየ ፡ ወለእመሰ ፡ ከነ ፡ ዝንቱ ፡ ነገር ፡ በላ
ዕለ ፡ ካልአን ፡ እምአእኰትዎ ፡ ለእግዚአብሔር ። በእንተ ፡ ዘኢሰትዩ ፡
ቀዲሙ ፡ ውእተ ፡ ጽዋዓ ፡ ሕምዝ ፡ ዘቀተሎ ፡ ለዲያቆን ፡ በጊዜ ፡ ሰትየ ፡
አከ ፡ ብዙኃ ፡ አላ ፡ ንስቲተ ፡ ሰበ ፡ ጥዕመ ፡ ቀተለቶ ፡ ፍ|ጡነ ። ወላሊ 4.
በላኒ ፡ ርእዮ ፡ ይቤ ፡ ለእሙት ፡ ከማሁ ፡ እስመ ፡ ጽዋዓ ፡ ሞት ፡ ዘዚአየ ፡

ቀተለቶ ፡ ለካልእየ ። እስመ ፡ ኃጢአትየ ፡ ሊተ ፡ አኪላ ፡ ተደኃፊቶ ፡
ለእኁየ ። ወዘንተ ፡ ብሂሎ ፡ ነሥአ ፡ ውእተ ፡ ጽዋዓ ፡ ሞት ፡ ወሰትየ ፡
በጥበዕ ፡ ልብ ፡ ወበፍቅር ፡ ፍጽምት ። ኦአኃውየ ፡ መኑ ፡ ዘይሬኢ ፡
ቀታሌ ፡ ወኢይጐይይ ፡ እምኔሁ ። ወመኑ ፡ ዘይሬኢ ፡ ኵናተ ፡ ሥሁል ፡
ውስተ ፡ እደ ፡ ኃያል ፡ ጸላኢሁ ፡ ወኢይፈቅድ ፡ ያምሥጥ ፡ እምኔሁ ።
ወመኑ ፡ ዘይሬኢ ፡ ሰይፈ ፡ ስሑለ ፡ ወያነብር ፡ ዲበ ፡ ክሣዱ ፡ ወኢይ
fol. 44; 1. ፈርህ ፡ እምብ|ልሁ ። ወመኑ ፡ ዘይሬኢ ፡ እሳተ ፡ ውዑየ ፡ ወይትዌገር ፡
ውስቴቱ ፡ ወኢይጌግጽ ፡ እምላህቡ ፡ ወመኑ ፡ ዘይሬኢ ፡ ጸድፈ ፡ ዐቢየ ፡
ወያንኰረኵር ፡ እመልዕልቲሁ ፡ እስከ ፡ መትሕቲሁ ። አልቦ ፡ ዘይገ
ብር ፡ ዘንተ ፡ ዘከመ ፡ ገብረ ፡ ላሊበላ ፡ በእንተ ፡ ፍቅረ ፡ ቢጹ ። እስመ ፡
ኮነ ፡ አስከሬነ ፡ ለፍቅረ ፡ እግዚአብሔር ፡ ወለፍቅረ ፡ ካልኡ ። ወካል
አንሰ ፡ ለእመ ፡ ኮኑ ፡ ወለእመ ፡ በጽሖሙ ፡ ዘከመዝ ፡ ምግባር ፡ ወዘከ
መዝ ፡ ነገር ። እምኢለከፍዎ ፡ ጥቀ ፡ በአፅባዕቶሙ ፡ ለውእቱ ፡ ጽዋዕ ፡
2. እንዘ ፡ ይሬእዩ ፡ ዘይቀ|ትል ፡ ካልአሙ ፡ ለዘቀደሞሙ ፡ ሰትየ ። ወዓዲ ፡
እምአንሥኡ ፡ ጸባዒተ ፡ ላዕለ ፡ ይእቲ ፡ ብእሲት ፡ ዘወሀበቶሙ ፡ እም
ተሳነንዋ ፡ ወእምተበአስዋ ፡ ወእምአብጽሕዋ ፡ ለሞት ። ወይመስለ
ኒሰ ፡ ሥጋሃኒ ፡ እምበልዑ ፡ ወደማኒ ፡ እምሰትዩ ። ወዘንተ ፡ ኵሎ ፡
ገቢሮሙ ፡ እምኢኃደጓ ፡ ልበሙ ። እስመ ፡ ፈድፋደ ፡ መሪር ፡ ነገሩ ።
ወላሊበላሰ ፡ ኢፈርሃ ፡ ሰትየ ፡ ጽዋዓ ፡ ሞት ፡ እንዘ ፡ ያዜክራ ፡ ለነፍሱ ፡
ሐሞተ ፡ ወብሒአ ፡ መጺጸ ፡ ዘምስለ ፡ ከርቤ ፡ ቱሱሐ ፡ በዲበ ፡ መስ
3. ቀል ፡ ዘሰትየ ፡ መድኃኒነ ፡ በእንተ ፡ ቤዛ ፡ | ብዙኃን ። በከመ ፡ ይቤ ፡
ለሊሁ ፡ እሜጡ ፡ ነፍስየ ፡ ቤዛ ፡ አባግዕየ ። አልቦ ፡ ዘየዓቢ ፡ እምዝ ፡
ፍቅር ፡ ከመ ፡ ዘይሜጡ ፡ ነፍሶ ፡ ህየንተ ፡ ቤዛ ፡ አዕርክቲሁ ። . . . .

. . . .

fol. 45; 3. . . . . . ወላሊበላኒ ፡ አማን ፡ ተመሰሎ ፡ ለመድኃኔ ፡ ኵሉ ፡ ዓለም ፡
እስመ ፡ በፈቃዱ ፡ ሰትየ ፡ ጽዋዓ ፡ ሞት ፡ በእንተ ፡ ፍቅረ ፡ ካልኡ ፡

እስመ፡ሰምዓ፡ቃለ፡እንዘ፡ይብል፡እስመ፡ተፋቅሮሰ፡ፍጹም፡ሕግ፡
|ውእቱ። ዘአፍቀረ፡ ቢጾ፡ ኵሎ፡ ሕገ፡ ፈጸመ፡ ገቢረ። ወሰምዓ፡ ካ
ዕበ፡ ቃለ፡ እምነ፡ ብስራት፡ መድኀኒት። ዘይቤ፡ አፍቅሮ፡ ለእግዚ 4.
አብሔር፡ አምላክከ፡ በኵሉ፡ ልብከ፡ ወበኵሉ፡ ኃይልከ። ወበኵሉ፡
ሕሊናከ። ወአፍቅር፡ ቢጸከ፡ ከመ፡ ነፍስከ። እስመ፡ በእንተ፡ እሉ፡
ትእዛዛት፡ ተሰቅሉ፡ ኦሪት፡ ወነቢያት። ወላሊበላ፡ ተሰቅለ፡ በሙ፡
እስከ፡ ይበጽሕ፡ ለሞት፡ እስመ፡ ሰትየ፡ ውእተ፡ ጽዋዓ፡ ዘወለደት፡
ሞተ፡ ለሰብእ፡ ወለእንስሳ። ወሎቱሰ፡ ሶበ፡ ሰትየ፡ አኮ፡ ዘቀተሎ፡
አላ፡ |ከሠተት፡ ሎቱ፡ ምሥጢረ፡ ሰማይ፡ ወምድር፡ እስመ፡ ተመ
ሳሊሁ፡ ወእቱ፡ ለኢየሱስ፡ ክርስቶስ፡ ጽዋዕ፡ ሞቱ፡ ለኢየሱስ፡ ክር fol. 46; 1.
ስቶስ፡ ጸገወት፡ ሕይወተ፡ ለእለ፡ ሀለዉ፡ ውስተ፡ ሞት። ወብርሃነ፡
ለእለ፡ ውስተ፡ ጽልመት። ወብዕለ፡ ለእለ፡ ሀለዉ፡ ውስተ፡ ንዴት።
ወንጽሐ፡ ለእለ፡ ሀለዉ፡ ውስተ፡ ርኵስ፡ በአምልኮ፡ ጣዖት። . . .
. . . .

Lalibala est ravi dans les cieux.

ወሶበ፡ ሰትየ፡ ብፁዕ፡ ላሊበላ፡ አኀዘ፡ ይድክም፡ ወአኮ፡ ዘደ fol. 47; 1.
ክመ፡ ተመዊኦ፡ እምኃይለ፡ ሥራይ። አላ፡ ደከመ፡ ሶበ፡ ተሀውከ፡
ዕፄ፡ ዓቢይ፡ ዘነበረ፡ ቀዲሙ፡ እንዘ፡ ያሐምም፡ ከርሦ። ወሶበ፡ ረከ
|በቶ፡ ይእቲ፡ ሕምዝ፡ ለውእቱ፡ ዕፄ፡ ዓቢይ፡ ወተቀሥፈ፡ ባቲ። ወስ 2.
ዕነ፡ ተዓግሦ፡ ወወፅአ፡ አፍአ፡ እምውሣጤ፡ ከርሡ፡ ለብፁዕ፡ ላሊ
በላ፡ ወኑልቈ፡ አዕፋሪሁ፡ ለውእቱ፡ ዕፄ፡ መጠነ፡ ሕምሳ። ወሶበ፡
ወፅአ፡ ውእቱ፡ ዕፄ፡ ጥዕየ፡ ሥጋሁ፡ ወኵሉ፡ አባሉ፡ ወሶበ፡ እብለ
ክሙ፡ ደከመ፡ ኢይምሰልክሙ፡ በእንተ፡ ውእቱ፡ ጽዋዕ፡ ሕምዝ፡
ዘሰትየ። እስመ፡ ኢይክሉሙ፡ ሥራይ፡ ለአግብርተ፡ እግዚአብሔር።
በከመ፡ ይቤ፡ ለሊሁ፡ እግዚእነ፡ ወዘሂ፡ ይቀትል፡ ለእመ፡ ሰትዩ፡
አልቦ፡ ዘይነክዮ|ሙ፡ ወአልቦ፡ ዘይሬስዮሙ። ወዘደከመሰ፡ በእንተ፡ 3.

ውእቱ፡ዕፄ፡ሶበ፡ተሀውከ፡እንዘ፡ይወዕእ፡ተንዲሮ፡በሐፀ፡ውእቱ፡
ኅምዝ። ወብፁዕሰ፡ላሊበላ፡እንዘ፡ሀለወ፡ጥዑየ፡በእንተ፡ዘሐይወ፡
እምደዌሁ። ወሶቤሃ፡ርእየ፡እግዚአብሔር፡ኂሩቶ፡ብዙኃ፡ለብ
ፁዕ፡ላሊበላ፡ወአፍቀሮ፡ሰብአ፡ወተመሰሎቶ፡ኪያሁ፡ወጻሕቆ፡
ለገቢረ፡ፈቃዱ፡ወለፈጽሞ፡ትእዛዙ። ወዘከመ፡ሰትየ፡ጽዋዓ፡
ሕምዝ፡ቀታሌ፡በእንተ፡ፍቅረ፡ክልኡ። ፈነወ፡ሎቱ፡መልአከ፡
4. ብርሃናዌ፡እምነ፡ኃይላቲሁ። ከመ፡|የሐውጾ። ወከመ፡ያምሥጣ፡
ለነፍሱ፡ውስተ፡ሰማያት፡ከመ፡ያርእዮ፡ኅቡአተ፡ምሥጢር፡
ዘላዕሉ። ወሶቤሃ፡ወረደ፡ዝኩ፡መልአክ፡ብርሃናዊ፡እንዘ፡ያንበለ
ብል፡ከመ፡እሳት። ወእንዘ፡ይትፌሣሕ፡ፈድፋደ፡እስመ፡ከማሁ፡
ልማዶሙ፡ለመላእክተ፡ብርሃን፡ሶበ፡ይፌንዎሙ፡አምላክ፡ጽ
ድቅ፡ኀበ፡ኅሩያኒሁ፡ወኀበ፡ገባርያነ፡ፈቃዱ፡ለሐውጾቶሙ።አው፡
ለመግቦቶሙ። አው፡ለአውጽኦቶሙ፡እምቤተ፡ሞቅሕ። አው፡
fol. 48; 1. ለዜንዎቶሙ፡ነገራተ፡ምሥጢር። አው፡ለረድኤቶ|ሙ፡በውስተ፡
ኵሉ፡ጻሕቀ፡ትክዘሙ። ሶበ፡ይትፌነዉ፡ኀበ፡ቅዱሳን፡ይትፌ
ሥሑ፡መላእክተ፡ብርሃን። ወውእቱሰ፡መልአክ፡በጽሐ፡ኀበ፡
ላሊበላ፡በይእቲ፡ሰዓት፡እንተ፡ባቲ፡ሰትየ፡ጽዋዓ፡ሕምዝ። ወመ
ሠጣ፡ለነፍሱ፡ውስተ፡ሰማይ፡በዓቢይ፡ፍሥሓ። ወእንዘ፡ያዓርጎ፡
ውስተ፡ዓየር፡መሐሮ፡ከመ፡ይሕሊ፡ወይበል፡ፈኑ፡ብርሃነከ፡ወጽ
ድቀከ። እማንቱ፡ይምርሐኒ፡ወይሰዳኒ፡ደብረ፡መቅደስከ፡ወው
ስተ፡አብያቲከ፡እግዚኦ። እበውእ፡ኀበ፡ምሥዋዒሁ፡ለእግዚአብ
2. ሔር። ኀበ፡አምላ|ኪየ፡ዘአስተፍሥሐ፡ለውርዙትየ። እመኒ፡ዓረጉ፡
ውስተ፡ሰማይ፡ሀየኒ፡አንተ። ወእመኒ፡ወረድኩ፡ውስተ፡ቀላይ፡
ሀየኒ፡ሀሎከ። ወእመኒ፡ነሣእኩ፡ክንፈ፡ከመ፡ንስር። ወሰረርኩ፡
እስከ፡ማኅለቅተ፡ባሕር። ሀየኒ፡እዴከ፡ትመርሐኒ፡ወታነብረኒ፡
የማንከ፡ወዘንተ፡እንዘ፡ይብል፡ዓርገ፡ውስተ፡ዓየረ፡ሰማይ፡

ቀዳማዊት ፡ ተዕዊኖ ፡ በክንፈ ፡ መልአክ ፡ ብርሃናዊ ። ወሰበ ፡ በጽሑ ፡
ውስተ ፡ ምጽናዕ ፡ ሰምዓ ፡ ድምፀ ፡ መፍርሀ ፡ ወመርዕደ ። ወአስተር
አይዎ ፡ መፍርሃነ ፡ ገጽ ፡ እለ ፡ ይበኵሁ ፡ | ቀለምጺጸ ፡ እሳት ፡ ወእንዘ ፡ 3.
ይጥሕሩ ፡ በመዓት ፡ ከመ ፡ ዘይፈቅዱ ፡ ይምሥጥዎ ። ወአኃዘ ፡ ይፍ
ራህ ፡ ላሊበላ ፡ እምነ ፡ ድምፀ ፡ መዓቶሙ ፡ ወእምነ ፡ ፍሑል ፡ ጥሕረ
ቶሙ ። ወእምነ ፡ አርአያሆሙ ፡ መደንግፅ ፡ ዘይመስሉ ፡ አባለ ፡ በከመ ፡
ይትመሰው ፡ ሰምዕ ፡ እምቅድመ ፡ ገጸ ፡ እሳት ፡ ዘንተ ፡ ርእዮ ፡ አኃዘ ፡
ያንክር ፡ በዓቢይ ፡ ድንጋፄ ፡ ወገዘኩኒ ፡ መልአክ ፡ ዘይመርሆ ፡ አር
መመ ፡ ወኢገሠፆሙ ፡ ለእልክቱ ፡ መፍርሃነ ፡ ገጽ ፡ እለ ፡ አስተርአ
ይዎ ፡ ለላሊበላ ፡ በግርማ ፡ መደንግፅ ፡ ወሰበ ፡ ርእየ ፡ ላሊበላ ፡ | ዘንተ ፡ 4.
መዓቶሙ ፡ ወለበወ ፡ ኵሎ ፡ ፍርሃተ ፡ ዘይከውን ፡ እምኔሆሙ ። . . .

. . . .

ወሰረረ ፡ ውስተ ፡ ሰማይ ፡ ዳግማዊ ፡ እንዘ ፡ ይፀውሮ ፡ ለብፁዕ ፡ ላሊ fol. 53; 1.
በላ ፡ ወይቤሎ ፡ ተፈሣሕ ፡ ኦብእሲ ፡ እግዚአብሔር ፡ በዓፀደ ፡ ትጉሃን ፡
መላእክት ፡ ወርኢ ፡ ዘንተ ፡ ዓየረ ፡ ብርሃን ፡ እስመ ፡ ደለወከ ፡ ጸጋ ፡
ዓቢይ ፡ ከመ ፡ ትርአይ ፡ ዘንተ ፡ ራእየ ። ወዘንተ ፡ እንዘ ፡ ይቤሎ ፡ ሰ
ምዓ ፡ ድምፀ ፡ ዓቢየ ፡ ከመ ፡ ቃለ ፡ ማይ ፡ ብዙኅ ፡ ወሐዋዝ ፡ ጣዕሙ ፡
ወግርማ ፡ ራዕሙሂ ፡ የዓቢ ፡ እምዘ ፡ ሰምዓ ፡ ውስተ ፡ ቀዳሚ ፡ ሰማይ ።
ወይቤሎ ፡ ብፁዕ ፡ ወቅዱስ ፡ ላሊ[illegible] ፡ ለመልአክ ፡ ዘሀሎ ፡ ምስሌሁ ፡
እፎ ፡ ይፈድፍድ ፡ | ዝንቱ ፡ ድምፅ ፡ ግሩም ፡ ወይጌርም ፡ እምዘ ፡ ሰማ 2.
ዕኩ ፡ ቀዳሚ ። . . . .

. . . .

. . . . ወዘንተ ፡ እንዘ ፡ ይብል ፡ ላሊበላ ፡ መሠጦ ፡ ዝኩ ፡ መልአክ ፡ fol. 56; 1.
ውስተ ፡ ዓየረ ፡ ሰማይ ፡ ሣልሳይ ፡ ዘየዓቢ ፡ እምነ ፡ ሰማይ ፡ ዳግማይ ፡
በብርሃንኒ ፡ ወበኵሉ ፡ ክብር ። ወመላእክቲሁኒ ፡ ለሰማይ ፡ ሣልስ ፡
የዓብዩ ፡ እምነ ፡ መላእክት ፡ ዘሰማይ ፡ ዳግማይ ። ወዘንተ ፡ ርእዮ ፡

ብፁዕ ፡ ላሊበላ ፡ ተፈሥሐ ፡ ፍሥሓ ፡ ውሱከ ፡ . . . .
. . . .

DIEU MONTRE À LALIBALA LES DIX ÉGLISES MONOLITHES DU CIEL.

fol. 68; 2. ወዘንተ ፡ ብሂሎ ፡ (እግዚአብሔር ፡) አርአዮ ፡ አብያተ ፡ ዓቢያተ ፡
ዘእምአሐቲ ፡ ዕብን ፡ ወኑልቆንሰ ፡ ለእማንቱ ፡ አብያት ፡ ዘአርአዮ ፡
፲ እማንቱ ። ወግብረቶንሰ ፡ ዘዘዚአሁ ፡ ኅበሪሆን ፡ ወዘዘዚአሁ ፡ አር
አያሆን ፡ ቦእንተ ፡ ሙባኦን ፡ ፀባብ ። ወቦ ፡ እንተ ፡ ውሥጠን ፡ ርኂብ ።
3. ወቦ ፡ እንተ ፡ ሙባኦን ፡ ርኂብ ፡ ወእንተ ፡ ውሥጠን ፡ ፀባብ ። ወ|ዓየ
ራት ፡ ቅጽሮንሂ ፡ ነዋኅ ፡ ጥቀ ፡ ወልዑል ። ወኑኃቶንሂ ፡ ለእሎን ፡ አብ
ያተ ፡ ክርስቲያናት ። ቦ ፡ እምኔሆን ፡ ዘየዓቢ ፡ ካልእ ፡ እምካልኡ ። ወ
ኅበሪሆንሂ ፡ ዘዘዚአሁ ። ቦ ፡ እምኔሆን ፡ እንተ ፡ ያቅየሐይሕ ፡ ወቦ ፡
እምኔሆን ፡ ዘኅበሪሁ ፡ ከመ ፡ ዕብነ ፡ በልቲት ። ወቦ ፡ እምኔሆን ፡ ዘጋስ ፡
ኅበሪሆን ። ወቦ ፡ እምኔሆን ፡ ዘኅብረ ፡ ሐመድ ፡ ክቡ ፡ ኅበሪሆን ። ወቦ ፡
እምኔሆን ፡ ዘዓቢይ ፡ ኑኃ ፡ ግድሚሆን ። ለአሐቲ ፡ እምአሐቲ ፡ የዓቢ ፡
ዓዲ ፡ ኑኃ ፡ ሥሬን ። ።

LALIBALA REÇOIT L'ORDRE DE CONSTRUIRE DES ÉGLISES SEMBLABLES; SON RETOUR SUR LA TERRE.

fol. 75; 1. ወይቤሎ ፡ ከዕበ ፡ ለብፁዕ ፡ ወለቅዱስ ፡ ላሊበላ ፡ ወእንተሂ ፡ ኢትት
ከዝ ፡ በይነ ፡ መንግሥት ፡ እስመ ፡ አነ ፡ በእንተ ፡ ክብር ፡ ኀላፊ ፡ ዘእ
ሠይመከ ። አላ ፡ በእንተ ፡ አብያተ ፡ ክርስቲያናት ፡ እለ ፡ ርኢከ ፡ ከመ ፡
ትሕንጽን ፡ በእንተዝ ፡ ቀባዕኩከ ፡ ቅብዓ ፡ መንግሥት ። ወረሰይኩከ ፡
መሲሐ ፡ ለሕዝብየ ። እስከ ፡ ትፌጽሞን ፡ ለእላንቱ ፡ አብያተ ፡ መቅደ
2. ስየ ። | እስመ ፡ ለከ ፡ ደለወከ ፡ ከመ ፡ ታውዕአን ፡ እምልበ ፡ ምድር ፡
በሥልጣነ ፡ ዚአየ ። ወአኮ ፡ በጥበበ ፡ እጓለ ፡ እመሕያው ። እስመ ፡ ብ
ዑድ ፡ ውእቱ ፡ እምጥበበ ፡ ሰብእ ። ወዘንተ ፡ ብሂሎ ፡ አዘዘ ፡ ለመልአከ ፡
ብርሃናዊ ፡ ከመ ፡ ያግብኦ ፡ ውስተ ፡ ምድር ፡ ወይሠጣ ፡ ለነፍሱ ፡ ው

ስተ፡ሥጋሁ። ወዝንቱሰ፡ኵሉ፡ዘኮነ፡በሠለስቱ፡ዕለት፡ውእቱ።
ወዘርእየሂ፡ምሥጢራተ፡ሰማያት፡ሰብዑ። ወክብረ፡መላእክት፡
እለ፡ሀለዉ፡በበሰማዩ፡እንዘ፡ይትዌሰክ፡ብርሃን፡ሰማይ። ወብርሃን፡
መላእክት፡እምብርሃን፡መላእክት። ወአርአያ|፡ስብሐቲሁኒ፡ለእግ 3.
ዚአብሔር፡መልዕልተ፡ኪሩቤል፡ዘነበበ፡እመልዕልቲሆሙ፡እግ
ዚአ፡ኃይል። ወአመ፡ሣልስት፡ዕለት፡ተመይጠ፡ውስተ፡ሥጋሁ፡
በእደ፡መልአክ፡ብርሃናዊ፡ዘተአዘዘ፡እምኀበ፡እግዚአብሔር፡
ከመ፡ይግብኦ፡ውስተ፡ሥጋሁ፡እምአመ፡መሠጦ። በከመ፡ተ
ንሥአ፡እግዚኡ፡እሙታን፡አመ፡ሣልስተ፡ዕለት። ወአከ፡ከመ፡
ዮናስ፡ዘነበረ፡ውስተ፡ከርሠ፡አንበሪ፡ሠሉሰ፡መዋዕለ፡ወሠሉሰ፡
ለያልየ፡በላህ፡መሪር፡ወበብካይ፡ዕፁብ። አላ፡ነበረ፡ውስተ፡ዓ
ቢይ፡ፍሥሐ፡ውስተ፡ዓፀደ፡ትጉሃን፡ወውስተ፡አብያተ፡ብር
ሃን፡ከ|መ፡ኤርምያስ፡ነቢይ፡ዘርእየ፡ምሥጢራተ፡ትንቢት፡በ 4.
እንተ፡ርደቱ፡ለእግዚእነ፡እምሰማይ። ወበእንተ፡ተመስሎቱ፡
ሰብአ፡ወብፁዕሂ፡ላሊበላ፡በሣልስት፡ዕለት፡ተመይጠ፡ዲበ፡ም
ድር፡ርእዮ፡ወነጺሮ፡ምሥጢራተ፡ሰማይ፡ወተቀቢሎ፡ቅብዓ፡
መንግሥት። ወዓቂሞ፡ኪዳነ፡ምስለ፡እግዚኡ፡ወለቢዎ፡ግብረ፡
ሕንጻሆን፡ለአብያተ፡ክርስቲያናት፡ዘአርአዮ። ከመ፡ይግበር፡በ
ከመ፡ርእየ። ወእልክቱሰ፡ሕዝብ፡እለ፡ንቡራን፡ውስተ፡ሥጋሁ፡
አስተዳለዉ፡መጋንዘ፡ወመዋጥሐ፡በዘይገንዝዎ፡ወይቀብርዎ።

Le recto du fol. 76 est occupé par un dessin colorié représentant Dieu faisant un pacte avec Lalibala, derrière lequel se trouve un ange, l'aile droite relevée sur sa tête. Au dessus du dessin se lit l'inscription suivante : ቃል፡ኪዳን፡እንደ፡ተቀበለ፡ከፈጣሪው፡

Le verso est consacré à deux dessins portant cette inscription :

እንደ፡ሞተ፡ቅድስ፡ላሊበላ፡

fol. 77; 1. ወበሕቱ፡ ኢተሀበሉ፡ ይግንዝዎ፡ እስመ፡ ኢቈረ፡ ሥጋሁ፡ ከመ፡
ሕገ፡ በድን፡ በዝንቱ፡ ሠሉስ፡ መዋዕል፡ እስመ፡ ምውቅ፡ ሥጋሁ፡
በላህበ፡ መንፈስ፡ ቅዱስ፡ ዘኀዱር፡ ውስቴቱ። ወላሊበላሰ፡ ነቅሐ፡
እምስካቡ፡ ከመ፡ ዘጽሕወ፡ እምወይን። ወአብርሃ፡ ገጹ፡ ከመ፡
ፀሐይ፡ እምነ፡ ራዕያት፡ ዘርእየ፡ ወእምነ፡ ስብሐቲሁኒ፡ ለእግዚአብ
ሔር። ወተንሥአ፡ አእኰቶ፡ ወሰብሖ፡ ለእግዚአብሔር። እንዘ፡
ይብል፡ አአኵተከ፡ እግዚኦ፡ እስመ፡ ተወከፍከኒ፡ ወስላተ፡ ጸላኢ፡
2. ኢረሰይከኒ። እግዚኦ፡ አምላኪየ፡ | ጸራኅኩ፡ ኀቤከ፡ ወተሠሃልከኒ።
እግዚኦ፡ አውፃእካ፡ እምሲኦል፡ ለነፍስየ። ወአድኀንከኒ፡ እምእለ፡
ይወርዱ፡ ውስተ፡ ግብ። ወሠወርከኒ፡ በዕለተ፡ ቀትል፡ መልዕልተ፡
ርእስየ። ምንተኑ፡ አዓሥየከ፡ እግዚኦ፡ እግዚአብሔር፡ በእንተ፡
ኵሉ፡ ዘገበርከ፡ ሊተ። ወእልክቱሰ፡ እለ፡ ፈቀዱ፡ ይግዝንዎ፡ አስተ
ዳሊዎሙ፡ ኵሎ፡ መፍቅደ፡ መግንዝ። አንከሩ፡ ወተደሙ፡ ወአኅዙ፡
ይበሉ፡ ዮም፡ ርኢነ፡ መንክረ፡ ምውት፡ ዘሠላስ፡ መዋዕል፡ ተንሥአ፡
በከመ፡ ሰማዕነ፡ መንክራቲሁ፡ ለመድኀኒነ። እስመ፡ ይቤ፡ በወን
3. ጌል፡ አንሥኦ፡ ለአልዓዛር፡ በ|ራቡዕ፡ ዕለት፡ እምድኅረ፡ ፄዐ፡ በድኑ።
ወይእዜኒ፡ አንሥኦ፡ ለብፁዕ፡ ወለቅዱስ፡ ላሊበላ፡ በቅድሜነ፡ በሣ
ልስት፡ ዕለት፡ እምአመ፡ ሞተ። ወአኀዝዎ፡ ይሰአልዎ፡ ለብፁዕ፡
ላሊበላ፡ ወይቤልዎ፡ አይቴኑ፡ ነበርከ፡ በዝንቱ፡ ኵሉ፡ ሠሉስ፡ መ
ዋዕል። ወዘከመ፡ ምንት፡ ነበርከ፡ ወምንትኑ፡ ምክንያተ፡ ሞትከ።
ወምንት፡ ምክንያተ፡ ተንሥኦትከ። ወዘንተ፡ ብሂሎሙ፡ አርአይዎ፡
መዋጥሐ፡ ወመጋንዝ። ወይቤልዎ፡ ነዋ፡ እሉ፡ መዋጥሕ፡ ወመጋ
ንዝ፡ ዘአስተዳሎነ፡ በዘንቀብረከ። ወባሕቱ፡ ነበርነ፡ እንዘ፡ ንጸንሕ፡
4. እስከ፡ ይቄ|ር፡ ሥጋከ፡ ወሶበ፡ ቈረ፡ እምወዳዕነ፡ ወእምገነዝናከ።
ወውእቱሰ፡ ይቤሎሙ፡ ይትባረክ፡ እግዚአብሔር፡ ዘአድኀነኒ፡ እ
ምዘ፡ ሐለይክሙ፡ አንትሙ፡ እስመ፡ ኢኮነ፡ ሕሊናሁ፡ ለእግዚአ

ብሔር ፡ ከመ ፡ ሕሊናክሙ ። ወኢምክሩ ፡ ከመ ፡ ምክርክሙ ፡ በከመ ፡
ይቤ ፡ በአፈ ፡ ነቢዩ ። ኢኮነ ፡ ምክርያ ፡ ከመ ፡ ምክርክሙ ፡ ወሕሊናየ ፡
ከመ ፡ ሕሊናክሙ ። በከመ ፡ ይርኅቅ ፡ ሕሊናየ ፡ እምሕሊናክሙ ፡ ወ
ዘንተ ፡ ይቤሎሙ ። ወሬዐያተሰ ፡ ዘርእየ ፡ ኢነገሮሙ ፡ ወኢምንተኒ ።
ዝንቱ ፡ ውእቱ ፡ ፍሬ ፡ ፍቅር ፡ ዘተ|መክዓበ ፡ በላዕለ ፡ ቅዱስ ፡ ላሊበላ ፡ fol. 78; 1.
በእንተ ፡ ጽዋዕ ፡ ዘሰትየ ፡ በእንተ ፡ ፍቅረ ፡ ቢጹ ፡ ሶበ ፡ ርእየ ፡ እንዘ ፡
ይመውት ፡ ክልኤ ፡ በኀምዘ ፡ ሥራይ ፡ ዘተገብረ ፡ በእንቲአሁ ፡ ይእ
ቲኬ ፡ ፍቅር ፡ ዘአብጽሐቶ ፡ ውስተ ፡ ዝንቱ ፡ ኵሉ ፡ ጸጋ ፡ መንፈሳዊ ።
እስከ ፡ ርእየ ፡ ምሥጢራተ ፡ ሰማይ ፡ ወአርአያ ፡ ስብሐቲሁ ፡ ለእግ
ዚአብሔር ፡ በላዕለ ፡ ኪሩቤል ፡ እንዘ ፡ ያንበለብል ፡ ጸዳለ ፡ ስራሔሁ ።
እስመ ፡ ዕሤታ ፡ ለፍቅር ፡ ዐቢይ ፡ ውእቱ ። እስመ ፡ ባቲ ፡ ይትፌጸም ፡
ኵሉ ፡ ምግባራት ፡ ሠናይ ። በከመ ፡ ይቤ ፡ ጳውሎስ ፡ ዘአፍቀረ ፡ ቢጾ ፡
ኵሎ ፡ ሕገ ፡ ፈጸመ ፡ ገቢረ ። ወካልኡኒ ፡ ይቤ ፡ አፍቅሩ ፡ |ቢጸክሙ ፡ 2.
እስመ ፡ ተፋቅሮ ፡ ይደመስሶን ፡ ለኵሎን ፡ ኃጣውእ ። አማንኬ ፡ ተፈ
ጸመ ፡ ቃለ ፡ ሐዋርያ ፡ ዘይቤ ፡ በላዕለ ፡ ብፁዕ ፡ ላሊበላ ፡ ፈርየኒ ፡ ወተመ
ክዓበ ። ወለነኒ ፡ ይረስየነ ፡ ጽሑቃነ ፡ ለአፍቅሮ ፡ ቢጽነ ። እግዚአብ
ሔር ፡ ወመድኃኒነ ፡ ኢየሱስ ፡ ክርስቶስ ፡ በጸሎቱ ፡ ወበስእለቱ ፡ ወበ
ሀብተ ፡ ረድኤቱ ። ወበየማ ፡ ገድለ ፡ ዚአሁ ፡ ወበሐፈ ፡ ድካሙ ፡ ዘ
ተወክፈ ፡ በሥጋሁ ፡ ዝንቱ ፡ ብእሲ ፡ ብፁዕ ፡ ወቅዱስ ፡ ላሊበላ ፡ ዘተሰ
ምየ ፡ ገብረ ፡ መስቀል ፡ ወያድኅነ ፡ እመከራ ፡ ሥጋ ፡ ወነፍስ ። ለንግ
ሥትነ ፡ ወለተ ፡ ኢየሱስ ፡ ለዓለመ ፡ ዓለም ፡ አሜን ። ። ።

Lalibala se retire au désert.

ወእምድኅረዝ ፡ ነበረ ፡ ብፁዕ ፡ ላሊበላ ፡ እንዘ ፡ ይትዌከፍ ፡ 3.
ኵሎ ፡ ዕዕለተ ፡ ወኵሎ ፡ ምናኔ ፡ እምኀበ ፡ አዝማዲሁ ። ወእምኀበ ፡
ኵሎሙ ፡ ሰብእ ፡ እለ ፡ አስረሮሙ ፡ ሰይጣን ፡ ላዕሌሁ ፡ እንዘ ፡ ይሣለ
ቅዎ ፡ ወይቤልዎ ፡ ይነግሥእ ፡ ዝንቱ ። ወቦ ፡ ዘይቤ ፡ ዝንቱሰ ፡ ለእመ ፡
ነግሠ ፡ ይሤይጠነ ፡ ለማየ ፡ ልብኔ ፡ ዘውእቱ ፡ ዕጣነ ፡ ቤተ ፡ ክርስቲያን ።

ወዘንተ፡ ኵሎ፡ እምድኅረ፡ ተወከፈ፡ ሐለየ፡ በልቡ፡ እንዘ፡ ይብል፡
ናሁ፡ ከንከምሙ፡ ዕቅፍተ፡ ለአብያጽየ፡ ወለአኃውየ። ወይእዜሰ፡
4. ኢይነብር፡ ምስሌሆሙ። ይኄይሰኒ፡ ከመ፡ እፃእ፡ ገዳ|መ፡ ወእንበር፡
ምስለ፡ አራዊት። እስመ፡ ይኄይስ፡ ነቢር፡ ምስለ፡ አራዊት፡ እምነ
ቢር፡ ምስለ፡ ሰብእ፡ መሪረ፡ ልሳን። እስመ፡ አልሳነ፡ እጓለ፡ እመሕ
ያው፡ አልቦ፡ ዘይክል፡ አግርሮታ፡ እስመ፡ ኵሉ፡ ፍጥረት፡ ይገርር፡
ለፍጥረተ፡ እጓለ፡ እመ፡ ሕያው። አራዊትኒ፡ ዘይትሐወስ፡ ወአዕዋ
ፍኒ፡ ዘይሰርር፡ ወለልሳነ፡ እጓለ፡ እመሕያውሰ፡ አልቦ፡ ዘይክል፡ አ
ግርሮታ፡ እኪት፡ ይእቲ። ወምልዕት፡ ይእቲ፡ ኅምዘ፡ ዘይቀትል።
በከመ፡ ይቤ፡ ጳውሎስ፡ ወመንሱትሰ፡ ኢይረክበክሙ፡ ዘእንበለ፡ እ
fol. 79; 1. ምንበ፡ ሰብእ። ሄኖክኒ፡ ነበረ፡ | ገዳመ፡ ተግኒሦ፡ እምሰብእ፡ ኃርዮ፡
ነቢረ፡ ምስለ፡ አራዊት፡ ወአራዊትኒ፡ ኢሰሐጥዎ። ወእምህየ፡ ተመ
ሥጠ፡ ከመ፡ ይርአይ፡ ኅቡአተ፡ ሰማይ። ኤልያስ፡ ነበረ፡ ገዳመ፡ እ
ንዘ፡ ይሴሰይ፡ በአፈ፡ ቋዓት፡ ፍና፡ ሰርክ፡ ወእንተ፡ ጽባሕ፡ ኅብስተ።
ወሎቱኒ፡ ኢሰሐጥዎ፡ ሰብእ። እስመ፡ እምገጸ፡ ኤልዛቤል፡ ጐየ።
ወኢጐየ፡ እምገጸ፡ አራዊት፡ እስመ፡ አራዊት፡ ይገንዩ፡ ሎቱ። ዮሐ
ንስኒ፡ ነበረ፡ እምንዕሱ፡ ገዳመ። እንዘ፡ ይሴሰይ፡ ለምለመ፡ ቈዕል።
2. ወእንዘ፡ ይሰቲ፡ እምጠለ፡ ገዳም። ወኢሰሐጥዎ፡ አራዊት፡ ወአኃ|ው፡
ከንዎ፡ አናብስት፡ ወቶራት። ወዘንተ፡ ብሂሎ፡ ወፅአ፡ ገዳመ፡ ወነ
በረ፡ እንዘ፡ ይሴሰይ፡ ንዒዎ፡ አራዊተ፡ ወአስጊሮ፡ ጼርድክስያተ።
ወአልቦቱ፡ ክልእ፡ ሕሊና፡ ለብፁዕ፡ ላሊበላ፡ እንዘ፡ ይትገሀ፡ ዘእን
በለ፡ ሰብሖተ፡ እግዚአብሔር፡ ወዘእንበለ፡ ዘምሮ፡ መዓልተ፡ ወሌ
ሊተ። እንዘ፡ ይጐድዕ፡ እንግድዓሁ። ወይብል፡ መዓልተ፡ ወሌሊተ፡
በላህ፡ መሪር፡ ወበብካይ፡ ዕፁብ፡ ወበምንዳቤ፡ ብዙኅ። እንዘ፡ ይት
ኴነን፡ በረኃብ፡ ወበጽምዕ፡ በቍር፡ ወበዕርቃን፡ በኃፍ፡ ወበድካም።
3. እንዘ፡ ይትዌከፍ፡ ፃማሆሙ፡ ለገዳማውያን። ወሰብእ|ሰ፡ ይሰም

ይዎ፡ አርዌ። ወእግዚአብሔርሰ፡ ይሰምዮ፡ ከመ፡ አሐዱ፡ እምነ፡
ኃይላት። እስመ፡ ይሬኢ፡ ልበ፡ ወይፈትን፡ ኵልያተ። እስመ፡ አኮ፡
በከመ፡ ይሬኢ፡ ሰብእ፡ ዘይሬኢ፡ እግዚአብሔር። እግዚአብሔርሰ፡
ልበ፡ ይሬኢ። ወሰብእሰ፡ ገጸ፡ ይሬኢ። ወብፁዕኒ፡ ላሊበላ፡ ምኑን፡
ውእቱ፡ በኀበ፡ ሰብእ፡ ወትሑት፡ በውስተ፡ ሕዝብ። ወባሕቱ፡ ል
ዑል፡ ወክቡር፡ ውእቱ፡ በኀበ፡ እግዚአብሔር። ወከመዝ፡ ነበረ፡ ቅ
ዱስ፡ ወብፁዕ፡ ላሊበላ፡ በውስተ፡ ገዳም፡ ዘከመ፡ ነበሩ፡ እንዘ፡ ይሜ
ግቦሙ፡ መንፈሰ፡ እግዚአብሔር፡ እስራኤል፡ በገዳም፡ እስከ፡ ይበ
ውኡ፡ ውስተ፡ ምድረ፡ ርስቶሙ፡ ዘመሐለ፡ ሎሙ፡ አምላከ፡ አበ 4.
ዊሆሙ። ወብፁዕኒ፡ ላሊበላ፡ ነበረ፡ እንዘ፡ ይሜግቦ፡ ኃይለ፡ መን
ፈስ፡ ቅዱስ። ወሲሳዮሰ፡ ይሴሰይ፡ ንዒዎ፡ አራዊተ፡ በከመ፡ ነገርና
ክሙ፡ ቅድመ። በረከተ፡ ጸሎቱ፡ የሃሉ፡ ምስለ፡ አመተ፡ እግዚአ
ብሔር፡ ንግሥትነ፡ ወለተ፡ ኢየሱስ፡ ወለደቂቃ፡ ኃይለ፡ ኢየሱስ፡
ኃይለ፡ ሚካኤል፡ ወልደ፡ ማርያም፡ ወለአዋልዲሃ፡ ወለተ፡ ማርያም፡
ኂሩተ፡ ሥላሴ፡ ወበረከተ፡ ጸገሁ፡ የሃሉ፡ ላዕለ፡ ኵልነ፡ እለ፡ ተጋ
ባእነ፡ ውስተ፡ ዛቲ፡ ቅድስት፡ ቤተ፡ ክርስቲያን። ለዓለመ፡ ዓለም፡
አሜን። ። ። ።

MARIAGE DE LALIBALA; LE ROI, SON FRÈRE LE FAIT VENIR POUR L'EN PUNIR.

ወከመዝ፡ እንዘ፡ ሀለወ፡ ብፁዕ፡ ላሊበላ፡ በውስተ፡ ገዳም፡ አስተር fol. 80; 1.
አዮ፡ መልአከ፡ እግዚአብሔር፡ ዘአዕረጎ፡ ውስተ፡ ሰማይ፡ ወዘተ
አዘዘ፡ ከመ፡ ይዕቀቦ፡ በኵሉ፡ መዋዕሊሁ። ወይቤሎ፡ ሰላም፡ ለከ፡
ኦብእሲ፡ አምላክ፡ ላሊበላ፡ ወይቤሎ፡ ብፁዕ፡ ላሊበላ፡ መኑ፡ አንተ፡
ዘትትናገረኒ፡ በቃለ፡ ሰላም። ወይቤሎ፡ አነ፡ ውእቱ፡ መልአከ፡ እግ
ዚአብሔር፡ ዘአዕረጉከ፡ ውስተ፡ ሰማይ፡ ወአርአይኩከ፡ ምሥጢ
ራተ፡ ብርሃናት። ወዘተአዘዝኩ፡ ከመ፡ እዕቀብከ፡ ወይቤሎ፡ ብፁዕ፡

2. ላሊበላ፡ ሰላምከ፡ ያዕርፍ፡ ላዕሌየ፡ ኦእግዚእየ። ወይ|ቤሎ፡ ውእቱ፡
መልአክ፡ ለብፁዕ፡ ላሊበላ፡ አጽምዕ፡ ዘእነግረከ። ወይቤሎ፡ ላሊ
በላ፡ በል፡ እግዚእየ፡ እስመ፡ ይሰምዓከ፡ ገብርከ። ወይቤሎ፡ ውእቱ፡
መልአክ፡ ለቅዱስ፡ ወለብፁዕ፡ ላሊበላ፡ ጌሠመ፡ ትመጽእ፡ ኀቤከ፡
ወለት፡ በዘከመዝ፡ ጊዜ፡ ወአመሮ፡ ኵሎ፡ ትእምርታቲሃ፡ ወአልባ
ሲሃኒ፡ ዘትለብስ። ወይቤሎ፡ ይእቲኬ፡ ዘትከውነከ፡ ብእሲተ። ወኀ
ሬት፡ ይእቲ፡ ከመከ። ወትከውነከ፡ ዘከመ፡ ልብከ። ወስነ፡ ምግባሪ
ሃኒ፡ ኢየሐፅፅ፡ እምነ፡ ምግባረ፡ ዚአከ፡ ወአመተ፡ እግዚአብሔር።
3. ወብዙኃን፡ ምግባራት፡ ሠናያት፡ ትትሜሐር፡ እምኔሃ። ወአንተኒ፡ ተ
ናገሩ፡ ለዘከመዝ፡ ግብር። ወንግሩ፡ ዘከመ፡ ነገርኩከ፡ አነ። እስመ፡
እምነበ፡ እግዚአብሔር፡ ውእቱ፡ ዝነገር። ወውእቱ፡ አዘዘኒ፡ ከመ፡
እንግርከ። ወይቤሎ፡ ላሊበላ፡ ለውእቱ፡ መልአክ፡ ኦእግዚእየ፡
ሊተኑ፡ ሀለወኒ፡ ከመ፡ እንሣእ፡ ብእሲተ፡ ዘከመ፡ ስነ፡ ብርሃናት፡
እምድኅረ፡ አርአይከኒ፡ በውስተ፡ ኵሉን፡ ሰብዓቱ፡ ሰማያት። ወድ
ንጋጼኒ፡ ዘሀሎ፡ ውስተ፡ ምጽናዕ፡ ዘትቤለኒ፡ ለሊከ፡ ተዘከሩ፡ ለዛቲ፡
4. ድንጋጼ። ወይቤሎ፡ ውእቱ፡ መልአክ፡ ለብፁዕ፡ ላሊበላ፡ ኀጢ|አተ
ከኑ፡ ይከውነከ፡ ነሢአ፡ ብእሲት፡ ኦብእሴ፡ አምላክ። ዘበእንቲአሃሰ፡
አኮ፡ ዘየሐፅፅ፡ አስብከ፡ ወጸጋከ። እስመ፡ አኮ፡ በእንተ፡ ፍቅረ፡
ዓለም፡ አላ፡ በእንተ፡ ፍቅረ፡ ውሉድ። ወተቃወሞ፡ ለመልአክ፡
እግዚአብሔር፡ በእንተ፡ ዝንቱ፡ ነገር፡ እንዘ፡ ይብል፡ ኢይደልወኒ፡
ከመ፡ እንሣእ፡ ብእሲተ። ወይቤሎ፡ ውእቱ፡ መልአክ፡ ይትከሀለ
ከኑ፡ ከመ፡ ታብጥል፡ ትእዛዘ፡ እግዚአብሔር። ወሚመ፡ ታወፅአ
ሙኑ፡ ለውሉድ፡ ለባሕቲትከ፡ ለእለ፡ ሀለዉ፡ ውስተ፡ ሐቌከ። ወእ
ምድኅረ፡ ብዙኅ፡ ነገር፡ ይቤ፡ ብፁዕ፡ ወቅዱስ፡ ላሊበላ፡ ፈቃዶ፡
fol. 81; 1. እግ|ዚአብሔር፡ ለይኩን፡ ወአኮ፡ ፈቃዶ፡ ዚአየ። ወተሠወሮ፡ ዝኩ፡
መልአክ፡ ወእምዝ፡ በሳኒታ፡ መጽአት፡ እንታክቲ፡ ወለት፡ እንዘ፡

ቃስተጋብእ ፡ አሕማላተ ፡ ገዳም ፡ ወረከበ ፡ ትእምርታቲሃ ፡ በከመ ፡
አመሮ ፡ መልአከ ፡ እግዚ.አብሔር ። ወተናገራ ፡ በከመ ፡ ይቤሎ ፡ መ
ልአክ ። ወይእቲኒ ፡ ቅድስት ፡ ይእቲ ፡ ወአደማ ፡ ላቲ ፡ ውእቱ ፡ ነገራ ፡
ዘነገራ ። እስመ ፡ እምኀበ ፡ እግዚ.አብሔር ፡ ኮነ ፡ ዝንቱ ፡ ግብር ። ወእ
ምድኅረዝኒ ፡ ነበረ ፡ በውስተ ፡ ውእቱ ፡ ገዳም ፡ ኀበ ፡ ረከቦ ፡ ይእቲ ፡
ወሶቤ ፡ ቃመጽእ ፡ ሎቱ ፡ ኀብስተ ፡ ወሐምለ ፡ ገዳምኒ ፡ ብሱለ ፡ እ|ምነ ፡ 2.
ቤተ ፡ አቡሃ ፡ ወእማ ፡ ወከመዝ ፡ ነበረ ፡ ብዙኃ ፡ መዋዕለ ። ወእምድ
ኅረ ፡ ዝንቱ ፡ ይቤላ ፡ ብፁዕ ፡ ላሊበላ ፡ ለይእቲ ፡ ወለት ፡ አመ ፡ በጽሐት ፡
ከመ ፡ ተሐውዖ ። እስመ ፡ ዘልፈ ፡ ትጥሀዮ ፡ እምአመ ፡ ረከቦ ፡ ኢኃ
ደገት ፡ አምኖቶ ፡ እንዘ ፡ ቃመጽእ ፡ ሎቱ ፡ እምኵሉ ፡ መበልዕት ፡ ዘ
ረከበት ። ወእሑተ ፡ ዕለተ ፡ ይቤላ ፡ ንግረዮ ፡ ለአቡኪ ፡ ዘከመ ፡ እቤ
ለኪ ። ወነገራ ፡ ዘከመ ፡ ነገሮ ፡ መልአከ ፡ እግዚ.አብሔር ። ወይእቲኒ ፡
አቲዋ ፡ ነገሮ ፡ ለአቡሃ ፡ ወአቡሃሰ ፡ ፈራሄ ፡ እግዚ.አብሔር ፡ ውእቱ ።
ወየአምር ፡ እምቅድመ ፡ ይኩን ፡ ዘሀሎ ፡ ይኩን ። ወአእመረ ፡ |እም 3.
ቅድመ ፡ ትንግሮ ፡ ወይቤላ ፡ ለውእቱ ፡ ሑሪ ፡ አምጽኢዮ ። ወሖረት ፡
ወረከበቶ ፡ ውስተ ፡ ሐቅለ ፡ ገዳም ፡ ኀበ ፡ ኃደገቶ ፡ ወአምጽአቶ ፡ ኀበ ፡
ሀሎ ፡ አቡሃ ። ወሶበ ፡ በጽሐ ፡ ኀቤሁ ፡ ተአምኖ ፡ በበይናቲሆሙ ፡
በአምኃ ፡ መንፈሳዊት ። ወእምድኅረ ፡ ተአምኖ ፡ ይቤሎ ፡ አቡሃ ፡ ለይ
እቲ ፡ ወለት ፡ ለምንትኑ ፡ ተሐይጣ ፡ ለወለትየ ፡ አወልድየ ። ወይቤላ ፡
ብፁዕ ፡ ላሊበላ ፡ አንሰ ፡ ኢሐጥክዋ ፡ በፈቃደ ፡ ርእስየ ። ወለእመሰ ፡
እምኀበ ፡ እግዚ.አብሔር ፡ ኮነ ፡ ውእቱ ፡ ኢይትኃደግ ፡ ዘእንበለ ፡
ይኩን ። ወእመሰ ፡ እምኀበ ፡ ሰብእ ፡ ውእቱ ፡ የኃልፍ ፡ ወይሥዓር ።
ወሶበ ፡ ይቤሎ ፡ ብፁዕ ፡ |ላሊበላ ፡ ከመዝ ፡ አእመረ ፡ ከመ ፡ መልአከ ፡ 4.
እግዚ.አብሔር ፡ አስተርአዮ ፡ ሎቱ ፡ ወጸውዓ ፡ ለብእሲቱ ፡ ውእቱ ፡
ብእሲ ፡ አቡሃ ፡ ለይእቲ ፡ ወለት ፡ ወተማከራ ፡ ለብእሲቱ ፡ ከመ ፡ የሀቡ ፡
ወለቶ ፡ ለላሊበላ ፡ ከመ ፡ ትኩኖ ፡ ብእሲተ ። ወሥምረት ፡ ብእሲቱኒ ፡

በዝንቱ ፡ ነገር ። እስመ ፡ መአድም ፡ ውእቱ ፡ ላሊበላ ፡ በአርአያሁ ፡
ወበግርማሁ ። እስመ ፡ ጸጋ ፡ እግዚአብሔር ፡ የዓውዶ ፡ ከመ ፡ እንተ ፡
ፀሐይ ፡ ውስተ ፡ ጠፈረ ፡ ሰማይ ። ወያበርህ ፡ እንዘ ፡ ይኄይል ፡ ስነ ፡
ወፀዳለ ፡ ብርሃኑ ፡ በውስተ ፡ ዓየር ። ከማሁ ፡ የዓውዶ ፡ ጸጋ ፡ እግዚአ
fol. 82; 1. ብሔር ፡ ለብፁዕ ፡ ወለቅዱስ ፡ ላሊበላ ፡ ወአቡሃሰ ፡ | ወእማ ፡ ለይእቲ ፡
ወለት ፡ ወሀብዎ ፡ ወለቶሙ ፡ ለብፁዕ ፡ ላሊበላ ፡ ከመ ፡ ትኩኖ ፡ ብእ
ሲተ ፡ በከመ ፡ ሕገ ፡ እግዚአብሔር ። ወነሥአ ፡ ቅዱስ ፡ ወብፁዕ ፡ ላሊ
በላ ፡ ለይእቲ ፡ ወለት ፡ ወረሰያ ፡ ብእሲቶ ፡ ዘከመ ፡ ሕገ ፡ እግዚአብ
ሔር ። ወተባረኩ ፡ ክልኤሆሙ ፡ በማዕተበ ፡ ጸጋሁ ፡ ለኢየሱስ ፡ ክር
ስቶስ ፡ በከመ ፡ ተባረኩ ፡ ይስሐቅ ፡ ወርብቃ ፡ ዘወለድዎ ፡ ለአበ ፡ ዓሠ
ርቱ ፡ ወክልኤቱ ፡ አዕፁቀ ፡ ዘይት ፡ ዘተጋደሎ ፡ በሎዛ ፡ ለብእሲ ፡ እ
ስት ፡ ወበህየ ፡ ሰመዮ ፡ እስራኤልሃ ። ወብፁዕሰ ፡ ላሊበላ ፡ ነበረ ፡ ዓዲ ፡
እንዘ ፡ ያፈደፍድ ፡ ፍርሃተ ፡ እግዚአብሔር ፡ ወገቢረ ፡ ፈቃዱ ። ወእ
2. ንዘ ፡ ይፀመድ ፡ | ታሕተ ፡ አርዑተ ፡ ወንጌሉ ፡ ለክርስቶስ ። እምአመ ፡
ረከባ ፡ ለይእቲ ፡ ወለት ፡ እስመ ፡ ፈድፋደ ፡ ታፈቅሮ ፡ ለእግዚአብ
ሔር ፡ ይእቲ ፡ ወለት ። ወበእንተዝ ፡ ትትኤዘዝ ፡ ለምታ ። ከመ ፡ ሳራ ፡
ትትኤዘዝ ፡ ላአብርሃም ፡ ወእግዚእየ ፡ ትብሎ ። ወተሐውር ፡ በትእ
ዛዙ ፡ ወበምዕዳነ ፡ ዚአሁ ። ውእቱኒ ፡ የሐውር ፡ በምዕዳነ ፡ ዚአሃ ፡
እንዘ ፡ ኢይትገኃሥ ፡ ኢለየማን ፡ ወኢለጸጋም ፡ እምዕዳነ ፡ ዚአሃ ፡
እመዓር ፡ ወሦከር ፡ ወከማሁ ፡ ይጥዕማ ፡ ላቲኒ ፡ ቃለ ፡ ዚአሁ ፡ እምአ
ስካለ ፡ ወይን ። ወከመዝ ፡ ነበሩ ፡ በፍቅረ ፡ እግዚአብሔር ፡ ፍጹም ።
3. እስመ ፡ እምኀ|ቤሁ ፡ ለእግዚአብሔር ፡ ኮነ ፡ ዕምረቶሙ ። ወበእንተዝ ፡
ኮኑ ፡ አሐደ ፡ ሥጋ ። በከመ ፡ ይቤ ፡ በውስተ ፡ ኦሪት ፡ በእንተ ፡ ዝንቱ ፡
የኀድግ ፡ ብእሲ ፡ አባሁ ፡ ወእሞ ፡ ወይትልዋ ፡ ለብእሲቱ ፡ ወይከውኑ ፡
ክልኤሆሙ ፡ አሐደ ፡ ሥጋ ፡ ወእግዚእነኒ ፡ ይቤ ፡ በውስተ ፡ ወንጌሉ ።
ናሁኬ ፡ አሐዱ ፡ ሥጋ ፡ እሙንቱ ፡ ብእሲ ፡ ወብእሲት ። ወኢኮኑ ፡ ክል

ኤተ ፡ ዘእግዚአብሔር ፡ አስተፃመረ ፡ ሰብእ ፡ ኢይፍልጥ ። ወከመዝ ፡
ኮነ ፡ ዕምረቶሙ ፡ ለላሊበላ ፡ ወለመስቀል ፡ ክብሩ ፡ በዕምረት ፡ መን
ፈሳዊ ። ወአኮ ፡ በምኅሌተ ፡ አጋንንት ፡ በከመ ፡ ይገብሩ ፡ ሰብአ ፡
ዓለም ። አላ ፡ | በከመ ፡ ተሠርዓ ፡ በሕግ ፡ ዘእግዚአብሔር ። ወበከመ ፡ 4.
መርዓሁ ፡ ለይስሐቅም ፡ ስለ ፡ ርብቃ ። በከመ ፡ ይቤ ፡ ጳውሎስ ፡ ክቡር ፡
አውስቦ ፡ እምኵለሄ ፡ ወለሰብሳቦሙኒ ፡ አልቦቱ ፡ ስዕበት ፡ ወምስካ
ቦሙኒ ፡ ኢኮነ ፡ ግማኔ ። ወከመዝ ፡ ነበሩ ፡ ክልኤሆሙ ፡ እንዘ ፡ ይፀ
መድዎ ፡ ለእግዚአብሔር ፡ በፍቅር ፡ ወበትሕትና ፡ በውስተ ፡ ቤተ ፡
አቡሃ ፡ ለይእቲ ፡ ወለት ። ወዝኩሰ ፡ ጸላኢ ፡ ሠናያት ፡ ዲያብሎስ ፡
ሶበ ፡ ርእዮሙ ፡ በዘከመዝ ፡ ግብር ፡ ቀንዓ ፡ ላዕሌሆሙ ፡ ወስዕነ ፡ ተዓ
ግሦ ፡ ወተሀውከ ፡ ሕሊናሁ ፡ ወሐለየ ፡ ተመይኖ ። ወቦአ ፡ ውስተ ፡
ልበሙ ፡ ለሰብእ ፡ | እለ ፡ ረከቦሙ ፡ እንዘ ፡ ይዴለዉ ፡ ሎቱ ፡ ለማኅ fol. 83; 1.
ደሩ ፡ ምሩጋን ፡ ወኵስቱራን ፡ ወዕድዋን ። ወነጸፈ ፡ ውስቴቶሙ ፡ ዘር
ቤታተ ፡ እኩዩ ፡ በዘቦቱ ፡ ያንገረግር ፡ ውስተ ፡ ውሣጤ ፡ ልበሙ ።
ወነቢሮ ፡ ኀቤሆሙ ፡ ቀጸበሙ ፡ ከመ ፡ ይትነሥኡ ፡ ላዕለ ፡ ላሊበላ ፡
ወአንሥኡ ፡ ከመ ፡ ይሐሩ ፡ ኀበ ፡ ንጉሥ ፡ ከመ ፡ ያስተዋድይዎ ፡
በነገር ፡ ከንቱ ። በከመ ፡ አንሥአ ፡ ለይሁዳ ፡ ላዕለ ፡ መድኀኒነ ፡ ከመ ፡
ያግብኦ ፡ ለሊቃነ ፡ ካህናት ። እለ ፡ እሙንቱ ፡ ከለባት ፡ ብዙኃን ፡ ወአ
ሥዋር ፡ ስቡሓን ። ወለእሙንቱሰ ፡ ሰብእ ፡ እለ ፡ አንሥአሙ ፡ ላዕለ ፡
ላሊበላ ፡ መሐሮሙ ፡ ሰይጣን ፡ መምህረ ፡ እከይ ፡ | ከመ ፡ ይበሉ ፡ 2.
በቅድመ ፡ ንጉሥ ፡ ናሁ ፡ ነሥአ ፡ ላሊበላ ፡ ወለተ ፡ ዘተሐፅየት ፡ ለካ
ልእ ፡ ብእሲ ፡ ወረሰያ ፡ ብእሲቶ ፡ አንጉሥ ፡ ኢታርምም ፡ በእንተዝ ፡
ነገር ። ወናሁ ፡ ሚመተ ፡ መንግሥትኪ ፡ ይደምዕ ፡ በኵለሄ ፡ በእንቲ
አሁ ፡ ወእመሰ ፡ አርመምከ ፡ ይትበዋሕ ፡ ወይሜብል ፡ ላዕለ ፡ ኵሉ ፡
ሰብእ ። ወዝኩሰ ፡ ንጉሢ ፡ እኁሁ ፡ ውእቱ ፡ ለብፁዕ ፡ ላሊበላ ፡ ሶበ ፡
ሰምዓ ፡ ምክንያተ ፡ ነገር ፡ እዘዘ ፡ ከመ ፡ ያምጽእዎ ። እስመ ፡ እምቀ

ዲሙ፡ ይቀንዕ፡ እንበይነ፡ መንግሥቱ፡ ላዕለ፡ ላሊበላ፡ ወሖሩ፡ እለ፡
ተፈነዉ፡ እምኀበ፡ ንጉሥ፡ ወረከብዎ፡ ለብፁዕ፡ ላሊበላ፡ ወይቤ
3. ልዎ፡ ነዓ፡ ይቤ|ለከ፡ ንጉሥ። ወተስእሎሙ፡ ላሊበላ፡ ወይቤሎሙ፡
በእንተ፡ ምንት፡ ይጼውዓኒ፡ ንጉሥ፡ ሊተ፡ ለግፉዕ፡ ዘነበርኩ፡
እንዘ፡ እሰደድ፡ እምኀቤሁ፡ ወእምነ፡ ሐራሁ፡ እንዘ፡ አልቦ፡ ዘገ
በርኩ። ወይእዜኒ፡ አኮ፡ ለሠናይት፡ ዘይጼውዓኒ። ወይመስለኒሰ፡
ዘረከበ፡ አሐተ፡ ምክንያተ፡ በዘይዕብዓኒ። ወበእንተ፡ ዝንቱ፡ ተን
ሥአ፡ ልቡ፡ ላዕሌየ፡ ከመ፡ ያሕምመኒ። በከመ፡ ተንሥአ፡ ልበ፡
ሳኦል፡ ላዕለ፡ ዳዊት። ወኀሠሠ፡ ከመ፡ ይቅትሎ፡ እንበይነ፡ ቅን
ዓተ፡ መንግሥቱ። ወመኑ፡ ከሰበ፡ ዘነገሮ፡ ከመ፡ ሀሎኩ፡ ዝየ። አኮኑ፡
4. ነበርኩ፡ እንዘ፡ አዓይል፡ እምገዳም፡ ገዳመ። ወእምበዓታት፡ በዓ|ተ፡
እንዘ፡ እጐይይ፡ እምቅድመ፡ ገጹ፡ ለእኁየ። በከመ፡ ዳዊት፡ ጐየ፡
እምገጸ፡ ሳኦል፡ ሳኦልሰ፡ ወዳዊት፡ ኢኮኑ፡ አኀው፡ ቅሩባነ፡ በሥጋ፡
አላ፡ አንጋድ፡ እሙንቱ። ሳኦል፡ ወልደ፡ ቂስ፡ ዘእምነገደ፡ ብንያም።
ወዳዊት፡ ዘእምነገደ፡ ይሁዳ። ወአንሰ፡ እምእኁየ፡ ተሰደድኩ፡ ሀየ
ንተ፡ እምተፈሣሕኩ፡ በምንግሥቱ፡ ለእኁየ፡ ረከበኒ፡ ኀዘን፡ ብዙኅ።
ወሀየንተ፡ ዘእምአፍቀረኒ፡ ጸልዓኒ፡ እኁየ፡ ወይእዜኒ፡ ኦአኀውየ፡
ንግሩኒ፡ ለእመ፡ አእመርክሙ፡ በእንተ፡ ምንት፡ ምክንያት፡ ዘይጼ
ውዓኒ። ወይቤልዎ፡ ላዕከነ፡ ንጉሥ፡ ነዓ፡ ኦእኁነ፡ እምከመ፡ በጻሕከ፡
fol. 84; 1. ተአምር፡ ምክንያተ፡ ጽዋዔከ። ወ|ዘንተ፡ ብሂሎሙ፡ ወሰድዎ፡
ኀበ፡ ንጉሥ፡ ወአብጽሕዎ፡ ኀቤሁ። ወይቤሎ፡ ነጋሢ፡ ለምንት፡
ገበርከ፡ ከመዝ፡ ዘኢይከውን፡ ለገቢር፡ በመዋዕለ፡ መንግሥትየ።
ወለምንት፡ ዘነሣእከ፡ ወለተ፡ ዘተሐዐየት፡ ለካልእ፡ ብእሲ፡ ወይ
ቤሎ፡ ላሊበላ፡ ለነጋሢ፡ አብሐኒኬ፡ ከመ፡ እትናገር፡ ወይቤሎ፡ አበ
ሕኩከ፡ ተናገር። ወይቤ፡ ብፁዕ፡ ላሊበላ፡ አልቦ፡ እግዚኦ፡ አኮ፡
አነ፡ ዘነሣእኩ፡ ዘኢያብሐኒ፡ እግዚአብሔር። ወአልቦ፡ ዘተዓገል

ክም ፡ ወኢለመነሂ ፡ ወመጽኡ ፡ እልክቱ ፡ ሰብእ ፡ እለ ፡ አስተዋደ
ይዎ ፡ ቅድመ ፡ ኀበ ፡ ንጉሥ ፡ ወከኑ ፡ ስምዓ ፡ ላዕሌሁ ። ወይቤሉ ፡
ነሥአ ፡ ወለተ ፡ ዘተሐፅየት ፡ ለካ|ልእ ፡ ብእሲ ። ወዘንተ ፡ ሶበ ፡ ሰምዓ ፡ 2.
እኁሁ ፡ ንጉሥ ፡ አዘዘ ፡ ከመ ፡ ይግዝብጥዎ ፡ በጥብጣቤ ፡ ዘሐብል ።
ወከመዝ ፡ አኃዙ ፡ ሐራሁ ፡ ለንጉሥ ፡ ከመ ፡ ይግዝብጥዎ ፡ ለብፁዕ ፡
ላሊበላ ፡ ወላሊበላሰ ፡ አኃዘ ፡ ይብል ፡ እንዘ ፡ ድልው ፡ ለተቀሥፎ ።
ኪያከ ፡ ተወከልኩ ፡ እግዚኦ ፡ ወኢይትኃፈር ፡ ለዓለም ። ወበጽድ
ቅከ ፡ አንግፈኒ ፡ ወበልሐኒ ። አጽምዕ ፡ እዝነከ ፡ ኀቤየ ፡ ወፍጡነ ፡
አድኅነኒ ። ኩነኒ ፡ አምላኪየ ፡ ወመድኃንየ ። ወቤተ ፡ ፀወንየ ፡ ከመ ፡
ታድኅነኒ ። እስመ ፡ ኃይልየ ፡ ወፀወንየ ፡ አንተ ፡ ወበእንተ ፡ ስምከ ፡
ምርሐኒ ፡ ወሲሰየኒ ። ወአውፅአኒ ፡ እምዛቲ ፡ መሥገርት ፡ እንተ ፡ ኃ
ብኡ ፡ ሊተ ። እስመ ፡ አንተ ፡ | ረዳእየ ፡ እግዚኦ ። ውስተ ፡ እዴከ ፡ 3.
አመሐፅን ፡ ነፍስየ ፡ ቤዝወኒ ፡ እግዚአብሔር ፡ አምላከ ፡ ጽድቅ ። ወ
ክድነኒ ፡ በጽላሎተ ፡ ክነፊከ ። ወዘንተ ፡ እንዘ ፡ ይብል ፡ አኃዙ ፡ ይግዝ
ብጥዎ ፡ ሐራሁ ፡ ለንጉሥ ፡ ወንጉሥሰ ፡ አዚዞ ፡ ከመ ፡ ይቅሥፍዎ ፡
ሖረ ፡ ውስተ ፡ ቤተ ፡ ክርስቲያን ፡ ከመ ፡ ይትወጠው ፡ ቍርባነ ። ሶበ ፡
ወጠኑ ፡ ቀሢሮቶ ፡ ለላሊበላ ፡ ወኢያንተጉ ፡ ቀሢሮቶ ፡ እስከ ፡ ወፅአ ፡
ንጉሥ ፡ እምቤተ ፡ ክርስቲያን ፡ ተመጢዎ ፡ ቍርባነ ። ይቅሥፍዎ ፡
እንዘ ፡ ይትባረዩ ፡ በበ፰ ። ወእግዚአብሔርሰ ፡ ዘኢይገድፎሙ ፡ ለእለ ፡
ይትዌከሉ ፡ ቦቱ ፡ ፈነወ ፡ መልአከ ፡ ከመ ፡ ይሠውሮ ፡ በጽላሎተ ፡ ክነ
ፊሁ ፡ ብር|ሃናዊት ። ከመ ፡ ኢይርከቦ ፡ መቅሠፍቶሙ ፡ ለሐራ ፡ ንጉሥ ። 4.
ወወረደ ፡ ገዘኩ ፡ መልአከ ፡ ጽድቅ ፡ ወሠወሮ ፡ ለብፁዕ ፡ ላሊበላ ፡ በአ
ክናፊሁ ፡ ብሩሃት ። ወመልአከሰ ፡ ዓቃቢሁ ፡ ውእቱ ፡ ዘተውህበ ፡ እም
ኀበ ፡ እግዚአብሔር ፡ ከመ ፡ ይዕቀቦ ፡ በኵሉ ፡ መዋዕሊሁ ። ወንጉ
ሥሰ ፡ ሶበ ፡ ወፅአ ፡ እምቤተ ፡ ክርስቲያን ፡ ሰምዓ ፡ ድምፀ ፡ ጥብጣቤ ።
ወይቤሎሙ ፡ ለእለ ፡ ሀለዉ ፡ ምስሌሁ ። ምንትኑ ፡ ዝንቱ ፡ ድምፅ ፡

ዘእሰምዕ ። ወይቤልዎ ፡ አኮኑ ፡ አንተ ፡ አዘዝከ ፡ እንዘ ፡ ትበውእ ፡
ውስተ ፡ ቤተ ፡ ክርስቲያን ፡ ከመ ፡ ይቅሥፍዎ ፡ ለላሊበላ ፡ ወኪያሁኬ ፡
fol. 85; 1. ይቀሥፉ ፡ እስከ ፡ ይእዜ ፡ | ወደንገፀ ፡ ንጉሥ ፡ ወመሰሎ ፡ ዘይመውት ።
ወአዘዘ ፡ ከመ ፡ ይኅድግዎ ፡ ወኃደግዎ ፡ ሐራ ፡ ንጉሥ ። ወለብፁዕሰ ፡
ላሊበላ ፡ ኢረከቦ ፡ ወኢምንትኒ ፡ እምሕማማት ፡ ወአንከሩ ፡ ኵሎሙ ፡
ተዓይን ። ወንጉሥኒ ፡ አንከረ ፡ ወተደመ ፡ ሶበ ፡ ርእዮ ፡ ለእኁሁ ፡ ላሊ
በላ ፡ ከመ ፡ ኢለከፎ ፡ ወኢምንትኒ ፡ እምቅሥፈታት ። ወተመይጠ ፡
ላሊበላ ፡ ኀበ ፡ ሀለወት ፡ ብእሲቱ ። ወነገራ ፡ ኵሎ ፡ ዘከመ ፡ ረሰይዎ ፡
ወዘከመ ፡ አድኃኖ ፡ እግዚአብሔር ፡ እምቅሥፈታቲሆሙ ፡ ሠዊሮ ፡
በአክናፈ ፡ መልአኩ ፡ ብርሃናዊ ። ወአእኰትዎ ፡ ኅቡረ ፡ ለእግዚአብ
2. ሔር ፡ እንዘ ፡ | ይብሉ ፡ ይትባረክ ፡ እግዚአብሔር ፡ አምላከ ፡ እስራ
ኤል ። ዘተሠሃለነ ፡ ወገብረ ፡ መድኃኒተ ፡ ለሕዝበ ፡ ዚአሁ ። ወይትባ
ረክ ፡ ስመ ፡ ስብሐቲሁ ፡ ቅዱስ ። እስመ ፡ ውእቱ ፡ ኢይገድፎሙ ፡ ለ
እለ ፡ ይትዌከሉ ፡ ቦቱ ። ወረዳኢሆሙ ፡ ውእቱ ፡ ለኵሎሙ ፡ ለእለ ፡
ይገድፉ ፡ ሕሊናሆሙ ፡ ላዕሌሁ ። በከመ ፡ ይቤ ፡ እግዚእነ ፡ በአፈ ፡
ነቢዩ ፡ እስመ ፡ ብየ ፡ ተወከለ ፡ አድኅኖ ። ወእከድኖ ፡ እስመ ፡ አእመረ ፡
ስምየ ። ይጼውዓኒ ፡ ወእሠጠዎ ። ሀሎኩ ፡ ምስሌሁ ፡ አመ ፡ ምንዳ
ቤሁ ። አድኅኖ ፡ ወእሴብሖ ። ለነዋኅ ፡ መዋዕል ፡ አጸግቦ ። ወአርእዮ ፡
3. አድኅኖትየ ። ወይምላዕ ፡ ስ|ብሐቲሁ ፡ ለእግዚአብሔር ፡ ኵሎ ፡ ም
ድረ ፡ ለይኩን ፡ ለይኩን ። ወዘንተ ፡ ብሂሎሙ ፡ ነበሩ ፡ ከመ ፡ ይትና
ዘዙ ፡ በከመ ፡ ይትናዘዝ ፡ ፍቁር ፡ ምስለ ፡ ፍቁሩ ። ወአርከ ፡ ምስለ ፡ አ
ርኩ ። ወተናዘዘ ፡ ውእቱኒ ፡ በምዕዳነ ፡ ዚአሃ ፡ ወይእቲኒ ፡ ተናዘዘት ፡
በምዕዳነ ፡ ዚአሁ ። እስመ ፡ ድኅነ ፡ ምታ ፡ እመቅሠፍት ። እስመ ፡ አ
ብጽሖ ፡ ውስተ ፡ መቅሠፍት ፡ በእንቲአሃ ። በከመ ፡ ተቀሥፈ ፡ ክር
ስቶስ ፡ በእንተ ፡ ቤተ ፡ ክርስቲያኑ ፡ በከመ ፡ ይቤ ፡ ጳውሎስ ፡ ዘአፍ
ቀረ ፡ ብእሲቶ ፡ ርእሶ ፡ አፍቀረ ። ወዘንተ ፡ ሰሚዖ ፡ ላሊበላኒ ፡ ይልሕብ ፡

በፍቅረ፡ ዚአሃ። ወይእቲኒ፡ ንድፍት፡ ይእቲ፡ በፍቅረ፡ ዚአሁ። በ
ከ|መ፡ ታፈቅሮ፡ ቤተ፡ ክርስቲያን፡ ለክርስቶስ። ጸሎቶሙ፡ ወስእለ 4.
ቶሙ፡ ወበረከቶሙ፡ ወሀብተ፡ ረድኤቶሙ፡ ወተውከፈ፡ መሥዕ
ቶሙ፡ ወመዓዛ፡ ዕጣኖሙ፡ ዘዕሉድ፡ ውስተ፡ ስያሆሙ፡ ለ፳ወ፬ከ
ህናተ፡ ሰማይ። ወነጠብጣበ፡ ሐፎሙ፡ ዘበሰጊድ። ወፃመ፡ ድካሞሙ፡
ዘበቀዊም፡ ወጻሕቀ፡ ዚአሆሙ፡ ዘበትጋህ። ወነጸፍጸፈ፡ አንብዖሙ፡
ዘበእንተ፡ ፍቅረ፡ እግዚአብሔር። ወመፍቅደ፡ ሩጸቶሙ፡ ለገይሰ፡
ቤተ፡ ክርስቲያን፡ ወለናግዘ፡ ሙቁሐን። ወስነ፡ ይዋሂሆሙ፡ ዘይት
ሜሰል፡ ከመ፡ ይጥሄ፡ በግዕ። ወሀብተ፡ ምጽዋቶሙ፡ ዘኅቡእ፡ ወዘ
ክሡት። ወኵሉ፡ ጻሕቀ፡ ተ|ጸምዶቶሙ፡ ዘፃሩ፡ በሥጋሆሙ፡ ላሊ fol. 86; 1.
በላ፡ ወመስቀል፡ ክብራ፡ የሀሉ፡ ምስለ፡ ንግሥትነ፡ ወለተ፡ ኢየሱስ፡
ወምስለ፡ ወለታ፡ ኂሩተ፡ ሥላሴ፡ ወላዕለ፡ ኵሎሙ፡ እለ፡ ይትአመኑ፡
በኃይለ፡ ጸሎቶሙ፡ ለእሉ፡ ክልኤሆሙ፡ አዕናቍ፡ ዕዱላን፡ እለ፡ ያ
ዋክዩ፡ ወያበርሁ፡ በውስተ፡ ጽልመት፡ ይኩነነ፡ መርሃ፡ በኅበ፡ ኵሉ፡
ዘወፈርነ፡ ወበኅበ፡ ኵሉ፡ ዘአቶነ። በፍጽምነ፡ ወበከዋላነ፡ በይምንነ፡
ወበጽግምነ። እስከ፡ ለዓለመ፡ ዓለም፡ አሜን።

Lalibala retourne au désert avec sa femme.

ወእምዝ፡ ሐለየ፡ ላሊበላ፡ ኵሉ፡ ምንዳቤያቲሁ፡ ዘረከበ፡ እምኅበ፡
ኵሎሙ፡ አዝማዲሁ፡ ወእምኅበ፡ |ኵሎሙ፡ ሕዝብ፡ ዘተዓይነ፡ ኵ 2.
ርጓኔ፡ ዘንጉሥ። ወይቤላ፡ ለብእሲቱ፡ ንዒ፡ ንፃእ፡ ሐቅለ፡ ከመ፡
ናዕርፍ፡ እምኵሎሙ፡ ሰብእ፡ እለ፡ ይፃረሩነ። እስመ፡ ይኄይስ፡ ነ
ቢር፡ ምስለ፡ አራዊት፡ እምነቢር፡ ምስለ፡ ሰብእ፡ ዘግዕዙ፡ እኩይ።
ወዘንተ፡ ብሂሎ፡ ነሥአ፡ ለብእሲቱ። እስመ፡ ሠምረት፡ ብእሲቱኒ፡
በዝንቱ፡ ነገር። ወወፅአ፡ ምስሌሃ፡ ውስተ፡ ገዳም፡ ወነበሩ፡ ሀየኒ፡
በፍቅር፡ ጽፉቅ። እንዘ፡ እግዚአብሔር፡ የዓቅበሙ፡ ወይሜግበሙ፡

በኵሉ ፡ ውስተ ፡ ኵሉ ። ወእምዝ ፡ በአሐቲ ፡ ዕለት ፡ አመ ፡ ወዕኡ ፡
ውስተ ፡ ገዳም ፡ ወኃደሩ ፡ ውስተ ፡ አሐቲ ፡ በዓት ፡ | ወኃጥኡ ፡ ዘይዶ
ረሩ ። ወይቤላ ፡ ለብእሲቱ ፡ ተንሥኢ ፡ ንጸሊ ፡ ኀበ ፡ እግዚአብሔር ፡
ከመ ፡ የሀበነ ፡ ዘንዶረር ። ወትቤሎ ፡ ብእሲቱ ፡ አሆ ፡ እግዚእየ ።
ወጸለዩ ፡ እንዘ ፡ ይብሉ ፡ ሰፈሆሙ ፡ እደዊሆሙ ፡ ወአንቃዕዲሆሙ ፡
አዕይንቲሆሙ ፡ ላዕለ ፡ ሰማይ ፡ . . . .
fol. 87; 2. . . . . . ወእምዝ ፡ ሶበ ፡ ፈጸሙ ፡ ጸሎቶሙ ፡ አንሶሰወት ፡ መስቀል ፡
3. ክብራ ፡ ውስተ ፡ ውሣጤ ፡ በዓት ፡ ወረከበት ፡ በሀየ ፡ ጼርድክሴ ፡ ዓ|ቢየ ፡
ወዜነወቶ ፡ ለምታ ። ወአርአየቶ ፡ ዘረከበት ፡ በውስተ ፡ ውሣጤ ፡ በዓት ፡
ወነጸሮ ፡ ላሊበላ ፡ ብረክ ፡ ለእግዚአብሔር ፡ እንዘ ፡ ይብል ፡ ቡሩክ ፡
አንተ ፡ እግዚኦ ፡ ዘበልዑላን ፡ ተዓርፍ ፡ ወትሐቃን ፡ ትሬኢ ። . . .
4. . . . . ወእምዝ ፡ ነበሩ ፡ ክልኤሆሙ ፡ እምይእቲ ፡ ዕለት ፡ ው
ስተ ፡ ይእቲ ፡ በዓት ፡ ኀበ ፡ በጽሑ ፡ በይእቲ ፡ ዕለት ፡ እንዘ ፡ ይሴሰዩ ፡
ዘአቅረበ ፡ ሎሙ ፡ መንፈስ ፡ ቅዱስ ፡ እምአቃቂራተ ፡ ገዳም ፡ እንዘ ፡
fol. 88; 1. ይትሜሰልዎ ፡ ለመክብበ ፡ ነቢያት ፡ . . . . ወእሉኒ ፡
አፍሕርተ ፡ ነቢያት ፡ ላሊበላ ፡ ወመስቀል ፡ ክብራ ፡ ነበሩ ፡ እንዘ ፡ የዓ
ይሉ ፡ ውስተ ፡ አድባር ፡ ከመ ፡ ዖፍ ። ወእምዝ ፡ ተፈነዉ ፡ ሐራ ፡ ንጉሥ ፡
እለ ፡ የኃሥሥዎሙ ፡ ለላሊበላ ፡ ወለመስቀል ፡ ክብራ ፡ ውስተ ፡ ኵሉ ፡
አህጉር ፡ ወውስተ ፡ ኵሉ ፡ ገዳማት ፡ ወውስተ ፡ ኵሉ ፡ መካናት ። ከመ ፡
ይሞቅሕዎሙ ፡ ወከመ ፡ ይቅትልዎሙ ፡ በእንተ ፡ ቅንዓቶሙ ። እስመ ፡
አንሥኦሙ ፡ ሰይጣን ፡ ላዕለ ፡ አግብርተ ፡ እግዚአብሔር ፡ ከመ ፡ ያመ
ክርዎሙ ። ወእሙንቱሰ ፡ አግብርቲሆሙ ፡ ለሥሉስ ፡ ቅዱስ ። . . .
4. . . . . ወእሉሰ ፡ ዕበወ ፡
ገነት ፡ ላሊበላ ፡ ወመስቀል ፡ ክብራ ፡ ዖሩ ፡ ፍሬያተ ፡ ትዕግሥት ፡ ም
ስለ ፡ ኵሉ ፡ አቅማሐ ፡ ምግባራት ፡ ሠናይ ፡ ተወልቲዎሙ ፡ በፍቅረ ፡
እግዚአብሔር ። ወእልክቱሰ ፡ ሐራ ፡ ንጉሥ ፡ እለ ፡ ተፈነዉ ፡ ከመ ፡

ይኅሥሥዎሙ ፡ እንዘ ፡ ኢይረክብዎሙ ፡ ወኢይበጽሕዎሙ ። እስ
ተርአዮሙ ፡ መልአከ ፡ እግዚአብሔር ፡ በውስተ ፡ ገዳም ፡ ለላሊበላ ፡
ወለመስቀል ፡ ክብራ ፡ ወይቤሎሙ ፡ ናሁ ፡ ወፅአ ፡ ወዓልተ ፡ ንጉሥ ፡
ከመ ፡ ይኅሥሡክሙ ፡ ተንሥኡ ፡ እምዝየ ፡ ወንዑ ፡ ትልዉኒ ፡ ኀበ ፡
እመርሐክሙ ፡ ወውእቱሰ ፡ መልአክ ፡ ዘስሙ ፡ ገብርኤል ፡ ወዘአዕ
ረ|ጎሂ ፡ ለላሊበላ ፡ ውስተ ፡ ሰማይ ፡ ወዘሠወሮሂ ፡ አመ ፡ ፈቀዱ ፡ ይቅ fol. 89; 1.
ሥፍዎ ፡ ወዘተአዘዘሂ ፡ እምኀበ ፡ እግዚአብሔር ፡ ከመ ፡ ይዕቀቦ ፡ በ
ኵሉ ፡ መዋዕሊሁ ።

L'ange Gabriel annonce à Masqal Kebra le prochain départ de Lalibala pour Jérusalem.

ወተለውዎ ፡ ላሊበላ ፡ ወመስቀል ፡ ክብራ ፡ ለገብርኤል ፡ ዘመር 2.
ሆሙ ፡ ከመ ፡ ያድኅኖሙ ፡ ወይኅብአሙ ፡ እምሐራ ፡ ንጉሥ ፡ እለ ፡
ወፅኡ ፡ ከመ ፡ ይኅሥሥዎሙ ፡ ወአኮ ፡ መጠነ ፡ አሐተ ፡ ሰኩት ፡ ወኪ
ልእታ ፡ መሪሆ ፡ ዘኃደጎሙ ። አላ ፡ ወሰዶሙ ፡ እስከ ፡ አብጽሖሙ ፡
ብሔረ ፡ ምሥራቅ ። ወይእቲሰ ፡ ብሔር ፡ ጥንተ ፡ ክርስትና ፡ ይእቲ ፡
ዘምድረ ፡ ኢትዮጵያ ፡ ወአብጽሖሙ ፡ | ህየ ፡ ገብርኤል ፡ መልአክ ። 3.
ወይቤሎሙ ፡ ንበሩ ፡ ዝየ ፡ እስከ ፡ ትትፈለጡ ፡ አመ ፡ በጽሐ ፡ ፈቃደ ፡
እግዚአብሔር ፡ እስመ ፡ ሀለዎ ፡ ለብፁዕ ፡ ላሊበላ ፡ ከመ ፡ ይሑር ፡ ሀ
ገረ ፡ ኢየሩሳሌም ። ወአንቲሰ ፡ መስቀል ፡ ክብራ ፡ ትነብሪ ፡ ዝየ ፡ እስከ ፡
አመ ፡ ይትመየጥ ፡ እኁኪ ፡ ነጺሮ ፡ ኵሎ ፡ መካናተ ፡ ምሥጢር ፡ ዘእ
ግዚእነ ። . . . .
. . . . . . ወዘንቱ ፡ ሰሚዓ ፡ መስቀል ፡ ክብራ ፡ አኃዘት ፡ ትትከዘ ፡ በ 4.
እንተ ፡ ተፈልጦታ ፡ እምኁሃ ። ወሶበ ፡ ርእያ ፡ ገብርኤል ፡ መልአክ ፡ ለ
መስቀል ፡ ክብራ ፡ እንዘ ፡ ተኃዝን ፡ በእንተ ፡ ዝንቱ ፡ ነገር ፡ ይቤላ ፡
ለምንት ፡ ትበውኢ ፡ ኀዘነ ፡ ውስተ ፡ ልብኪ ። እስመ ፡ አኮ ፡ በሕቲትኪ ፡
ዘየኃድገኪ ፡ እግዚአብሔር ፡ አላ ፡ ተአዘዘ ፡ ለኪ ፡ እምኀቤሁ ፡ ለእግ

ዘኢአብሐር፡ሚካኤል፡መልአክ፡ዓቢይ፡ዘይቀውም፡በየማኑ፡ለእ
ኃዚ፡ኵሉ። መልአክ፡ኪዳኑ፡ውእቱ፡ዘሥዩም፡ዲበ፡ኃይላቲሁ፡
ከመ፡ይዕቀብኪ። ወአነ፡ተአዘዝኩ፡ከመ፡እዕቀብ፡ለምትኪ። ወዘ
ንተ፡ብሂሎ፡ተሠወሮሙ።

RETOUR DE LALIBALA EN ÉTHIOPIE.

fol. 110; 1. fol. 109; 4 ወዘንተ፡ብሂሎ፡አንሶሰወ፡ብፁዕ፡| ላሊበላ፡ለተመ
ዶጦ፡ውስተ፡ብሔረ፡ኢትዮጵያ፡ኀበ፡ሀለዋ፡እላንቱ፡አብያተ፡
ክርስቲያናት፡እለ፡ተብህለ፡ሀለዎን፡ይትሐነጻ፡እንበለ፡ዕፅ፡ወመ
ሬት፡እንበለ፡ሐብል፡ወመዋጽሕት። ወእምዝ፡ነሥአ፡ገብርኤል፡
ወያሮ፡ዲበ፡አክናፊሁ፡ብሩሃት፡ወሰረረ፡መልዕልተ፡ዓየር፡ወአ
ብጽሖ፡ውስተ፡ብሔር፡ኀበ፡ሀለወት፡መስቀል፡ክብራ። ወይእ
ቲሰ፡ብሔር፡ጥንተ፡ክርስትና፡ይእቲ፡እምነ፡አህጉራተ፡ኢትዮ
ጵያ። ወመስቀል፡ክብራ፡ሀለወት፡ትትናዘዝ፡ምስለ፡ሚካኤል፡
እንዘ፡ይዜንዋ፡ምጽአቶ፡ለምታ፡ወብጽሐቶ፡በይእቲ፡ዕለት፡ዘ
2. ከመ፡ይበጽሕ። ወሶ|ቦ፡በጽሐ፡ሰዓተ፡ብጽሐቱ፡ይቤላ፡ተደለዊ፡
ለተረክቦ፡ምትኪ። ወእንዘ፡ዘንተ፡ይቤላ፡በጽሐ፡ገብርኤል፡እንዘ፡
ይፀውሮ፡ለላሊበላ፡ወአንበሮ፡ቅድመ፡ገጻ፡ለመስቀል፡ክብራ፡
ወተንሥአት፡መስቀል፡ክብራ፡በፍሥሓ፡ወሐቀፈቶ፡ክሳዶ፡ወአ
ምኃቶ፡በፍቅር፡ዓቢይ፡ወአንገርገረት፡በቅድሜሁ፡ለገብርኤል፡
እንዘ፡ትሰግድ፡ወትብል፡ሰላም፡ለመልአክ፡ጽድቅ፡ሰላም፡ለመ
ልአክ፡ብርሃን። ቀዲሙኒ፡ሰማዕኩ፡በእንቲአከ፡ከመ፡አብሳሬ፡ፍ
ሥሓ፡ወዜናዌ፡ትፍሥሕት፡አንተ። ወከመዝ፡ብሂላ፡አምኃቶ።
3. እስመ፡ረከበት፡ፍሥሓ፡በነጽሮቶ|ሙ፡ለክልኤሆሙ፡ሊቃን፡መ
ላእክት። ወበነጽሮቱኒ፡ለምታ። እስመ፡በህየ፡ተራከቡ፡መልአክ፡
ምስለ፡ሰብእ። ወበህየ፡ኮኑ፡አሐደ፡መርዔተ፡ወአሐደ፡ነገደ፡እ

መሬታውያን ፡ ክልኤቱ ፡ ላሊበላ ፡ ወመስቀል ፡ ክብራ ፡ ወእምእሳታ
ውያን ፡ ክልኤቱ ፡ ሚካኤል ፡ ወገብርኤል ፡ ወከመዝ ፡ አርባዕቲሆሙ ፡
እኃዙ ፡ ይትናገሩ ፡ ዕበያቲሁ ፡ ለእግዚአብሔር ፡ ዘከመ ፡ ርእየ ፡ ላሊ
በላ ፡ ነገራ ፡ ኵሎ ፡ ነገራተ ፡ ምሥጢር ፡ በኢየሩሳሌም ፡ እንተ ፡ በው
ስቴቶን ፡ ተገብረ ፡ መድኃኒት ። ዘርእየሂ ፡ በራዕየ ፡ ሌሊት ፡ ኵሎ ፡ ቅ
ሥፈታቲሁ ፡ ለመድኃ|ኒን ፡ ነገራ ። ወይእቲኒ ፡ ነገረቶ ፡ ኵሎ ፡ ንብረታ ፡ 4.
ዘከመ ፡ ነበረት ። ወራእየኒ ፡ ዘርእየ ፡ ምታ ፡ ይእቲኒ ፡ ርእየት ፡ ወአልቦ ፡
ወኢአሐዱሂ ፡ ዘተሠወራ ፡ እምኵሉ ፡ ምሥጢራት ። እስመ ፡ በአ
ሐቲ ፡ ሌሊት ፡ ርእዩ ፡ ክልኤሆሙ ። ወላሊበላኒ ፡ እንዘ ፡ ሀሎ ፡ በኢ
የሩሳሌም ፡ ወመስቀል ፡ ክብራኒ ፡ እንዘ ፡ ሀለወት ፡ በኢትዮጵያ ፡ ርእ
የት ፡ ኵሎ ፡ ምሥጢራተ ፡ ዘርእየ ፡ ምታ ፡ በኢየሩሳሌም ። ወከመዝ ፡
ተዜያኒዎሙ ፡ እኃዙ ፡ ይሰብሕዎ ፡ ለእግዚአብሔር ፡ በስባሔ ፡ መን
ክር ፡ ምስለ ፡ እልክቱ ፡ ክልኤሆሙ ፡ ሊቃነ ፡ መላእክት ። እንዘ ፡ ይብሉ ፡
ይባርክዎ ፡ ኵሉ ፡ ግብረ ፡ እግዚእ ፡ ለእግዚአብሔር ። ስቡሕኒ ፡ |ው fol. 111; 1.
እቱ ፡ ወልዑልኒ ፡ ውእቱ ፡ ለዓለም ። ይባርክዎ ፡ ደቂቀ ፡ እጓለ ፡ እመ
ሕያው ፡ ለእግዚአብሔር ፡ ስቡሕኒ ፡ ውእቱ ፡ ወልዑልኒ ፡ ውእቱ ፡ ለ
ዓለም ። ይባርክዎ ፡ መላእክተ ፡ እግዚእ ፡ ለእግዚአብሔር ፡ ስቡሕኒ ፡
ውእቱ ፡ ወልዑልኒ ፡ ውእቱ ፡ ለዓለም ። ወከመዝ ፡ በረክዎ ፡ አርባዕቲ
ሆሙ ፡ ቶሲሖሙ ፡ ቡራኬ ፡ መላእክት ፡ ወሰብእ ። እስመ ፡ በህየ ፡ እመ
ኀበሩ ፡ ክልኤቱ ፡ ነገድ ፡ ዘላዕሉ ፡ ወዘታሕቱ ። ወእማንቱሰ ፡ አንስት ፡
ዘአማኀፀና ፡ ሚካኤል ፡ ለመስቀል ፡ ክብራ ፡ ኀቤሆን ፡ ከመ ፡ ይዕቀብዋ ፡
ወበይእቲ ፡ ዕለት ፡ አስተርአዮን ፡ እንዘ ፡ ይጸንሐሁ ፡ እስከ ፡ |ይትመ 2.
የጥ ፡ በከመ ፡ ይቤሎን ። ወሰበ ፡ ርእያሁ ፡ አኃዛ ፡ ይትፌሥሓ ። ወእም
ኃሁ ፡ በፍቅር ፡ እንዘ ፡ ይብላ ፡ ዳኅንኑ ፡ ንግደትከ ፡ አወሬዛ ፡ ሠናየ ፡
ራእይ ፡ ብእሴ ፡ አምላክ ። ወይቤሎን ፡ ሚካኤል ፡ ዳኅን ፡ ለይረሲ ፡ ኪ
ያክን ፡ አፍቁራተ ፡ እግዚአብሔር ፡ አይቴኑ ፡ ሀለወት ፡ ዘአማኀፀንኩ

ክን ። ወሶበ ፡ ይቤሎን ፡ ከመዝ ፡ ሖሩ ፡ ከመ ፡ ይጸውዓሃ ፡ እምነበ ፡
ሀለወት ። እስመ ፡ ውስተ ፡ ካልእ ፡ መካን ፡ ሀለወት ፡ ምታ ። ወእማን
ቱሰ ፡ አንስት ፡ ኢያእመራሁ ፡ ለምታ ፡ እስመ ፡ ኢርእያሁ ፡ ቀዲሙ ፡
3. አላ ፡ ሚካኤል ፡ በሕቲቱ ፡ አማኅፀኖን ፡ ወላሊበላ ፡ |እስመ ፡ ሖረ ፡ ሀ
ገረ ፡ ኢየሩሳሌም ፡ ምስለ ፡ ገብርኤል ፡

RÉCONCILIATION DE LALIBALA AVEC SON FRÈRE QUI LUI CÈDE LE TRÔNE.

4. ወዕአ ፡ ከመ ፡ ይሑሩ ፡ ፍኖቶሙ ፡ አርባዕቲሆሙ ፡ መስቀል ፡
ክብራ ፡ ወላሊበላ ፡ ሚካኤል ፡ ወገብርኤል ፡ እንዘ ፡ ይመርሕዎሙ ።
fol. 112; 1. ወሶበ ፡ ርኅቁ ፡ ንስቲተ ፡ እምነ ፡ | ሀገር ፡ ነሥእዎሙ ፡ ሚካኤል ፡
ወገብርኤል ፡ ዲበ ፡ አክናፊሆሙ ፡ ብሩሃት ፡ ወአብጽሕዎሙ ፡ ቅ
ሩበ ፡ ኀበ ፡ ሀለወ ፡ ንጉሥ ፡ እኁሁ ፡ ለላሊበላ ፡ ዘስሙ ፡ ሐርበይ ፡ በ
ከመ ፡ ነገርኩክሙ ፡ ቅድመ ። ወእንዘ ፡ ሀለዉ ፡ ላሊበላ ፡ ወመስቀል ፡
ክብራ ፡ ኀበ ፡ አብጽሕዎሙ ፡ መላእክት ፡ ቅሩበ ፡ ሀገር ፡ እንዘ ፡ ሀለወ ፡
ንጉሥ ፡ መጽአ ፡ ሌሊተ ፡ እግዚእነ ፡ ኢየሱስ ፡ ክርስቶስ ፡ ኀበ ፡ ንጉሥ ፡
ወአደንገፆ ፡ በንዋሙ ፡ በእንተ ፡ ዘአኅሠመ ፡ ቀዲሙ ፡ ላዕለ ፡ እኁሁ ፡
ላሊበላ ፡ ወገሠፆ ፡ ብዙኀ ፡ በእንቲአሁ ። በከመ ፡ ገሠፆ ፡ ለላባ ፡ ከመ ፡
ኢያኅሥም ፡ ላዕለ ፡ ያዕቆብ ፡ አመ ፡ ዴገኖ ። ወከማሁ ፡ ገሠፆ ፡ ለው
2. እቱኒ ፡ ንጉሥ ፡ ዘውእቱ ፡ እኁሁ ፡ ለላሊበ|ላ ፡ ወነገሮ ፡ ከመ ፡ ተፈጸ
መት ፡ መዋዕለ ፡ መንግሥቱ ፡ ወተውህበት ፡ ለላሊበላ ፡ አኮ ፡ በእንተ ፡
ክብረ ፡ ዓለም ፡ አላ ፡ በእንተ ፡ አብያተ ፡ ክርስቲያናት ፡ ዘሀለዎን ፡ ይ
ትሐነጻ ፡ እንበለ ፡ ዕፅ ፡ ወመሬት ፡ ወአዘዞ ፡ ከመ ፡ ይትቀበሎ ፡ ለእኁሁ ።
ወነገሮ ፡ ሀገሮኒ ፡ ኀበ ፡ ሀለወ ፡ ላሊበላ ፡ ወይቤሎ ፡ ሑር ፡ ተቀበሎ ፡
በክብር ፡ ዓቢይ ፡ ወበፍሥሓ ፡ ወበማኅሌት ፡ መንፈሳዊ ፡ እስመ ፡ አነ ፡
ቀባዕክዎ ፡ ቅብዓ ፡ ቅዱሰ ፡ ቅብዓ ፡ መንግሥት ፡ መንፈሳዊ ፡ በከመ ፡
ይደልዎሙ ፡ ለነገሥት ፡ እለ ፡ ተኀርዩ ፡ እምከርሠ ፡ እሞሙ ። ወተቀ

ው፡ ቅብዓ፡ መንግሥት፡ ዘይበቍዕ፡ ለአኂዝሞ፡ ፍትሐ፡ ወለመ
ኦ፡ | ዕልዋን። ወይእዜኒ፡ ሑር፡ ተቀበሎ፡ በከመ፡ እቤለከ፡ በኵ 3.
ር፡ ወበፍሥሓ። ወኢይኅዝን፡ ልብከ፡ እንበይነ፡ መንግሥትከ፡ እ
መ፡ ተውህበት፡ ለላሊበላ፡ ወአኮ፡ በእንተ፡ መንግሥት፡ ዘበምድር፡
ላፊ፡ ዘወሀብክዎ፡ መንግሥተ። አላ፡ በእንተ፡ ሕንጻ፡ አብያተ፡
ርስቲያናት። ወአንተሂ፡ ኅሥሥ፡ መንግሥተ፡ ሰማያት፡ ዘኢያኅ
ፍ። መንግሥትሰ፡ ዘበምድር፡ ኃላፊ፡ ውእቱ። ወበሕቱ፡ ተንሢ
ከ፡ ሑር፡ ወተቀበሎ፡ ለእኁከ፡ በዛቲ፡ ዕለት፡ ሶበ፡ በጽሐ። ወአን
ሮ፡ ዲበ፡ መንበረ፡ መንግሥትከ፡ እንዘ፡ ትባርኮ፡ በበረከት፡ ሰማ
ዊት። ወለሊከ፡ በእደዊከ፡ ላጽያ፡ ለሥዕርተ፡ | ርእሱ፡ አመ፡ ዕለተ፡ 4.
ነብሮ፡ ዲበ፡ መንበረ፡ መንግሥት፡ በከመ፡ ይደሉ፡ ለመርዓ፡ መ
ግሥት። ወዘንተ፡ ብሂሎ፡ እግዚእነ፡ ኢየሱስ፡ ክርስቶስ፡ በራእየ፡
ሌሊት፡ ተሠውሮ። ወእምዝ፡ ነቅሐ፡ ንጉሢ፡ እንዘ፡ ይርዕድ፡ ወያን
ለቅል፡ አዕዕምቲሁ፡ እምራእየ፡ ግርማሁ፡ ለዘአስተርአዮ። ወፈ
ሃ፡ እምቃለ፡ ተግሣጽ፡ ዘገሠፆ። ወተንሢኦ፡ ሰገደ፡ ንጉሢ፡ እንዘ፡
ብል፡ አእግዚኦ፡ ሶበ፡ አስተርአይከኒ፡ በራእየ፡ ሌሊት፡ ወገሠፅ
ኒ፡ በእንተ፡ ዘአሕሰምኩ፡ ቀዲሙ፡ ላዕለ፡ እኁየ። እርዓደኒ፡ ግር
ማከ፡ ወመሰወኒ፡ ቃለ፡ ተግሣጽከ። እፎ፡ እክል፡ እቁም፡ ቅድመ፡
ጽከ፡ በዕሪተ፡ ኩነኔ፡ | ዓቢይ፡ እምዕፁብ፡ አመ፡ ይድኅኑ፡ ጻድቃን፡ fol. 113; 1.
፡ ኃጥእ፡ በይእቲ፡ አስተርእዮ፡ ሀለወኒ፡ ወእይኑ፡ መከን፡ ይሄው
ኒ፡ . . . .
. . . . ወዘንተ፡ ብሂሎ፡ ውእቱ፡ 2.
ጉሢ፡ ጸውዖሙ፡ ለኵሎሙ፡ ሐራሁ፡ ወበጽሑ፡ ኀቤሁ፡ ኵሎሙ፡
ዓልያኒሁ፡ ለንጉሢ፡ ወኵሎሙ፡ ተዓይኒሁ፡ ተጋብኡ፡ በትእዛዙ፡
ነገሮሙ፡ ዘከመ፡ አስተርአዮ፡ እግዚአብሔር፡ ወዘከመ፡ ገሠጾ፡
እንተ፡ ዘአኅሠመ፡ ቀዲሙ፡ ላዕለ፡ እኁሁ፡ | ወነገሮሙ፡ ከዐበ፡ ዘ 3.

ከመ፡ ተውህበ፡ መንግሥቱ፡ ለላሊበላ፡ እኁሁ። ወይቤሎሙ፡ ተን
ሥኡኬ፡ ንሑር፡ ወንትቀበሎ፡ እስመ፡ ከማሁ፡ አዘዘኒ፡ እግዚአብ
ሔር፡ ከመ፡ እትቀበሎ፡ ወከመ፡ አንብሮ፡ ዲበ፡ መንበረ፡ መንግሥ
ትየ። ወኮመ፡ ለልየ፡ በእዴየ፡ እቅርጽ፡ ሥዕርቶ፡ በከመ፡ ይደሉ፡
ለመርዓ፡ መንግሥት። ወይቤልዎ፡ ሐራሁ፡ ምንትኑ፡ ዝንቱ፡ ነገር፡
ዘንሰምዕ፡ እምኔከ፡ እስመ፡ ትሰብረ፡ ልብነ፡ በኃዘን፡ እንበይነ፡ መን
ግሥትከ፡ እስመ፡ በሕይወትከ፡ ተኀድጋ። ወይቤሎሙ፡ ነጋሢ፡ ሊ
ተሰ፡ ፍሥሓ፡ ከነኒ፡ ኅዲግ፡ መንግሥት። ወለእመሰ፡ አእመርኩ፡
4. ዘከመዝ፡ ድንጋጼ፡ ቀዲ|ሙኒ፡ እምኢነበርኩ፡ ዲበ፡ መንበረ፡ መንግ
ሥት፡ እስመ፡ ግርማሁ፡ አደንገፀኒ፡ ለዘአስተርአየኒ፡ ትማልም፡ በራ
እየ፡ ሌሊት። ወንቂሕየ፡ ስዕንኩ፡ ቀዊመ፡ ወተናግሮ፡ እስመ፡ ብሕመ፡
ልሳንየ፡ ወበእንተዝ፡ ተበትከ፡ ፍቅረ፡ መንግሥት፡ እምሥርወ፡ ል
ብየ። እስመ፡ ተዘከርክዋ፡ ለሰዓት፡ ደይን፡ ዘአልቦቱ፡ አድልዎ፡ ኢ
ለነገሥት፡ ወኢለመኳንንት፡ ኢለባዕል፡ ወኢለነዳይ፡ ዘእንበለ፡
ባሕቲቱ፡ ምግባሩ፡ ዘያደሉ፡ ሎቱ። ወዘአስተርአየኒ፡ ይቤለኒ፡ መን
ግሥትሰ፡ ዘበምድር፡ ኃላፊ፡ ውእቱ፡ ኅሥሥ፡ መንግሥተ፡ ሰማያት።
fol. 114; 1. ወዘንተ፡ ብሂሎ፡ ተንሥአ፡ ነጋሢ፡ እንዘ፡ ያንሶሱ፡ በእገሪሁ፡|ወተ
ለውዎ፡ ኵሎሙ፡ ሐራሁ፡ ወኖሎት፡ አብቅልትሂ፡ እንዘ፡ ይረውጹ፡
ድኅሬሁ። ወሐራሁኒ፡ እንዘ፡ ያጌብርዎ፡ ከመ፡ ይጼዓን። ወውእቱሰ፡
ዓበዮሙ፡ እንዘ፡ ይብል፡ ኢይጼዓን፡ አንሰ፡ እስከ፡ እረክቦ፡ ለእኁየ፡
ከመ፡ ይትኃደግ፡ ሊተ፡ ዘቀዲሙ፡ ኃጢአትየ፡ ዘአኅሠምኩ፡ ላዕለ፡
እኁየ። ወከመዝ፡ አንሶሰወ፡ በእገሪሁ፡ እስከ፡ ረከቦ፡ ለእኁሁ። ወ[ለ]ላ
ሊበላኒ፡ ይቤሎ፡ ገብርኤል፡ ተንሥእ፡ ተራከቦ፡ ለእኁከ፡ እስመ፡
ናሁ፡ መጽአ፡ እንዘ፡ ያንሶሱ፡ በእገሪሁ፡ ወበፅዓ፡ እንዘ፡ ይብል፡ ኢ
ይጼዓን፡ ዲበ፡ በቅልየ፡ እስከ፡ እረክቦ፡ ለእኁየ። ወተንሥአ፡ ላሊ
2. በላ፡ ወአንሶሰወ፡ በፍኖት፡ እንተ፡ ባቲ፡ ይመጽእ፡ እ|ኁሁ፡ ንጉሥ፡

ወተናጸሩ፡ ክልኤሆሙ። ወሰገደ፡ ንጉሥ፡ ቅድመ፡ ሶበ፡ ነጸሮ፡ ለላ
ሊበላ፡ ወሰገደ፡ ላሊበላ፡ ወተንሢኦ፡ ተአምኁ፡ በበይናቲሆሙ፡ በ
ፍቅር፡ ፍጹም። ወተግኅሡ፡ እምፍኖት፡ ወነበሩ፡ ክልኤሆሙ፡ ወለ
እለ፡ ይቀውሙ፡ ቅድሜሁ፡ አዘዞሙ፡ ንጉሥ፡ ከመ፡ ይሰስሉ። ወሰ
ሰሉ፡ ሐራሁ፡ እምቅድሜሁ። ወአኀዘ፡ ንጉሥ፡ ይትናገር፡ ምስለ፡
ላሊበላ፡ እኁሁ፡ ከመ፡ ያስተስሪ፡ ሎቱ፡ በእንተ፡ ዘሰደዶ፡ ቀዲሙ፡
ወአስተሰረየ፡ ሎቱ፡ እኁሁ። ወእምድኅረዝ፡ ተናገሩ፡ ክልአ፡ ዘሀሎ፡
ውስተ፡ ልቦሙ፡ ንጉሥኒ፡ ወላሊበላኒ፡ ወነገሮ፡ ንጉሥ፡ ለላሊበላ፡
ዘከመ፡ አስተርአዮ፡ በራእ|የ፡ ሌሊት፡ ወዘከመ፡ አዘዘ፡ ከመ፡ ያን 3.
ብሮ፡ ዲበ፡ መንበረ፡ መንግሥት። ወላሊበላኒ፡ ነገሮ፡ ዘከመ፡ ቀብዖ፡
ቅብዐ፡ መንግሥት፡ ወዘከመ፡ ሰመየ፡ ሎቱ፡ ስመ፡ መንግሥቱ።
ወዘንተ፡ ኵሉ፡ እንዘ፡ ይነግሮ፡ ላሊበላ፡ ለእኁሁ፡ በኁፋሬ፡ ይትና
ገር፡ እንዘ፡ ይብል፡ አኮ፡ ለክብረ፡ ዓለም፡ ዘይቤለኒ፡ ከመ፡|እንበር፡
ዲበ፡ መንበርከ፡ አላ፡ በእንተ፡ አብያተ፡ ክርስቲያናት፡ ዘሀሎዎን፡
ይትከሠታ፡ በእደ፡ ገብርከ፡ ኃጥእ። ወይቤሎ፡ አንኒ፡ አእመርኩ፡
ዘንተ፡ አእኁየ፡ ለይሡቅ፡ መንበረከ፡ በጽድቅ፡ እግዚአ፡ ኃይላን፡
ወንጉሠ፡ እስራኤል። በከመ፡ ሦቀ፡ መንበሮ፡ ለዳዊት፡ ገብሩ፡ ወለ
ሰሎ|ሞን፡ ወልዱ። ወዘንተ፡ ብሂሎ፡ ተንሥአ፡ ነጋሢ። ወእኁሁኒ፡ 4.
ወአንሶሰዉ፡ ኅቡረ፡ ተዕዲዎሙ፡ ክልኤሆሙ፡ ዲበ፡ በቅለ፡ ነጋሢ፡
ወበጽሑ፡ ኀበ፡ ታዕካ፡ መንግሥት፡ ወቦኡ፡ ውስተ፡ ቤተ፡ ንጉሥ፡
ወአዘዘ፡ ነጋሢ፡ ከመ፡ ይትጋብኡ፡ ኵሎሙ፡ ሠራዊቱ፡ ወሠርዓ፡
ሕገ፡ ለመርዓ፡ መንግሥት። ወነሥአ፡ ንጉሥ፡ መላጼ፡ በእዴሁ፡
ወቀረፀ፡ ሥዕርቶ፡ ለላሊበላ፡ ወአንበሮ፡ ዲበ፡ መንበረ፡ መንግሥት፡
ወአያደ፡ ዓዋዴ፡ እንዘ፡ ይብል፡ ንግሠ፡ ላሊበላ፡ በፈቃደ፡ እግዚአ
ብሔር። ወአዘዘ፡ እኁሁ፡ ከመ፡ ይትኰነኑ፡ ኵሉ፡ ሕዝብ፡ ለላሊ
በላ፡ ወኵሎ፡ ዘይደሉ፡ ለንጉሥ፡ ሎቱ፡|የሀቡ፡ ወፍትሐኒ፡ ኀቤሁ፡ fol. 115; 1.

ያብኡ ። ወሰመዮ ፡ እኁሁ ፡ ስመ ፡ መንግሥቱ ፡ ገብረ ፡ መስቀል ፡ በ
ከመ ፡ ሰመዮ ፡ እግዚ.አብሔር ፡ እምቅድመ ፡ ይንበር ፡ ዲበ ፡ መንበረ ፡
መንግሥት ። ወላሊ.በላሰ ፡ አመ ፡ ነበረ ፡ ዲበ ፡ መንበረ ፡ መንግሥት ፡
አኀዘ ፡ ይጸመድ ፡ ለጽሙና ፡ ዘየዓቢ ፡ እምጽሙነ ፡ መነከሳት ። እ
ስመ ፡ ይእቲ ፡ ሢመት ፡ መንግሥት ፡ ከነቶ ፡ ከመ ፡ ሢመተ ፡ ምንኵ
ስና ፡ እስመ ፡ ተወድየ ፡ ውስተ ፡ ልቡ ፡ መልሕቀ ፡ ትሕትና ፡ ወእም
አመ ፡ ነግሠ ፡ ኢ.በልዓ ፡ እማዕደ ፡ መንግሥቱ ። አላ ፡ ቦቱ ፡ አሐዱ ፡
2. ረድእ ፡ ዘስሙ ፡ ክርስቶስ ፡ ኀረዮ ፡ ወውእቱ ፡ ረድእ ፡ ይሜኒዮ ፡ | ሎቱ ፡
ግብረ ፡ እደዊሁ ፡ ወያሁብ ፡ ሲሳዮ ፡ ኅብስተ ፡ ይቡሰ ፡ በጸብሐ ፡ አሕ
ማል ፡ ፈቲቶ ፡ ሠለስተ ፡ አፍዕምተ ። ወኢ.ይዌስክ ፡ እምዝ ፡ ካልአ ፡
መባልዕተ ። ወስቴሁኒ ፡ ምልዓ ፡ አሐቲ ፡ ጽዋዕ ። ወጽዋዑኒ ፡ ንስቲት ፡
ይእቲ ፡ ወኢ.ታረዊ ። ወከመዝ ፡ ነበረ ፡ በኵሉ ፡ መዋዕለ ፡ ሕይወቱ ፡
እምአመ ፡ ነግሠ ፡ እስከ ፡ አመ ፡ ፈለሰ ። ወእምዝ ፡ ኮነ ፡ አሐተ ፡ ዕለተ ፡
እንዘ ፡ ይፈቅድ ፡ ላሊ.በላ ፡ ከመ ፡ ይደረር ፡ መጽኡ ፡ ሠለስቱ ፡ አኃው ፡
ቅሩብ ፡ ጽርሐ ፡ መንግሥቱ ፡ ኅበ ፡ ይረፍቅ ፡ ወእቱ ። ወእልክቱሰ ፡
ሠለስቱ ፡ አኃው ፡ ሰአልዎ ፡ እንዘ ፡ ይብሉ ፡ ሀበነ ፡ እግዚ.እነ ፡ ዘንበ
3. ልዕ ፡ እስመ ፡ አልብነ ፡ ዘንዴረር ፡ ዮም ። | ወዘንተ ፡ ሰበ ፡ ይቤሉ ፡ አ
ሐዱ ፡ ወሀበ ፡ ላሊ.በላ ፡ አሐደ ፡ አፍዕምተ ፡ እምድኅረ ፡ አኃዘ ፡ ከመ ፡
ይትፈዓም ። ወካልኡኒ ፡ ሰአሎ ፡ ክማሁ ፡ ወሎቱኒ ፡ ወሀበ ፡ ካልአ ፡ አፍ
ዕምተ ። ወሣልሱኒ ፡ ሰአሎ ፡ ከማሁ ። ወአዘዘ ፡ ለረድኡ ፡ ከመ ፡ የሀበ ፡
ሎቱ ፡ ሣልሳየ ፡ አፍዕምቶ ። ወተፈጸመ ፡ ሲሳዩ ፡ ለገብረ ፡ መስቀል ፡
እስመ ፡ ኢ.ይበልዕ ፡ እንበለ ፡ ሠለስቱ ፡ አፍዕምት ። ወሶበ ፡ ርእየ ፡ ረ
ድኡ ፡ ከመ ፡ ኀልቀ ፡ ዘይሴሰይ ፡ ገብረ ፡ መስቀል ፡ ነሥአ ፡ ቅራፌ ፡
ውእቱ ፡ ኅብስት ፡ ወፈተተ ፡ ወአርሐሰ ፡ በጸብሐ ፡ ስልቆ ፡ ሐምል ።
ወወሀበ ፡ ለላሊ.በላ ፡ ወኢ.ነሥአ ፡ ወዓበዮ ፡ እንዘ ፡ ይብል ፡ እመሰ ፡
4. ሠለስተ ፡ አፍዕምተ ፡ ዘእሴ | ሰይ ፡ ተወክፈ ፡ ሊተ ፡ በእደ ፡ አግብርቲሁ ፡

እፎኬ፡ እበልዕ፡ ካልአነ፡ ፍተታተ። ወእመሰ፡ በላዕኩ፡ ዘንተ፡ ዘትሁ
በኒ፡ ይከውነኒ፡ ከመ፡ ዘኢ.ወሀብኩ። እስመ፡ በላዕኩ፡ ካልአ፡ ሀየንተ፡
ዘወሀብኩ። ወዘንተ፡ ተናገረ፡ ገብረ፡ መስቀል፡ ምስለ፡ ረድኡ፡ ወ
ቤተ፡ ጽውሙ። ነፍሱሰ፡ ጽግብት፡ እምእከለ፡ መንፈስ፡ ቅዱስ፡ ዘ
ውእቱ፡ ቃለ፡ እግዚ.አብሔር፡ እስመ፡ ፈጸማ፡ ለቃል፡ ዘተብህለት፡
እምአፈ፡ ሐዋርያ፡ አፍቅሩ፡ ቢ.ጽክሙ፡ እምርእስ[ክ]ሙ፡ ፈድፋደ።
አማንኬ፡ ተፈጸመት፡ ዛቲ፡ ቃል፡ በላዕለ፡ ገብረ፡ መስቀል፡ ለሊ.ሁ፡
ከመ፡ ይርኀብ፡ ለበዕዳን፡ ያጸግብ፡ ወለሊ.ሁ፡ ከመ፡ ይጽማዕ፡ | ለበዕ fol. 116; 1.
ዳን፡ ያረዊ። በከመ፡ ይቤ፡ እግዚ.እን፡ በወንጌል፡ ብፁዓን፡ እለ፡ ይር
ኅቡ፡ እስመ፡ እሙንቱ፡ ይትፌሥሑ፡ ወይጸግቡ። ዛተ፡ ቃለ፡ ከመ፡
ይፈጽም፡ ወሀበ፡ ገብረ፡ መስቀል፡ ሠለስተ፡ አፍዕምተ፡ ዘይሴሰይ፡
ለሊ.ሁ። አከ፡ ኃጢ.አ፡ ዘይሁብ፡ እንዘ፡ ንጉሥ፡ ውእቱ፡ አላ፡ ከመ፡
ይትመዘገን፡ በኀበ፡ እግዚ.አብሔር፡ ወሀበ፡ ሲሳዮ። ወእምዝ፡ አ
ዘዘ፡ ለረድኡ፡ ከመ፡ የሀበሙ፡ ለእልክቱ፡ ሠለስቱ፡ አኃው፡ ካልአ፡
መብልዓ፡ ወመስቴ። ወለእመ፡ ዕሩቃንኒ፡ ነጺ.ሮ፡ ከመ፡ የሀበሙ፡
አልባሰ። ወሶበ፡ ወፅአ፡ ውእቱ፡ ረድእ፡ ርእዮሙ፡ ለእልክቱ፡ አ
ኃው፡ ሠለስቱ፡ እንዘ፡ የዓርጉ፡ ውስተ፡ ሰማይ፡ እስመ፡ መላእክት፡ 2.
እሙንቱ፡ ዘመጽኡ፡ ኀበ፡ ገብረ፡ መስቀል፡ ከመ፡ ያመክሩ፡ ኒሩቶ፡
ወከመ፡ የሐውጽዎ። ወከመዝኬ፡ ይሔውጽዎ፡ መላእክት፡ ለኵሉ፡
ሰብእ፡ ለዘያፈቅር፡ ነግደ፡ ተመሲ.ሎሙ፡ በአምሳለ፡ ነዳያን፡ ወእግ
ዚ.እነሂ.፡ ይሔውጸሙ፡ ወይትአነገድ፡ ውስተ፡ ቤቶሙ፡ ለእለ፡ ያፈ
ቅሩ፡ ነግደ። በከመ፡ ተአንገደ፡ ውስተ፡ ቤቱ፡ ለአብርሃም። ወይበር
ከሙ፡ በከመ፡ ባረከ፡ ሎቱ፡ ወለዘርኡ። ወበከመ፡ ባረከ፡ ለገብረ፡
መስቀል፡ ዝንቱኬ፡ ውእቱ፡ መንክራቲሁ፡ ለገብረ፡ መስቀል፡ ዘ
ያረ፡ ክበደ፡ ጽሙና፡ ወክበደ፡ ጽምዕ። እስመ፡ ኢ.በልዓ፡ | በመዋ 3.
ዕለ፡ መንግሥቱ፡ ዘእንበለ፡ ሠለስተ፡ አፍዕምት። ወኢ.ሰትየ፡ ዘእ

ንበለ፡ አሐቲ፡ ጽዋዕ። ጸሎቱ፡ ወስእለቱ፡ ወሀብተ፡ ረድኤቱ፡ ወ
ሶተ፡ ጸጋሁ፡ የሃሉ፡ ምስለ፡ ንግሥትነ፡ ወለተ፡ ኢየሱስ፡ ወምስለ
ውሉደ፡ ኃይለ፡ ኢየሱስ፡ ኃይለ፡ ሚካኤል፡ ወልደ፡ ማርያም፡ ወ
ስለ፡ አዋልዲሃ፡ ወለተ፡ ማርያም፡ ኂሩተ፡ ሥላሴ።

MIRACLE EN FAVEUR DE LALIBALA.

4. ወኮነ፡ በአሐዱ፡ እምዋዕል፡ እንዘ፡ ያመጽኡ፡ ለገብረ፡ መ
ቀል፡ ጸበሐቶ፡ ለነጋሢ፡ ዘከመ፡ ይደልዎ፡ ለንጉሥ። ከመ፡ የሀቡ
ወያወፍዩ፡ ግብሮሙ፡ ዘይረከቦሙ፡ ንሥኡ፡ ብዙኃ፡ መቃድወ
እለ፡ ምሉዓን፡ መዓረ፡ ወፀዊሮሙ፡ በጽሑ፡ ኀበ፡ ሐይቀ፡ ፈለግ፡
ይወርድ፡ በኃይል፡ ወይከልእ፡ ሕዝበ፡ ከመ፡ ይዕድዉ። እስመ፡ መ
fol. 117; 1. ዋዕሊሁኒ፡ መዋዕለ፡ ክረምት፡ ው|እቱ፡ ወነበሩ፡ ማዕዶተ፡ እንዘ
ይጸንሑ፡ እስከ፡ የኃልፍ፡ ክበደ፡ ውኂዝ። ወሶበ፡ ጐንደዩ፡ ንስቲተ፡
በኡ፡ ውስተ፡ ፈለግ፡ እስመ፡ ፈርሁ፡ ትእዛዘ፡ መላህቅቲሆሙ። እ
ስመ፡ አዘዝዎሙ፡ ከመ፡ ፍጡነ፡ ያምጽኡ፡ ግብሮሙ፡ ወሶበ፡ ቦኡ፡
ወአንሶሰዉ፡ ማእከለ፡ ማይ፡ ኃየሎሙ፡ ውኂዝ። ወገደፉ፡ እልክተ፡
መቃጹተ፡ እለ፡ ማሉዓን፡ መዓረ። ወአንኰርኰሮሙ፡ ማይ፡ ማእ
ከለ፡ አዕባን፡ ለእማንቱ፡ መቃጹት፡ ሙዳየ፡ መዓር፡ ወወሰዶሙ፡
እንዘ፡ ያንኰርኵሮሙ። ወጐንከሙ፡ ውስተ፡ አሐዱ፡ ገጽ፡ እምነ፡
መከነ፡ ፈለግ። ወእሙንቱሰ፡ ሰብእ፡ ወፅኡ፡ እምነ፡ ማይ፡ በኃይል፡
2. ዓቢይ፡ ወአተዉ፡|ውስተ፡ ሀገር፡ ወዜነዉ፡ ለመላህቅቲሆሙ፡ ኵሎ፡
ዘረከቦሙ፡ በውስተ፡ ማይ፡ ወዘከመ፡ ገደፉ፡ መቃጹተ፡ መዓር፡ ው
ስተ፡ ማይ፡ ሶበ፡ ኃየሎሙ፡ ውኂዝ፡ ወእልክቱኒ፡ መላህቅተ፡ ሕዝብ፡
ሖሩ፡ ወነገርዎ፡ ለላሊበላ፡ ንጉሥ። ወውእቱሰ፡ ኢተምዓ፡ ወኢያ
ዘኖ፡ ጥቀ። እስመ፡ የዋህ፡ ውእቱ፡ ከመ፡ ርግብ፡ ወጠቢብ፡ ካዕበ፡
ከመ፡ አርዌ፡ ምድር። በከመ፡ ይቤ፡ እግዚእነ፡ በወንጌል፡ ኩኑ፡ ጠ

ቢባን፡ ከመ፡ አርዌ፡ ምድር፡ ወየዋሃን፡ ከመ፡ ርግብ። ጠቢብሰ፡ በም
ግባር፡ ሠናይ፡ በከመ፡ ይቤ፡ ጳውሎስ፡ ኩኑ፡ ጠቢባነ፡ ለርእስክሙ፡
ወለነፍስክሙሂ፡ ወለቢጽክሙሂ። ወየዋሀኒ፡ ውእቱ፡ |ገብረ፡ መስ 3.
ቀል፡ ንጉሥ፡ በከመ፡ ይቤ፡ ላዕከ፡ አሕዛብ፡ እመቦ፡ ዘይሔሊ፡ ከመ፡
ጠቢብ፡ ውእቱ፡ አብደ፡ ለይረሲ፡ ርእሶ፡ ከመ፡ ይኩን፡ ጠቢበ። እ
ስመ፡ አዕበደ፡ እግዚአብሔር፡ ለጥበበ፡ ዝዓለም፡ ወሶበ፡ ነገርዎ፡ በ
እንተ፡ ጥፍዓተ፡ ግምዔያተ፡ መዓር፡ ኢተምዓ፡ ወኢተከዘ። አላ፡
ይቤ፡ ከመ፡ ዘይትለሐይ፡ እንዘ፡ ያከሞስስ፡ አዕድምሰ፡ እመ፡ ኢየዕ
ደውኖ፡ እምነ፡ ማይ፡ ለውእቱ፡ መዓር፡ ወበሕቱ፡ ማይ፡ ጐጕዓ፡ ወ
ጠመጠዎ፡ ዘእንበለ፡ ፈቃድነ። ወዘንተ፡ ሶበ፡ ይቤ፡ ንጉሥ፡ እንዘ፡
ያከሞስስ። ሰሐቅዎ፡ ኵሎሙ፡ ሐራሁ፡ እለ፡ ይቀውሙ፡ ዓውዶ፡
እስመ፡ በፍሥሓ፡ ተናገሮሙ፡ ንጉሥ፡ ከመ፡ ዘይ|ትለሐይ። ወነበራ፡ 4.
እማንቱ፡ ግምዔያተ፡ መዓር፡ ብዙኃ፡ መዋዕለ፡ ተደፊኖን፡ በውኂዘ፡
ማይ። ወሶበ፡ ኃለፈ፡ ጊዜሁ፡ ለምልዓተ፡ ፈለግ፡ ወተጋውሐ፡ ማይ፡
ወሰሰለ፡ እምልዓቱ፡ ወአስተርአየ፡ ምድረ፡ ኖፃ፡ ዘፈለግ፡ ተረከቡ፡
እልኩ፡ ሙዳያተ፡ መዓር፡ ድኑናን፡ ወሕያዋን፡ ወኢፈቅዖሙ፡ ዕብን፡
ለአሐዱኒ፡ እምኔሆሙ፡ ወመኅተመ፡ መክደኖሙኒ፡ ኢተፈትሐ፡ ወ
ኢተቀልዓ፡ ወፆሩ፡ እለ፡ ረከቡ፡ ጸዊዖሙ፡ ካልአነ፡ ሰብአ፡ እለ፡ ይረ
ድእዎሙ፡ ፀዊረ። ወነሥኡ፡ ወፆሩ፡ ወአብጽሑ፡ ኀበ፡ ንጉሥ። ወ
ይቤልዎ፡ ነዋ፡ አእግዚእነ፡ ንጉሥ፡ ዝኩ፡ መዓር፡ ዘተገድፈ፡ ው|ስተ፡ fol. 118; 1.
ፈለግ፡ ወኢተከዕወ፡ መዓሩ፡ ወኢተሰብሩ፡ ግምዔያቲሁ። እስመ፡
መንጦላዕተ፡ ጸሎትከ፡ ከደኖሙ፡ እንዘ፡ ሀለዉ፡ ውስተ፡ ማይ፡ ድ
ፉናን፡ መጠነዝ፡ መዋዕለ፡ ወኢተቀልዓሂ፡ መኅተመ፡ መክደኖሙ።
ወይቤ፡ ንጉሥኒ፡ ርእዩ፡ ወነጺሮ፡ ዕፁበ፡ ግብረ፡ ወመንክረ፡ ለዘይ
ሰምዖ፡ ይቤ፡ ስብሐት፡ ለከ፡ ኦእግዚኦ፡ እስመ፡ አልቦ፡ ነገር፡ ዘይሰ
ዓነከ፡ ዕፁብኒ፡ ቀሊል፡ በኀቤከ፡ ወአልቦ፡ ግብር፡ ዘይጸንዓከ። ወይ

ቤሎሙ፡ ከዕበ፡ ንጉሥ፡ ለሐራሁ፡ ርእዩኬ፡ አሕዝበ፡ እግዚአብሔር፡
ንሕነሰ፡ ፈቀድነ፡ ንሴሰይ፡ ዘንተ፡ መዓረ፡ እንበበ፡ ይብጻሕ፡ ጊዜሁ።
2. ወከልዓነ፡ እግዚአብሔር፡ ወዓቀበ፡ |በእደ፡ ማይ። ወአመ፡ ጊዜሁ፡
ወሀበነ፡ አውጊአ፡ እምከርሠ፡ ማየ። አንትሙኒ፡ አእኵትዎ፡ ለእግ
ዚአብሔር፡ ለዘከመዝ፡ ጸጋ፡ ጸገወ፡ ለሰብእ፡ እስመ፡ በእንቲአከሙ፡
ተገብረ፡ ዝመንክር፡ ከመ፡ ኢያሕጕል፡ ሲሳየከሙ፡ ወይቤሎ፡ ሕዝ
ብኒ፡ ስብሐት፡ ለእግዚአብሔር፡ ለአምላክ፡ አማልክት፡ ለንጉሠ፡
ነገሥት። ለዘወሀበነ፡ ኪያከ፡ ዘትፀውር፡ ክበደ፡ ኃጣውኢነ፡ ወንሕ
ነኒ፡ በወልታ፡ ጸሎትከ፡ ተከሊለነ፡ ንሴፎ፡ ንድኃን፡ በሰማይኒ፡ ወበ
ምድርኒ፡ እስመ፡ አንተ፡ ፀዋሬ፡ ንዴት፡ ወጽሙና፡ ከመ፡ መንከሳት።
ወዘንተ፡ ሰሚዖ፡ እምአፈ፡ ሕዝብ፡ ይቤሎሙ፡ አርምሙ፡ እስመ፡
3. ፈድፋ|ደ፡ ይጸልዕ፡ ውዳሴ፡ ከንቱ፡ ዘበዓለም፡ እምፈተወ፡ ከመ፡
የዓይ፡ ሥጋሁ፡ በእሳት፡ እምይስማዕ፡ ውዳሴ፡ ከንቱ፡ ያጠፍዕ፡ ነፍሰ፡
ሰብእ፡ ለእመ፡ ተወክፈ፡ በልቡ፡ ወሶበ፡ ይዌድስ፡ ሰብእ፡ ለገብረ፡
ሙስቀል፡ ንጉሥ፡ ኢይትዌከፍ፡ በልቡኒ፡ ወበእዘኒሁኒ፡ ከመ፡ ይስ
ማዕ፡ ኢይፈቱ፡ እስመ፡ ይሰምዖ፡ ለክርስቶስ፡ እንዘ፡ ይኬልህ፡ በቤተ፡
ክርስቲያን፡ በቃለ፡ ወንጌሉ፡ ቅዱስ፡ እንዘ፡ ይብል፡ አሌ፡ ለከሙ፡
ሶበ፡ ሠናየ፡ ይብል፡ ላዕሌከሙ፡ ወይዌድሱከሙ። እስመ፡ ከማሁ፡
ረሰይዎሙ፡ ለቀደምትከሙ። ርእዩኬ፡ ፍቁራንየ፡ መድምማቲሁ፡
4. ለገብረ፡ መስ|ቀል፡ ንጉሥ፡ ዘከመ፡ ገብረ፡ ሎቱ፡ እግዚአብሔር።
እስመ፡ ለማይኒ፡ አዘዘ፡ ከመ፡ ትኩኖ፡ አመተ። ከመ፡ እንተ፡ ትትኤ
ዘዝ፡ አመት፡ ለእግዝእታ። ከማሁ፡ ተአዘዘቶ፡ ማይ፡ ለገብሩ፡ መስ
ቀል፡ እስመ፡ ኢፈትሐት፡ ማኅተመ፡ ዘግምዔ፡ መዓር። ወኢሰቈ
ረት፡ አሐተሂ፡ እምኔሆን፡ አላ፡ ዓቀበት፡ በትእዛዘ፡ እግዚአብሔር፡
ከመ፡ ኢታሕጕል፡ ንዋየ፡ መሲሑ፡ ወኅሩዩ፡ ገብረ፡ መስቀል፡ ው
ኂዘ፡ ክረምትሰ፡ አዕባነኒ፡ ይፈጽሕ። ሶበ፡ ያንኰረኵር፡ ዲበ፡ ዕብን።

ወአዕዋመኒ ፡ ይበትክ ፡ እምሥረዊሆሙ ፡ እስመ ፡ ኃያል ፡ ማየ ፡ ፈ
ለግ ፡ ዘክረምት ፡ ወውስተ ፡ ማይ ፡ ኃያል ፡ ዘይ|ሁብ ፡ ምሕዋረ ፡፡ ው fol. 119; 1.
እቱ ፡ ዓቀበሙ ፡ ከመ ፡ ኢይሰቄሩ ፡ ወከመ ፡ ኢይትፈታሕ ፡ ማኅተ
መ ፡ መክደኖሙ ፡ በከመ ፡ ዓቀበ ፡ ለዮናስ ፡ በውስተ ፡ ከርሠ ፡ አን
በሪ ፡፡ ወከማሁ ፡ ዓቀበን ፡ ለእማንቱ ፡ ግምዔያተ ፡ መዓር ፡፡ በኃይለ ፡
ጸሎቱ ፡ ለላሊበላ ፡ ጸሎቱ ፡ ወስእለቱ ፡ ወበረከቱ ፡ ወሀብተ ፡ ረድ
ኤቱ ፡ የሃሉ ፡ ምስለ ፡ ንግሥትን ፡ ወለተ ፡ ኢየሱስ ፡

Humilité de Lalibala.

ወኮነ ፡ ካዕበ ፡ በአሐዱ ፡ ዕለት ፡ እመዋዕል ፡ ተርእየ ፡ መንክር ፡ 2.
ትሕትና ፡ በላዕለ ፡ ገብረ ፡ መስቀል ፡ እንዘ ፡ ንጉሥ ፡ ውእቱ ፡ ዘተ
መሰለ ፡ ነዳየ ፡ ወኮነ ፡ ሎሙ ፡ ዘውገ ፡ በመንኖ ፡ ዓለም ፡፡ ወኢኮነ ፡ በ
ስዒን ፡ ብዕል ፡፡ አላ ፡ በእንተ ፡ መንግሥተ ፡ ሰማያት ፡ ተነድየ ፡ እንዘ ፡
ንጉሥ ፡ ውእቱ ፡ ዘንበር ፡ ዲበ ፡ መንበረ ፡ መንግሥት ፡፡ አሐተ ፡ ዕ
ለተ ፡ አስተደለወ ፡ ማዕደ ፡ ዘከመ ፡ ይደሉ ፡ ለንጉሥ ፡ ወዘይበቍዕ ፡
ወየአክል ፡ ለሠራዊቱ ፡፡ ወወሀበሙ ፡ መብልዓ ፡ ቅሡማተ ፡ በጣዕ|ም ፡ 3.
ዘዘዚአሁ ፡ ወወሀበሙ ፡ ስቴ ፡ ሜሰኒ ፡ ከመ ፡ ይትፈሥሑ ፡ ሠራዊቱ ፡፡
ውእቱሰ ፡ ወፅአ ፡ እምውሣጤ ፡ መንጦላዕቱ ፡ ለቢሶ ፡ አዕርቅተ ፡ ዘ
ከመ ፡ ይለብሱ ፡ ነዳያን ፡ ወሐረ ፡ ኀበ ፡ ይረፍቁ ፡ ነዳያን ፡ ወዊአ ፡ እ
ንተ ፡ መፍልስት ፡ እንዘ ፡ አልቦ ፡ ዘይሬእዮ ፡፡ ወቦአ ፡ ማእከለ ፡ ነዳያን ፡
ወነበረ ፡ ምስሌሆሙ ፡ ከመ ፡ ይትመጠዉ ፡ ኅብስተ ፡ ንዴት ፡ እምእ
ደ ፡ ሐራሁ ፡ እለ ፡ ይሁቡ ፡ ለነዳያን ፡ በትእዛዘ ፡ ዚአሁ ፡ እስመ ፡ ያሜ
ክራ ፡ ለነፍሱ ፡ በኵሉ ፡ ፍናዋተ ፡ ጽድቅ ፡ ወያገርራ ፡ ለሥጋሁ ፡፡ ወእ
ንዘ ፡ ሀሎ ፡ ገብረ ፡ መስቀል ፡ ማእከሌሆሙ ፡ ለነዳያን ፡ በጽሐ ፡ ዘይ
ከፍሎሙ ፡ ኅብስተ ፡ ለነዳያን ፡ ወበጽሐ ፡ ኀበ ፡ ላሊበላ ፡ ወወሀቦ ፡
ሎቱ ፡ ወኃለፈ ፡ ውእ|ቱ ፡ ብእሲ ፡ ወዓሌ ፡ ንጉሥ ፡ ወእምድኅረዝ ፡ 4.

ርእዮ ፡ ለገብረ ፡ መስቀል ፡ ማእከለ ፡ ነዳያን ፡ አሐዱ ፡ እምነ ፡ መዓን
ዝራን ፡ ወአእመረ ፡ ከመ ፡ ንጉሥ ፡ ውእቱ ፡ ወነሥአ ፡ ዕንዚራሁ ፡ ወ
ዘበጠ ፡ አውታሮን ፡ በድኅንፃሁ ፡ ወይቤ ፡ እንዘ ፡ የዓንዝር ፡ ካልአንሰ ፡
ውስተ ፡ ተፈግዖ ፡ በጥብሐ ፡ ላህም ፡ ወበስቴ ፡ ሜስ ። ወንጉሥሰ ፡ ም
ስለ ፡ ነዳያን ፡ ከመ ፡ ዕኑስ ፡ ወሶበ ፡ ሰምዓ ፡ ገብረ ፡ መስቀል ፡ ዘንተ ፡
ቃለ ፡ እምአፈ ፡ መዓንዝር ፡ ተንሥአ ፡ ፍጡነ ፡ ወቦአ ፡ ውስተ ፡ ው
ሣጤ ፡ መንጦላዕቱ ፡ እንዘ ፡ የኅዝን ፡ በእንተ ፡ ዘርእዮ ፡ ውእቱ ፡ መዓ
ንዝር ። እስመ ፡ ይፈቅድ ፡ ይፈጽም ፡ ኵሎ ፡ ጽድቀ ፡ በሥውር ፡ ወበ
ኅቡእ ፡ በከመ ፡ ይቤ ፡ እግዚእነ ፡ በወንጌል ፡ በኅቡእ ፡ ይኩን ፡ ጽድቅ
fol. 120; 1. ክሙ ፡ | ወኢያእምርክሙ ፡ ሰብእ ፡ ከመ ፡ ጾምክሙ ። እስመ ፡ አቡ
ክሙ ፡ ዘይሬእየክሙ ፡ ክሡተ ፡ ወገብረ ፡ መስቀልሰ ፡ ውእተ ፡ ኅብ
ስተ ፡ ዘተመጠወ ፡ እምእዴ ፡ አግብርቲሁ ፡ ተሴሰዮ ፡ ኃደረ ፡ ምስለ ፡
ረድኡ ። ከመዝ ፡ ገብረ ፡ መንክረ ፡ በዕፁብ ፡ ግብረ ። እስመ ፡ ኮነ ፡ ሱታ
ፌሆሙ ፡ ለነዳያን ፡ በእንተ ፡ መንግሥተ ፡ ሰማያት ። ከመ ፡ ይፈጽም ፡
ቃለ ፡ ዘተብህለ ፡ እምአፈ ፡ ኤጲስ ፡ ቆጶስ ፡ ኵሉ ፡ ዓለም ፡ ዘውእቱ ፡
ኢየሱስ ፡ ክርስቶስ ፡ ብፁዓን ፡ ነዳያን ፡ በመንፈስ ፡ እስመ ፡ ሎሙ ፡ ይ
እቲ ፡ መንግሥተ ፡ ሰማያት ። ጸሎቱ ፡ ወስእለቱ ፡ ተዓርግ ፡ ውስተ ፡
ጽርሐ ፡ ቅድሳቱ ፡ ለልዑል ፡ እንዘ ፡ ትምዕዝ ፡ ከመ ፡ ጽንሐሐ ፡ ዕጣን ።
2. እስመ ፡ እምአፈ ፡ ንጹሕ ፡ ተ|ፈነወት ፡ ወትበውእ ፡ ውስተ ፡ ውሣጤ ፡
መቅደሱ ፡ ለሊቀ ፡ ክህናት ፡ ዓቢይ ፡ እንዘ ፡ አልቦ ፡ ዘይከልዓ ፡ ከመ ፡
በአክናፈ ፡ ትሑታን ፡ ትጌዓን ፡ በእንተ ፡ ተኀብሮቱ ፡ ለነዳያን ። ወን
ሕነሰ ፡ ለእመ ፡ ኢበላዕነ ፡ ቅሡማተ ፡ ወልምሉማተ ፡ እስከ ፡ ይሰብሕ ፡
ሥጋነ ፡ ኢንከል ፡ ከመ ፡ ንቢት ፡ አሐተ ፡ ሌሊተ ፡ ለእመ ፡ ረከብነ ፡
ኢነኀድግ ፡ ወለእመ ፡ ኢረከብነ ፡ ነኀሥሥ ፡ ከመ ፡ ንርከብ ፡ እስመ ፡
አልብነ ፡ ሙቀተ ፡ መንፈስ ፡ ዘያጌብረነ ፡ ለጸዊም ። ወገብረ ፡ መስቀ
ልሰ ፡ እንዘ ፡ ሀሎ ፡ ውስተ ፡ መንበረ ፡ መንግሥት ፡ ኢበልዓ ፡ ወኢሰ

ትየ ፡ ለፍትወተ ፡ ሥጋሁ ፡ ከመ ፡ ይኩን ፡ ፍግዓሁ ፡ ፍጹመ ፡ በእደ ፡
መርዓ ፡ ዘኢየኃልፍ ፡ በሰማያት ። ወለነኒ ፡ ኢይፍልጠነ ፡ እምውእ|ቱ ፡ 3.
ማዕደ ፡ መርዓ ፡ እግዚእነ ፡ ወመድኃኒነ ፡ ኢየሱስ ፡ ክርስቶስ ፡ በኃ
ይለ ፡ ጸሎቱ ፡ ለገብረ ፡ መስቀል ፡ መሲሑ ፡ ዘተጸምደ ፡ ለአርዑተ ፡
ጽሙና ፡ እንዘ ፡ ይነብር ፡ ዲበ ፡ መንበረ ፡ መንግሥቱ ። ወይዕቀብ ፡ ለ
ንግሥትነ ፡ ወለተ ፡ ኢየሱስ ፡ ለዓለመ ፡ ዓለም ፡ አሜን ።

LALIBALA FAIT LA GUERRE À UN REBELLE. — MIRACLES DE LALIBALA.

ወዓዲ ፡ ከነ ፡ በአሐዱ ፡ እመዋዕል ፡ ወሀሎ ፡ ውስተ ፡ አሐቲ ፡ ሀገር ፡ እ
ምአህጉራተ ፡ መንግሥቱ ፡ አሐዱ ፡ ዓላዊ ፡ ዘዓለዎ ፡ ለገብረ ፡ መስቀል ፡
[ወፈነወ ፡ ወልዶ](?) ፡ ኀበ ፡ ውእቱ ፡ ዓላዊ ፡ ከመ ፡ ይዕብዮ ፡ ለውእቱ ፡ ብ
እሲ ፡ ዘአዕረሮ ፡ ለገብረ ፡ መስቀል ፡ ወሶበ ፡ በጽሐ ፡ ውእቱ ፡ ወልደ ፡ ነ
ጋሢ ፡ ውስተ ፡ ሀገሩ ፡ ለዓላዊ ፡ ንጉሥ ፡ |ወተዓየነ ፡ ውስተ ፡ ፩እምነ ፡ መ 4.
ካን ፡ ተጸዊኖ ፡ ውስተ ፡ ጕንደ ፡ ደብር ። ወለአከ ፡ አሐደ ፡ ብእሴ ፡ መኰ
ንነ ፡ ምስለ ፡ ወዓልያኒሁ ፡ ኀበ ፡ ውእቱ ፡ ዓላዊ ፡ በቃለ ፡ ሰላም ፡ እንዘ ፡
ይብል ፡ አቡየአ ፡ ለአከኒአ ፡ ኀቤከአ ፡ እንዘ ፡ ይብልአ ፡ ነዓ ፡ ከመ ፡ ንግ
በርአ ፡ ሰላመአ ፡ ለምንትአ ፡ ተዓልወኒአ ፡ ይመስለከኑ ፡ ዘኢያኰነኒ ፡
እግዚአብሔር ፡ ወለእመሰአ ፡ ዘአኰነኒአ ፡ እግዚአብሔር ፡ ተዓልወ
ኒአ ፡ አልቦአ ፡ ኀበ ፡ ታመሥጥአ ፡ እምእዴየአ ። ወውእቱሰ ፡ ብእሲ ፡
ዓላዊ ፡ አግብአ ፡ መልእክቶ ፡ በተዓይሮ ፡ ከመ ፡ ሰናክሬም ፡ እንዘ ፡
ይብል ፡ አልብየአ ፡ ሰላምአ ፡ ምስሌሁአ ፡ ለአቡከአ ፡ ወምስሌከኒአ ።
ወኢይፈርህ ፡ እምኔክሙአ ። ወኢ|ይሰጠው ፡ ቃለክሙ ። ከመሰአ ፡ fol. 121; 1.
አመሥጥአ ፡ እምእዴክሙአ ፡ ኢትሰአልአ ፡ መነሂአ ፡ ለሊከአ ፡ አ
እምርአ ፡ ከመአ ፡ ኢትክለኒአ ። ወለእመሰአ ፡ ትፈቅድአ ፡ ከመአ ፡ ን
ትቃተልአ ፡ ተደለውአ ፡ ወአነሂአ ፡ እመጽእአ ፡ ኀቤከአ ፡ ተደሊው
የአ ። ወሰሚዖ ፡ ወልደ ፡ ነጋሢ ፡ ይቤ ፡ ለይኩንአ ፡ እንሰአ ፡ ኢይፀብዓ

ከአ ፡ አምላከ ፡ አቡየአ ፡ ይሜጥወከአ ፡ ውስተ ፡ እዴየአ ። ወበሳኒታ ፡
ተደለዉ ፡ ከመ ፡ ይትቃተሉ ፡ ወተዓየኑ ፡ ኀበ ፡ ይትረአዩ ። ወይቤሎ ፡
ወልዱ ፡ ለውእቱ ፡ ዓላዊ ፡ ለወልደ ፡ ገብረ ፡ መስቀል ፡ ንጉሠ ፡ ክር
ስቲያን ፡ ኅድግ ፡ አንተኒ ፡ ሐራከ ፡ ወአነሂ ፡ አኀድግ ፡ ሐራየ ፡ ወን
2. ትቃተል ፡ ክልኤነ ፡ በበይናቲነ ። ወይቤሎ ፡ ወልደ ፡ | ገብረ ፡ መስ
ቀል ፡ ኢይቤለከኑ ፡ ትማልም ፡ አንሰ ፡ ኢይፀብዓከ ፡ በኀይልየ ። ወለ
ዛቲኒ ፡ ትዕይርትከ ፡ ይሬስያ ፡ ከመ ፡ ትዕይርተ ፡ ጎልያድ ። ወአነሂ ፡ እ
መጽእ ፡ ኀቤከ ፡ በኀይለ ፡ አምላኪየ ፡ ከመ ፡ ዳዊት ፡ ምእመን ። ወዘ
ንተ ፡ ብሂሎ ፡ ተበሐቶ ፡ ለውእቱ ፡ ወልደ ፡ ዓላዊ ። ወይቤሎ ፡ ውእቱ ፡
ወልድ ፡ ተዓያሪ ፡ ለወልደ ፡ ገብረ ፡ መስቀል ፡ መቅድመሰ ፡ አንተ ፡
ዓእ ፡ ሊተ ፡ ወወፅአ ፡ ሎቱ ፡ ወደርበዮ ፡ ውእቱ ፡ ዓላዊ ፡ ወኢረከበ ፡
ወኢምንተኒ ፡ እስመ ፡ ዓደወቶ ፡ ኵናት ፡ በኀይለ ፡ ጸሎቱ ፡ ለገብረ ፡
መስቀል ፡ ንጉሥ ፡ ወገብረ ፡ መስቀልሰ ፡ ይኤጽር ፡ ኵሎ ፡ ዘይገብር ፡
3. ወልደ ፡ ዓላዊ ፡ ምስለ ፡ ወልዱ ፡ ወንጻሬሁሰ ፡ አኮ ፡ በዓይነ ፡ሥጋ ፡ | አላ ፡
በዓይነ ፡ መንፈስ ፡ ርእየ ፡ እንዘ ፡ ሀሎ ፡ በሀገረ ፡ ሮሐ ። ወልዱሰ ፡ ር
ኁቀ ፡ ሀሎ ፡ ኀበ ፡ ሀገረ ፡ ዓላዊ ፡ ወምሕዋሩኒ ፡ መጠነ ፡ ስሙን ። ወ
ሶበ ፡ ደርበዮ ፡ ወልደ ፡ ዓላዊ ፡ ለወልዱ ፡ ርእየ ፡ በመንፈስ ፡ እንዘ ፡
ሀሎ ፡ ርኁቀ ፡ ወርእዮ ፡ ይቤ ፡ ዕቀቦ ፡ እግዚኦ ፡ ከመ ፡ ብንተ ፡ ዓይን ፡
ወበጽላሎተ ፡ ክነፊከ ፡ ክድኖ ። ወሶበ ፡ ይቤ ፡ ከመዝ ፡ ገብረ ፡ መስቀል ፡
ንጉሥ ፡ ዓደወቶ ፡ ኵናት ፡ ለወልዱ ፡ ዘተፈነወት ፡ እምእደ ፡ ዓላዊ ።
ወበዳግም ፡ ደርበዮ ፡ ወልደ ፡ ገብረ ፡ መስቀል ፡ ለወልደ ፡ ዓላዊ ፡ ወወ
ግዮ ፡ ወበአቶ ፡ ኵናት ፡ ለውእቱ ፡ ዓላዊ ፡ እንተ ፡ ክሳዱ ፡ ወወፅአት ፡
እንተ ፡ ጕርዔሁ ፡ መጠነ ፡ ስዝር ፡ ወጸመረቶ ፡ ምስለ ፡ ምድር ። ወከ
4. መዝ ፡ ሞተ ፡ ውእቱ ፡ ዕቡይ ። ወወልዱሰ | ፡ ለገብረ ፡ መስቀል ፡ ድኅነ ፡
ተከዲኖ ፡ በኀይለ ፡ ጸሎቱ ፡ በአቡሁ ፡ ወርእየ ፡ ከዕበ ፡ ገብረ ፡ መስ
ቀል ፡ እንዘ ፡ ይመውት ፡ ውእቱ ፡ ዓላዊ ፡ በእደ ፡ ወልዱ ። ወአዘዘሙ ፡

ለሠራዊቱ፡ከመ፡ይወውዑ፡በዓቢይ፡ቃል፡በፍሥሓ፡እስመ፡ሞአ፡
እግዚአብሔር፡በእደ፡አግብርቲሁ። ወተሞአ፡ሰይጣን፡ምስለ፡ላ
ዕከኒሁ። ወሶበ፡ሞተ፡ውእቱ፡ወልደ፡ዓላዊ፡ተሰብሩ፡ሠራዊቱ፡
ለዓላዊ። ወዴገንዎ፡ሠራዊቱ፡ለወልደ፡ገብረ፡መስቀል፡ወአኀለ
ቅዎሙ፡ለዓላውያን፡ወአኃዝዎ፡ለአቡሁ፡ለውእቱ፡ወልድ፡ዘ
ሞተ፡ወአሰርዎ፡ወአብጽሕዎ፡ኀበ፡እግዚአሙ። ወነሥሎ፡አስተ
ራቲዖ፡ተመይጠ፡ኀበ፡አቡሁ። ወወሀቦ፡ለአቡሁ፡ውእተ፡ዓላዌ፡
ዘአምጽሐ፡አሲሮ። ወአቡሁሰ፡መሐሪ፡ውእቱ፡|ከመ፡እግዚአብ fol. 122; 1.
ሔር። ወሶበ፡ርእዮ፡ገብረ፡መስቀል፡ይቤሎ፡ለምንት፡ዓለውከኒ።
ወይእዜኒ፡ሰረይኩ፡ለከ፡ዘቀዲሙ፡ጌጋየከ። ወእምይእዜ፡ኢትድ
ግም፡ዘከመዝ፡ምግባረ፡ሑር፡ወእቱ፡ውስተ፡አብያቲከ፡ወው
ስተ፡ሀገርከ፡ውእቱሰ፡ብእሲ፡ድሩከ፡ወዕቡይ፡ውእቱ። ወሶበ፡
ወፅአ፡እምኀበ፡ንጉሥ፡ሀየንተ፡ዘእምወደሶ፡አኃዘ፡ይሣለቆ፡
ሎቱ፡ወለሐራሁ፡እንዘ፡ይብል፡እሮ፡አብዳን፡እሉ፡ሕዝብ፡ቀ
ዲሙ፡ዓለውክዎሙ፡ወእግዚአብሔር፡አግብአኒ፡ውስተ፡እዴ
ሆሙ። ወይእዜኒ፡ፈነዉኒ፡ሕያውየ፡ወአልቦ፡ዘረሰዩኒ። እመሰ፡
ኢአብዱ፡እምቀተሉኒ። ወዘንተ፡ብሂሎ፡ተዐዕነ፡ፈረሰ፡ወአኃዘ፡
ይሑር። ወሀለወት፡|አሐቲ፡አም፡ውስተ፡ፍኖት፡ወባቲ፡ሦክ፡ 2.
ወወግዓቶ፡ለውእቱ፡ብእሲ፡ወቦአት፡ውስተ፡ፍጽሙ፡ከመ፡ሐፅ፡
ወበጊዜሃ፡ሞተ፡ውእቱ፡ዕቡይ። ወዜነውዎ፡ለንጉሥ፡ከመ፡ሞተ፡
ወሰሚዖ፡ንጉሥ፡ይቤ፡እስመ፡ኢሰሰለ፡ትዕቢት፡እምልቡ። ወበ
እንተዝ፡ሞተ፡እስመ፡ጸዓለነ። ርእዩኬ፡አፍቁራንየ፡ etc.

ወአሐተኒ፡ዕለተ፡ዘአርእየ፡መንክራቲሁ፡ገብረ፡መስቀል፡እፈ 3.
ቅድ፡እንግርክሙ። ወሀለወት፡አሐቲ፡ብእሲት፡ብዕልት። ወእንዘ፡
ትዴረር፡ወትበልዕ፡ሥጋ፡እንስሳ፡አኃዘት፡ትብላዕ፡ሥጋ፡ሰብእኒ፡
ዘበሐሜት። ወሐመየቶ፡ለላሊበላ፡በነገር፡ካልእ፡እንዘ፡ትጸርፍ፡

ሎቱ ፡ ወተፍዕመት ፡ ሥጋ ፡ ወሐነቃ ፡ ውእቱ ፡ ሥጋ ፡ ወኢወረደ፡ሂ
ታሕተ ፡ ወኢወፅአ ፡ አፍአ ። አላ ፡ ነበረ ፡ ማእከለ ፡ ጕርዔሁ ፡ እንዘ ፡
ጠውቃ ፡ ዘበሐኒቅ ። ወፈቀደ ፡ ይግእ ፡ ዓይና ፡ እምብዝኀ ፡ ጥዋዌ ፡ ሕ
4. ንቀት ። ወጸርሐት ፡ በውስተ ፡ | ልባ ፡ እንዘ ፡ ትብል ፡ አበስኩ ፡ ለከ
አእግዚእየ ፡ ገብረ ፡ መስቀል ፡ መሲሐ ፡ ለእግዚአብሔር ። ወኢይደ
ግም ፡ እምይእዜ ፡ ጸውዖተከ ። ወኢይዘክር ፡ ስመከ ፡ በእከይ ፡ ዘእ
በለ ፡ በሠናይ ። ወዘንተ ፡ ሰበ ፡ ትቤ ፡ ወፅአ ፡ ውእቱ ፡ ምታረ ፡ ሥጋ
ምስለ ፡ ደመ ፡ ጕርዔሃ ፡ ወወድቀ ፡ ውስተ ፡ ምድር ።

ወከዕበ ፡ ኢሐተ ፡ ዕለተ ፡ እንዘ ፡ ይጽርፍ ፡ ሎቱ ፡ ኢሐዱ ፡ ብእሲ
ለላሊበላ ፡ እንዘ ፡ የሐምዮ ። ወብእሲቱሰ ፡ ለውእቱ ፡ ብእሲ ፡ ትቤሎ
ኢትጽርፍ ፡ ላዕለ ፡ ገብረ ፡ እግዚአብሔር ፡ ወመሲሐ ፡ እግዚአብ
fol. 123; 1. ሔር ፡ ውእቱ ፡ | ዓዲ ። ወተምዓ ፡ ሉብእሲቱ ፡ ወተንሥአ ፡ እምኀበ
ይነብር ፡ ወዓርገ ፡ ውስተ ፡ ምክከቡ ፡ ወኖመ ። ወሰበ ፡ ነቅሐ ፡ እም
ዋሙ ፡ ረከበ ፡ ክልኤተ ፡ አዕይንቲሁ ፡ ዕውራነ ። ወዜነዋ ፡ ለብእሲቱ
ከመ ፡ ዖሩ ፡ አዕይንቲሁ ። ወብእሲቱሰ ፡ ትቤሎ ፡ ኢይቤለከኑ ፡ ኢት
ጽርፍ ፡ ላዕለ ፡ ገብረ ፡ እግዚአብሔር ፡ አርአየከ ፡ እግዚአብሔር ፡ ኀ
ይሎ ፡ ላዕሌከ ፡ እስመ ፡ ጸረፍከ ፡ ላዕለ ፡ ገብሩ ፡ በዑረተ ፡ ልብከ ። ወእ
ግዚአብሔር ፡ አዖሮን ፡ ለአዕይንቲከ ። ከመ ፡ ይኩን ፡ ዕውረ ፡ ውሥ
ጥከኒ ፡ ወአፍአከኒ ፡ ወይእዜኒ ፡ ኢትኀዝን ፡ በእንተ ፡ ዑረተ ፡ አዕይ
ንቲከሰ ። አላ ፡ ኀዝን ፡ በእንተ ፡ ነፍስከ ፡ እስመ ፡ ትትኴነን ፡ በእሳተ
2. ገሃነም ፡ ለእመ ፡ ኢነሳሕከ ። በከመ ፡ ይቤ ፡ እግዚ | እ ፡ በወንጌል
ኵሉ ፡ ዘነበበ ፡ ጽርፈተ ፡ ላዕለ ፡ ወልደ ፡ እጓለ ፡ እመሕያው ፡ ይትኀ
ደግ ፡ ሎቱ ፡ ወዘሰ ፡ ጸረፈ ፡ ዲበ ፡ መንፈስ ፡ ቅዱስ ፡ ኢይትኀደግ
ሎቱ ፡ ኢበዝዓለም ፡ ወኢበዘይመጽእ ። ዘጸረፈሰ ፡ ዲበ ፡ እጓለ ፡ እመ
ሕያው ፡ ዘይቤ ፡ ላዕለ ፡ እለ ፡ ኢተጠምቁ ። ወዘሰ ፡ ጸረፈ ፡ ላዕለ ፡ መን
ፈስ ፡ ቅዱስ ፡ ዲበ ፡ እለ ፡ ነሥኡ ፡ መንፈሰ ፡ ቅዱሰ ፡ እምከርሠ ፡ ጥም

ቀት ፡ ወይእዜኒ ፡ ኢይምሰልከ ፡ ዲበ ፡ ሰብእ ፡ ዘጸረፍከ ። አላ ፡ ዲበ ፡
መንፈስ ፡ ቅዱስ ። ወከመዝ ፡ ገሠጾ ፡ ይእቲ ፡ ብእሲት ፡ ለብእሲሃ ፡
እስመ ፡ መንፈስ ፡ ቅዱስ ፡ አስተናገሮ ። ወይእዜኒ ፡ አፍቁራንየ ፡ ኢይ
ግእ ፡ ጽርፈት ፡ እ[ም]አፉነ ፡ ላዕለ ፡ እኑነ ፡ ክርስቲያናዊ ፡ እስመ ፡ ተወ
ልደ ፡ |እመንፈስ ፡ ቅዱስ ። ወበእንተዝ ፡ ንሰመይ ፡ ጸራፍያን ፡ ላዕለ ፡ 3.
መንፈስ ፡ ቅዱስ ፡ ሶበ ፡ ጸረፍነ ፡ ላዕለ ፡ ክርስቶሳዊ ። ያድኅነነ ፡ እግ
ዚአብሔር ፡ እምዝ ፡ ከመዝ ፡ ልማድ ፡ እስመ ፡ ጳውሎስኒ ፡ ይሜህረነ ፡
ከመ ፡ ኢንርግም ፡ እስከ ፡ ለሰይጣን ፡ እኩ ፡ ኃዚኖ ፡ ለሰይጣን ፡ ዘይ
ሜህር ፡ ከመዝ ፡ አላ ፡ ከመ ፡ ኢንልክፎ ፡ ጥቀ ፡ ለመርገም ፡ በልሳንነ ፡
ከመ ፡ ኢንድኅጽ ፡ ላዕለ ፡ እኑነ ።

Construction des églises monolithes; leur description.

ስምዑኬ ፡ አፍቁራንየ ፡ እንግርክሙ ፡ ዘከመ ፡ ኮነ ፡ ግብረ ፡ ዐኦቶን ፡ 4.
ለእላንቱ ፡ አብያተ ፡ ክርስቲያናት ፡ እምልበ ፡ ምድር ። በእደ ፡ ላሊ
በላ ፡ ልዑል ፡ ዝከር ፡ ወዘከመ ፡ እሮ ፡ ግብረ ፡ ሕንጻሆን ፡ ኮነ ፡ እንበለ ፡
ዕፅ ፡ ወመሬት ፡ ወዘእንበለ ፡ አኅባለ ፡ ጠፈር ፡ ወመዋጽሕት ። ሰማዕ
ክሙኑ ፡ ዘከመዝ ፡ ግብረ ፡ ዜና ፡ ወሚመ ፡ ርኢክሙኑ ፡ በአዕይንቲ
ክሙ ፡ ዘከመዝ ፡ መንክረ ፡ ወዘከመዝ ፡ መድምመ ፡ መድፍነ ፡ ኅቡእ ፡
ዘተከሥተ ፡ በእደ ፡ ላሊበላ ፡ እምልብኒ ፡ ተመሥጠረ ፡ ወእምሕሊ
ናኒ ፡ ተሠወረ ፡ ዝኩ ፡ ገባሬ ፡ ኵሉ ፡ ወፈጣሬ ፡ ኵሉ ፡ ዘአ|ምጽአ ፡ ኵሎ ፡ fol. 124; 1.
ዓለም ፡ በጽዋዔ ፡ ቃሉ ፡ አመ ፡ በጽሐ ፡ ጊዜሁ ፡ ለሕንጻ ፡ እሉን ፡ አብ
ያተ ፡ ክርስቲያናት ። ወአመ ፡ ወርዘወ ፡ ሐናጺሆን ፡ በሥጋኒ ፡ ወበመ
ንፈስኒ ። ፈቀደ ፡ እግዚአብሔር ፡ ከመ ፡ ይክሥት ፡ መድፍኖ ፡ ኅቡእ ፡
ዘነበረ ፡ እምቀዳሚ ፡ ተከቢቶ ። አመ ፡ ሣረረ ፡ ምድረ ፡ ወሐለየ ፡ ከመ ፡
ያርኢ ፡ ምሥጢሮ ፡ ለሕዝብ ፡ ለእለ ፡ ይደልዎሙ ፡ ከዊኖ ፡ እምልበ ፡
ምድር ፡ በጥበብ ፡ መንክር ፡ ወበምሥጢር ፡ ኅቡእ ። በከመ ፡ እውዕአ ፡

ቀዳሚ፡ እምከርሠ፡ ምድር፡ ኵሎ፡ አዝርእት፡ ምድር፡ በበዘመዱ፡
ወበበአርአያሁ። ወዕፀወኒ፡ ከማሁ፡ በበአርአያሁ፡ ወበበአምሳሊሁ።
2. ወእንስሳኒ፡ ብዙኃ፡ በበአርአያሆሙ፡ ወበበአም|ሳሊሆሙ። ወከ
ማሁ፡ ፈቀደ፡ ለእሎንሂ፡ አብያተ፡ ክርስቲያናት፡ ያውፅኦን፡ እም
ድር፡ አኮ፡ ዘአሐዱ፡ ኅብሮን። ወኢሂ፡ ዘአሐዱ፡ ግብረቶን፡ ወኢተ
ኃብር፡ አሐቲ፡ ምስለ፡ ካልእታ፡ በኵሉ፡ ኅብራ፡ ወበኵሉ፡ ግብራ።
ወሶበ፡ በጽሐ፡ ጊዜሁ፡ ከመ፡ ይትከሠታ፡ ኵሎን፡ አብያተ፡ ክርስቲ
ያናት፡ ዓሠርቱ፡ ዘእምአሐቲ፡ እብን። ይቤሎ፡ እግዚአብሔር፡ ለ
ላሊበላ፡ በጽሐ፡ ጊዜሁ፡ ከመ፡ ይትከሠታ፡ አብያት፡ ክርስቲያናት፡
በእደ፡ ዚአከ፡ ዘአርአይኩከ፡ ቀዳሚ። ወአንተኒ፡ ጽናዕ፡ ወተኃየል፡
ከመ፡ ትፈጽም፡ መልእክተከ። እስመ፡ ብዙኃን፡ ነፍሳት፡ ይድኅኑ፡
በውስቴቶን። አስተፋጥን፡ ሐኒጾቶን፡ ወናሁ፡ አዘዝክዎሙ፡ ለመላ
3. እክትየ፡ ከመ፡ ይርድኡ|ከ፡ ወላሊበላሰ፡ አግበረ፡ ሐፃውንተ፡ ብ
ዙኃ፡ ዘዘዚአሁ፡ ግብረቶን። በለጸረብኒ፡ ወበ፡ ሐፂን፡ ለወቂር። ዘንተ፡
ኵሎ፡ ሐፃውንተ፡ ገብረ። ወካልአንኒ፡ ብዙኃተ፡ ሐፃውንተ፡ ገብረ፡
በዘይትፌጸም፡ ሕንጻ፡ መቅደስ፡ ዘእምአሐቲ፡ ኰኵሕ፡ ወእምአ
ሚሃሰ፡ ኢሐለየ፡ ላሊበላ፡ ሕሊና፡ ዘበምድር፡ ኢለመፍቅደ፡ ሥ
ጋሁ፡ ወለመፍቅደ፡ ብእሲቱ። አላ፡ ይሔሊ፡ ኵሎ፡ አሚረ፡ በእንተ፡
እሎን፡ አብያተ፡ ክርስቲያናት፡ ከመ፡ ይፈጽም፡ በከመ፡ ርእየ፡ በ
ውስተ፡ ሰማይ፡ እንዘ፡ ይኄይሎ፡ መንፈስ፡ ቅዱስ፡ በኵሉ፡ ውስተ፡
ኵሉ። ወአግቢሮ፡ ሐፃውንተ፡ በዘይገብር፡ ሕንጻ፡ መቅደስ፡ አዘ
4. ዘሙ፡ ለኵሎሙ፡|ሕዝብ፡ ከመ፡ ይትጋብኡ፡ ኀቤሁ። ወይቤሎሙ፡
ሶበ፡ ተጋብኡ፡ ንግሩ፡ ዓስበክሙ፡ ዘትነሥኡ፡ ኵልክሙ፡ እለ፡ ትት
ረድኡኒ፡ ውስተ፡ ሕንጻ፡ አብያተ፡ ክርስቲያናት፡ እስመ፡ አዘዘኒ፡ እ
ግዚአብሔር፡ ከመ፡ እግበር። አንትሙኒ፡ ንግሩ፡ በበቃልክሙ፡ ዘ
ከመ፡ ትነሥኡ፡ ዓስበክሙ። ዘሂ፡ ይትረዳእ፡ ውስተ፡ ግብረ፡ ጸሪብ።

ወዘሂ ፡ ይፃሙ ፡ በአውፅአ ፡ መሬት ። ወኵልክሙ ፡ ንግሩ ፡ በበቃል
ክሙ ፡ ወዘከመ ፡ ትቤሉኒ ፡ እሁበክሙ ፡ ከመ ፡ ኢትበሉኒ ፡ አገበረኒ ፡
እንበለ ፡ ፈቃድነ ፡ ከመ ፡ ኢይኩን ፡ ፃማክሙ ፡ በከ ፡ ሶበ ፡ ታንጐረ
ጕሩ ። ወነገሩ ፡ ኵሎሙ ፡ በከመ ፡ ሐሊና ፡ ልበሙ ። ውእቱኒ ፡ ወሀ
በሙ ፡ በከመ ፡ ይቤልዎ ፡ ወኢያንተገ ፡ ውሂቦቶ|ሙ ፡ እምአመ ፡ ወ fol. 125; 1.
ጠነ ፡ ሐኒጸ ፡ አብያተ ፡ ክርስቲያናት ፡ እስከ ፡ ፈጸመ ፡ ለለዕለቱ ፡ ይሁ
በሙ ፡ ዓስቦሙ ። ለዘይወቅርሂ ፡ ወለዘይጸርብሂ ፡ ወለዘይወፅእሂ ፡ መ
ሬተ ፡ እምጽራበ ፡ ቤተ ፡ ክርስቲያን ፡ ወእምውስተ ፡ ሐዝብሰ ፡ ብዙ
ኃን ፡ እለ ፡ ተረክቡ ፡ ምሉዓነ ፡ ጥበብ ። እለ ፡ ወደዩ ፡ ላዕሌሆሙ ፡ እግ
ዚአብሔር ፡ መንፈሰ ፡ አእምሮ ፡ ከመ ፡ በሲላኤል ፡ ወኤልያብ ። ወተ
ደለወ ፡ ገብረ ፡ መስቀል ፡ ከመ ፡ ይግበር ፡ በከመ ፡ አርአዮ ፡ እግዚአ
ብሔር ፡ ወአኃዘ ፡ ይውጥን ። ወመላእክትኒ ፡ አኃዙ ፡ ያንሶስዉ ፡ ምስ
ሌሁ ፡ እንዘ ፡ ይሜጥኑ ፡ ሎቱ ፡ ምድረ ፡ በበአምጣኖን ፡ ለኵሉ ፡ በበዖ
ታሁ ፡ ለንዑስኒ ፡ ወለዓቢይኒ ። ወውእተኒ ፡ ምድረ ፡|ኅበ ፡ ገብረ ፡ አብ 2.
ያተ ፡ ክርስቲያናት ፡ ተሣየጡ ፡ በወርቁ ፡ እመኀቤሆሙ ፡ ለእለ ፡ ይኄ
ንንዎ ፡ ለይእቲ ፡ ምድር ፡ እንዘ ፡ ይፈደፍድ ፡ ኂሩተ ። ወለእመሰ ፡
ፈቀደ ፡ ከመ ፡ ይንሣእ ፡ መኑ ፡ እምከልአ ፡ ለንጉሥ ። ወገብረ ፡ ቀዳ
ሚተ ፡ ቤተ ፡ ክርስቲያን ፡ በከመ ፡ አርአዮ ፡ እግዚአብሔር ፡ በመን
ክር ፡ ግብር ፡ ወበመድምም ፡ ኪን ፡ ዘኢይትከሀሎ ፡ ለእጓለ ፡ እመሕ
ያው ፡ ከመ ፡ ይግበር ፡ ዘእንበለ ፡ ጥበበ ፡ እግዚአብሔር ። ወአሠነየ ፡
አፍአሂኒ ፡ ወውሥጣኒ ፡ ወአሠርገዋ ፡ በመሳክው ፡ ሠናያን ፡ ወስቅ
ሉቃን ፡ እሙንቱ ፡ ወሰቅሰቆሙኒ ፡ ኢኮነ ፡ ዘዕፅ ፡ ወአዕማዲሆሙኒ ፡
ብልዙናት ፡ እማንቱ ። ወገብረ ፡ እንተ ፡ ቅድሜሃኒ ፡ ክልኤተ ፡ አብ
ያተ ፡ ክ|ርስቲያናት ። ወሙፃአ'ንሰ ፡ አሐዱ ፡ አንቀጽ ፡ ወይፈልጠን ፡ 3.
አንቀጽ ፡ ውሣጣይ ። ወእንተ ፡ ድኅሬሃኒ ፡ ገብረ ፡ አሐተ ፡ ቤተ ፡ ክር
ስቲያን ፡ ዓበየ ። ወአሠነያ ፡ በብዙኅ ፡ ሠርጕ ። ወአከ ፡ በወርቅ ፡ ወበ

ብሩር፡ አላ፡ ሠርጓኒ፡ ዘዕብን። ወኵልቄ፡ አእማዲሃሰ፡ ፳ወ፪ቱ፡
ኵልቄ፡ ፳ወ፪ቱ፡ አርድእት፡ እንተ፡ በየማናኒ፡ ገብረ፡ አሐተ፡ ቤተ
ክርስቲያን። ወእንተ፡ በጸጋማኒ፡ ገብረ፡ አሐተ፡ ቤተ፡ ክርስቲያን፡
ወሰመያ፡ ለቀዳሚት፡ ቤተ፡ ማርያም፡ ወለእንተ፡ ቅድሜሃኒ፡ ክል
ኤቱ፡ አብያተ፡ ክርስቲያናት፡ ለአሐቲ፡ ሰመያ፡ ደብረ፡ ሲና፡ ወለ
ልእታኒ፡ ሰመያ፡ ጎልጎታ፡ ወለእንተ፡ የማናኒ፡ ሰመያ፡ ቤተ፡ መ
4. ቀል። ወለእንተ፡ ፀጋ|ማኒ፡ ሰመያ፡ ቤተ፡ ደናግል። ወከመዝ፡ አስተ
አኃዘ፡ ፭ተ፡ ቤተ፡ ክርስቲያን፡ ሠናያን፡ ዘእምአሐቲ፡ ኰኵሕ። ወ
ልኤተኒ፡ አብያተ፡ ክርስቲያናት፡ ገብረ፡ ሠናያተ፡ ወግብረቶንሰ
ብዑድ፡ ውእቱ፡ ወቅሩባን፡ እማንቱ። ወባሕቱ፡ ይፈልጦን፡ ቅጽር
ዘሀሎ፡ ማእከሎን። ወለእልክቱሂ፡ ክልኤሆን፡ ሰመያ፡ ለአሐቲ፡ ቤተ
ገብርኤል። ወለካልእታኒ፡ ሰመያ፡ ቤተ፡ አባ፡ መጣዕ። ወከመዝ፡ አ
ተአኃዘ፡ እሎንተ፡ ክልኤተ፡ አብያተ፡ ክርስቲያናት። ወደመሮን
በቅጽር፡ ወፈለጦን፡ ካዕበ፡ በቅጽር፡ ወገብረ፡ ካዕበ፡ ክልኤተ፡ አብ
ያተ፡ ክርስቲያናት፡ መአድማነ፡

Le fol. 126ro contient un dessin colorié représentant une églis
avec l'inscription : ሕንጻ፡ ላሊበላ፡

fol. 126; 3. ወግብረቶንሰ፡ ኢየኃብር፡ ለክልኤሆን። ወለእሉንሂ፡ ሰመያ፡
አሐቲ፡ ቤተ፡ መርቆሬዎስ። ወለካልእታኒ፡ ሰመያ፡ ቤተ፡ አማኑ
ኤል። ወከመዝ፡ አስተአኃዞን፡ ለክልኤሆን፡ አብያተ፡ ክርስቲያ
ናት፡ ወገብረ፡ አሐተኒ፡ ቤተ፡ ክርስቲያን፡ እንተ፡ ባሕቲታ፡ ወግብ
ረታኒ፡ ብዑድ፡ ውእቱ፡ በትእምርተ፡ መስቀል፡ ገብራ፡ በከመ
ሎቱ፡ መላእክት። ወበከመ፡ አርአዮ፡ እንዘ፡ ይሜጥኑ፡ ሎቱ፡ ም
ድረ። ወሰመያ፡ ላቲኒ፡ ቤተ፡ ጊዮርጊስ። ወከመዝ፡ ፈጸሞን፡ ለ
ሠርቱ፡ አብያተ፡ ክርስቲያናት። ወግብረቶንሰ፡ ዘዘዚአሆን፡ ወአ
ሕያሆንሂ፡ ዘዘዚአሆን። ወአልቦ፡ ዘገብረ፡ ገብረ፡ መስቀል፡ ወኢ ምን

ተኒ፡ዘእንበለ፡ዘአርአዮ፡እግዚ|አብሔር።አላ፡ገብረ፡በከመ፡ር 4.
እየ፡በውስተ፡ሳብዕ፡ሰማይ፡ወኢወሰከ፡ኢ፡ዲበ፡ኑኆን፡ወኢ፡
ዲበ፡ቆሞን፡ወኢ፡ዲበ፡ሰሮን፡አላ፡በከመ፡ርእየ፡በከመ፡ይቤሎ፡
እግዚአብሔር፡ኢትወስከ፡ኢ፡ዲበ፡ቆሞን፡ወኢ፡ዲበ፡ሰሮን።
ወሶበ፡አኃዘ፡ይውጥን፡ሕንጻሆን፡አኃዙ፡መላእክትኒ፡ይትረድእዎ፡
በውስተ፡ኵሉ፡ግብር።ወኮኑ፡አሐዱ፡መርዔተ፡መላእክት፡ወሰ
ብእ፡በውእቱ፡መዋዕል።እስመ፡ተደመሩ፡መላእክት፡ኀበ፡ኰ
ሎሙ፡መስተገብራን፡ቤተ፡ክርስቲያን፡ኀበ፡ጸረብትኒ፡ወኀበ፡ወ
ቀርትኒ።ወኀበ፡ፀወርተ፡መፈትኒ፡መዓልተሰ፡ይትጌበሩ፡መላእ
ክት፡ምስለ፡ሰብእ፡ውስተ፡ሕንጻ፡አብያተ፡ክርስቲያን።ወሌሊ
ተሰ፡ይትጌበሩ፡መላእክት፡|መዓልተ፡ሶበ፡ይገብሩ፡አሐተ፡ዕመተ። fol. 127; 1.
ወበሳኒታ፡ይትረከብ፡ከዊኖ፡አርባዕተ፡ዕመተ።እስመ፡መላእክት፡
ይገብሩ፡በኵሉ፡ለያልይ።ወእለ፡ርእዩ፡ይቤሉ፡ምንትኑዝ፡መን
ክር፡ንሕነሰ፡ኃደግነ፡አሐደ፡ዕመተ፡ትማልም።ወይእዜሰ፡ኮነ፡
አርባዕተ፡ዕመተ።እስመ፡ኢያአምሩ፡እሙንቱ፡ሰብእ፡ከመ፡መ
ላእክት፡ይገብሩ፡እስመ፡ኢይሬእይዎሙ።ወላሊበላሰ፡የአምር፡
ዘንተ፡እስመ፡የአምሩ፡መላእክት፡ኊሩቶ።ወበእንተዝ፡ኢይሜ
ወርዎ፡እስመ፡ኮንዎ፡አብያጸ፡እሳታውያን፡ወበእንተዝ፡ኢይት
ኃብእዎ፡ወከመዝ፡ፈጸመ፡ሐኒጾቶን፡ለእላንቱ፡አብያተ፡ክርስቲ
ያናት፡ዓሠርቱ።ወግብረቶንሰ፡|እምአሐዱ፡ዕብን።ርእዩኬ፡አፍ 2.
ቁራንየ፡ዘከመዝ፡ብእሴ፡ዘበእዴሁ፡ተከሥታ፡እሎን፡አብያተ፡ክ
ርስቲያናት፡ዘኢተገብሩ፡ዘከማሆን፡በኀበ፡ካልአን፡በሐውርት።
በአይ፡ልሳን፡ንክል፡ነጊረ፡ግብረቶን፡ለእሎን፡አብያተ፡ክርስቲ
ያናት።ወግብርተ፡ቅጽሮንሂ፡ኢንክል፡ነጊረ፡ኀድጕሰ፡እንተ፡
ውሥጠን።ዘርእየኒ፡ኢይጸግብ፡በነጽሮ።ወበአንክሮቲ፡ኢይክል፡
ልብ፡ፈጽሞ።እስመ፡መንክር፡ተገብረ፡በእደ፡ላሊበላ፡ዘኢይት

ከሀሎ፡ለሥጋዊ፡ከመ፡ይኑልቍ፡መንክራቲሁ። እመቦ፡ዘይኄል
ቆሙ፡ለከዋክብተ፡ሰማይ። ይኄልቆሙ፡ለመንክራትኒ፡ዘተገብረ፡
በእደ፡ላሊበላ፡ወለእ|

Le verso du fol. 127 est occupé par un dessin représentant un ange qui travaille à la construction d'une église, avec cette inscription : ቤተ፡ማርያም፡እንደአነፀ፡

fol. 128; 1. መሰቦ፡ዘይፈቅድ፡ከመ፡ይርአይ፡ግብረ፡ሕንጻሆን፡ለአብያተ፡
ክርስቲያናት፡ዘተገብረ፡በእደ፡ላሊበላ፡ይምጻእ፡ወይርአይ፡
በአዕይንቲሁ፡እስመ፡አኮ፡ዘይበልያ፡ሕንጻ፡መኀፈዱ፡ለላሊ
በላ፡ከመ፡ደብተራ፡ሙሴ፡ወኢ፡ከመ፡ምኵራብ፡ሰሎሞን፡
ዘይነስትዎን፡ዓላውያን። ማኅፈደ፡ደብተራሁሰ፡ለገብረ፡መስ
ቀል፡ኢያንቀለቅላ፡ወኢይማስና፡እስከ፡ታስተርኢ፡ኢየሩሳ
ሌም፡ሰማያዊት፡ዲበ፡ምድር፡እንተ፡ድሉት፡ለኄሩያን፡እለ፡ይደ
ልዎሙ፡ከመ፡ይኅድሩ፡ውስቴታ። ጴጥሬስ፡ወጳውሎስ፡ምስለ፡
ኢየሱስ፡ሊቆሙ፡ፈጸሙ፡ሐኒጾተ፡መርጡላ፡ለድንግል፡በሠለ
2. ስቱ፡አዕባን፡እንዘ፡ይለመል|ማ፡ከመ፡ሰምዕ፡በትእዛዘ፡እግዚአ
ብሔር። ወላሊበላኒ፡ፈጸመ፡ዓሠርተ፡አብያተ፡ክርስቲያናት፡በአ
ሐዱ፡ዕብን። እንዘ፡ትረድኦ፡ጸጋ፡እግዚአብሔር፡ምስለ፡ኃይላ
ቲሁ። ጴጥሮስ፡ወጳውሎስ፡ሐነጹ፡ነፍሳተ፡ብዙኃ፡በአሐዱ፡ሃይ
ማኖት። ወላሊበላኒ፡ሐነጸ፡ብዙኃ፡አብያተ፡ክርስቲያናት፡በአሐዱ፡
ዕብን። ጴጥሮስ፡ወጳውሎስ፡ሣረሩ፡አብያተ፡ክርስቲያናት፡ዲበ
አሐዱ፡ኰኵሕ። ወግብረቶንሰ፡በዕቡር፡ወበአኃባለ፡ጠፈር፡ወበ
መዋጽሕት፡ዘዕፅ፡ወአዕማዲሆንሂ፡ዘዕፅ፡ወላሊበላኒ፡ሣረረ፡ብዙ
ኃተ፡አብያተ፡ክርስቲያናት፡ዘእምአሐዱ፡ዕብን፡ዘአልቦ፡ጽቡር፡
3. ለመአኃዝቲ|ሆን፡ዘአልቦ፡ጠፈር፡ለመአቀዶን፡ወዘአልቦ፡መሥ
ዕርት፡ለመክደኖን። ወኵሎንሰ፡ግብራቲሆን፡ኢንክል፡ነንግር፡

በበገጹ።እስመ፡ብዙኅ፡ያታ፡ግብረቶን።ናሁ፡ተስዕነኒ፡ሊተሰ፡
ላዕላዓ፡ልሳን፡ከመ፡እጽሐፍ፡ለከሙ፡ኵሎ፡ኂሩታቲሁ፡ለዝንቱ፡
ብእሲ፡ክቡር፡ላሊባላ፡ዘከብረ፡እምኵሎሙ፡መሬታውያን፡በጥ
በብኒ፡ወበስነ፡ጽድቅኒ፡ተብህለ፡ከመ፡ሰሎሞን፡ጠቢብ፡እምኵሉ፡
እጓለ፡እመሕያው፡ወእምኵሎሙ፡ጠቢባነ፡ግብጽ።ወውእቱኒ፡
ገብረ፡ምኵራበ፡በኢየሩሳሌም፡በአዕባን፡ዓበይት፡ዘዘ፡ሳምን፡ወ
ዘዘ፡ሳብዕ፡ኑኖን።እንዘ፡ይረድኦ፡ኪራም፡ንጉሠ፡ጢሮስ፡በዕፀወ፡
ቄድሮና፡ወበ|ዕፀወ፡ጳውቄና፡ወበዕፀወ፡ቄጵሮስ።ወፈጸመ፡ክል 4.
ኤተ፡አብያተ።ቤተ፡እግዚአብሔርኒ፡ወቤተ፡ርእሱኒ፡በ፳ዓመት።
ወላሊበላሰ፡ገብረ፡ዓሠርተ፡አብያተ፡ክርስቲያናት፡በአሐዱ፡ዕ
ብን፡እንዘ፡ይረድኦ፡ወልደ፡እግዚአብሔር።እምእሉ፡ክልኤቱ፡
ጠቢባን፡ተገብሩ፡ክልኤቲ፡ምኵራባት።ምኵራቡሰ፡ለአሐዱ፡ጠ
ቢብ፡በዕብን፡ወበዕፀው፡ወበአሕባል፡ወበዕቡር።ወካልኡኒ፡ጠ
ቢብ፡ገብረ፡መኅፈዳቲሁ፡ዘእምአሐቲ፡ዕብን።እንዘ፡ኢይፈቅድ፡
ወኢምንተኒ፡ለመፍቅዶን።ኢዕፀ፡ለመሳክዊሆን፡ወኢአኅባለ፡ለ
መአቀዶን፡ወኢፅቡረ፡ለመአኅዝቲሆን።እስመ፡በአሐቲ፡ዕብን፡
ፈጸመ፡ኵሎ፡|ግብረተቲሆን።ግብረ፡ቅጽሮንሂ፡ዘእምአሐዱ፡ fol. 129; 1.
ዕብን።ወግብረተ፡ውሣጥያቲሆንሂ፡ዘእምአሐዱ፡ዕብን።ወእም
ፃመ፡ወሣጥያቲሆንሰ፡የዓቢ፡ፃማ፡ቅጽራቲሆን።ኵሉኬ፡ሰብእ፡
እንዘ፡ኢትዮጵያዊ፡ውእቱ፡ዘኢበጽሐ፡ውስተ፡ሀገረ፡ሮሐ፡ቅድ
ስት፡እንዘ፡ይሰምዕ፡ዜናሆን፡ለእላንቱ፡አብያተ፡ክርስቲያናት፡
እለ፡ተገብራ፡ዘእምአሐቲ፡ዕብን፡ይትሜሰል፡ከመ፡ብእሲ፡ዘኢ
ያፈቅር፡ከመ፡ይርአይ፡ገጸ፡ለእግዚእነ፡ወመድኃኒነ፡ኢየሱስ፡
ክርስቶስ፡

LALIBALA NE VEUT PAS QUE SON FILS LUI SUCCÈDE; MORT DE LALIBALA.

ወብዑዕሰ ፡ ወቅዱስ ፡ ላሊበላ ፡ ሶበ ፡ ፈጸመ ፡ ሕንጻሆን ፡ ለእመ
2. ንቱ ፡ አብያተ ፡ | ክርስቲያናት ፡ ዘከመ ፡ አርአዮ ፡ እግዚአብሔር ።
ኢፈቀደ ፡ ከመ ፡ ይጐንዲ ፡ ላዕሌሁ ፡ ሢመተ ፡ መንግሥት ፡ ወኢፈ
ቀደ ፡ ከመ ፡ ትዕዱ ፡ ላዕለ ፡ ወልዱ ። አላ ፡ ይቤ ፡ ይሚጣ ፡ ለዛቲ ፡ ሢ
መተ ፡ መንግሥት ፡ ወያግብአ ፡ ኀበ ፡ እስራኤል ። እስመ ፡ ሎሙ ፡ ይ
ቤሎሙ ፡ በእንቲአከሙ ፡ ፈጠርከምሙ ፡ ለኵሎሙ ፡ አሕዛብ ፡ ወከ
ዕበ ፡ መሐለ ፡ ሎሙ ፡ እንዘ ፡ ይብል ፡ ኢይሜንኖሙ ፡ ለሕዝበ ፡ ያዕ
ቆብ ። ወኢያስተሐቅሮሙ ፡ ለሕዝበ ፡ እስራኤል ። እስመ ፡ ኪያሆሙ ፡
ኃረይኩ ፡ እምኵሎሙ ፡ አሕዛብ ። በከመ ፡ ይቤ ፡ ነቢይ ፡ መሐለ ፡ እግዚአ
3. ብሔር ፡ ለዳዊት ፡ በጽድ|ቅ ፡ ወኢይኔስሕ ። እስመ ፡ ይቤሎ ፡ እነብር ፡
ዲበ ፡ መንበርከ ፡ ዘእምፍሬ ፡ ከርሥከ ። ወይእዜኒ ፡ ለያግብአ ፡ እግዚአ
ብሔር ፡ ለዛቲ ፡ መንግሥት ፡ ኀበ ፡ እስራኤል ፡ ወኢይትኃጣእ ፡ እምነ ፡
ቤተ ፡ እስራኤል ፡ ዘይነብር ፡ ዲበ ፡ መንበረ ፡ መንግሥት ። ኢያጐንዲ ፡
እግዚአ ፡ ኃያላን ፡ ዛተ ፡ ሢመተ ፡ መንግሥት ፡ ኢዲቤየ ፡ ወኢዲ[በ] ፡ አ
ዝማድየ ። ወናሁ ፡ አንሰ ፡ ፈጸምኩ ፡ መልእክትየ ፡ ዘበእንቲአሃ ፡ ሜ
መኒ ፡ ሢመተ ፡ መንግሥት ። እንዘ ፡ ለሊሁ ፡ እግዚአብሔር ፡ ይገብር ፡
በእደ ፡ መላእክቲሁ ። ከመዝ ፡ ይቤ ፡ ገብረ ፡ መስቀል ፡ ንጉሥ ፡ እስመ ፡
4. ኢያፈቅር ፡ ሢመተ ፡ ዘበምድር ፡ | ፈጺሞ ፡ መልእክቶ ፡ ወመጽዊቶ ፡
ኵሎ ፡ ጥሪቶ ። እስከ ፡ ኢይተርፍ ፡ አሣዕን ፡ ዲበ ፡ እገሪሁ ። ወአሠር
ጊዎ ፡ አብያተ ፡ ክርስቲያናቲሁ ፡ ዘገብረ ፡ በውስተ ፡ ኵሉ ፡ በሐውርት ።
ወእሎንተኒ ፡ ዓሠርተ ፡ መኃፈዳተ ፡ ዘገብረ ፡ እምእሐቲ ፡ ዕብን ። አሠ
ርገወ ፡ በሠርጐ ፡ ዘይደሉ ፡ ለቤተ ፡ ክርስቲያን ፡ በመስቀልኒ ፡ ወበአል
ባስኒ ፡ ወቦ ፡ ዘአሠርገዎን ፡ በሥዕልኒ ። ወፈድፋደሰ ፡ ገብረ ፡ መድ
ምመ ፡ በመከን ፡ ጎልጎታ ። በድን ፡ መከሁ ፡ ዘለበግዑ ፡ ዘኢየዓዲ ፡ በ

ድኑ ። ወከልአነኒ ፡ ሥዕላተ ፡ ብዙኃ ፡ ገብረ ፡ እስመ ፡ በእንቲአሆን ፡
ይትገሀ ፡ መዓልተ ፡ ወሌሊተ ። ወኢይሔሊ ፡ ከልአ ፡ መፍቅደ ፡ ሥጋ ፡
ኢመብልዓ ፡ ለሲሲቱ ። | ወኢልብሰ ፡ ለዓራዙ ። ወኢተከዘ ፡ በእንተ ፡ fol. 130; 1.
ብእሲቱኒ ፡ ወበእንተ ፡ ውሉዱኒ ። ዘእንበለ ፡ በእንቲአሆን ፡ ለአብ
ያተ ፡ ክርስቲያናት ። ወሶበ ፡ ፈጸሞን ፡ ጸለየ ፡ በውስቴቶን ፡ እንዘ ፡ ይ
ብል ፡ ኵሉ ፡ ዘጌሠ ፡ ውስተ ፡ አላንቱ ፡ አጽራሐ ፡ ቅድሳቲከ ፡ ዘገበርከ ፡
በእደ ፡ ዚአየ ፡ ሀበኒ ፡ አሥራተ ፡ አእግዚእየ ። ወይቤሎ ፡ እግዚአብ
ሔር ፡ ይኩንከ ፡ በከመ ፡ ትቤ ። ለእመ ፡ ጌሠ ፡ ውስተ ፡ ቤተ ፡ ክርስቲ
ያንከ ፡ በንጹሕ ፡ አኀሩይየ ፡ ከማሁ ፡ በከመ ፡ ሰአልከ ። አንተሰ ፡ ፈጸ
ምከ ፡ መልእክተከ ፡ ወዓቀብከ ፡ ሃይማኖተከ ። እምይእዜሰ ፡ ጽኑሕ ፡
ለከ ፡ አክሊለ ፡ ጽድቅ ፡ ወርኅው ፡ ለከ ፡ ኆኅተ ፡ መንግሥተ ፡ ሰማ
ያት ፡ ከመ ፡ ትባእ ፡ በፍሥሓ ። ወዘንተ ፡ እምድኅረ ፡ | ይቤሎ ፡ መድ 2.
ኃኒን ። ሐመ ፡ ብዑዕ ፡ ላሊበላ ፡ ንስቲተ ፡ ወአዕረፈ ፡ አመ ፡ ፳ወ፪ለወ
ርኃ ፡ ሐዚራን ። ወተመጠዉ ፡ ነፍሶ ፡ ንጽሕተ ፡ መላእክተ ፡ ብርሃን ።
ወያሮ ፡ ገብርኤል ፡ ዲበ ፡ አክናፊሁ ። ወከልአን ፡ መላእክት ፡ እንዘ ፡
ይዜምሩ ፡ በቅድሜሁ ፡ ወበድኅሬሁ ። አዕረግዎ ፡ ውስተ ፡ ሰማይ ።
ወአተወ ፡ ገብረ ፡ መስቀል ፡ ውስተ ፡ ምዕራፊሁ ፡ ዘለዓለም ። ወኃ
ደረ ፡ ምስለ ፡ ጴጥሮስ ፡ ወጳውሎስ ፡ እስመ ፡ ከመዝ ፡ ኪዳን ፡ ተው
ህበ ፡ እምኀበ ፡ መድኀን ፡ ናሁኬ ፡ ለከእኩ ፡ ለክሙ ፡ አፍቁራንየ ፡ ንስ
ቲተ ፡ ዜና ፡ እምትሩፋቲሁ ፡ ለገብረ ፡ መስቀል ፡ ከመ ፡ ይትፈሣሕ ፡
ልብክሙ ፡ ወይኩንነ ፡ ለኵልነ ፡ እለ ፡ ተጋባእነ ፡ ዝየ ፡ ኃይለ ፡ ጸሎቱ ፡
ጌራ ፡ ም|ክሀ ፡ ለርእስነ ። ወጸዳለ ፡ ሱራሔ ፡ ለገጽነ ። ወኵሕለ ፡ መድ 3.
ኃኒተ ፡ ለአዕይንቲነ ። ወአዕኑገ ፡ ሣህል ፡ ለእዘኒነ ። ወመዓዛ ፡ ሠናየ ፡
ለአዕናፊነ ። ወመኀተመ ፡ ጽድቅ ፡ ለከናፍሪነ ። ወሞጣሕተ ፡ ፍሥሓ ፡
ለዘባንነ ፡ ወእልታሐ ፡ መዊእ ፡ ለእንግድዓነ ፡ ወአውቃፈ ፡ ምሕረት ፡
ለእደዊነ ። ወሕልቀተ ፡ ፍቅር ፡ ለአፃብኢነ ። ወአሣዕነ ፡ አድኅኖ ፡

ለእገሪነ ። ወስቴ ፡ ሕይወት ፡ ለጽምዕነ ። ወኅብስተ ፡ መና ፡ ለረኃብነ ።
ወኀበ ፡ ቦአ ፡ ቤተ ፡ መርዓ ፡ ምስሌሁ ፡ ያብአነ ። በጽላሎተ ፡ ክነፊሁ ፡
እንዘ ፡ ይከድነነ ። ወኀበ ፡ ረፈቀ ፡ ያርፍቀነ ። ለዓለመ ፡ ዓለም ፡ አሜን ።
4. | ለዘጸሐፎ ፡ ወለዘአጽሐፎ ፡ ለዘአንበቦ ፡ ወለዘተርጐሞ ፡ ወለዘሰምዓ ፡
ቃላቲሁ ፡ ኅቡረ ፡ ይምሐሮሙ ፡ እግዚአብሔር ፡ በመንግሥተ ፡ ሰማ
ያት ። በጸሎታ ፡ ለመርያም ፡ ወላዲተ ፡ አምላክ ። ወበትንብልናሆሙ ፡
ለሚካኤል ፡ ወገብርኤል ፡ ወበጸሎተ ፡ ነቢያት ፡ ወሐዋርያት ፡ ወበጸ
ሎተ ፡ ጻድቃን ፡ ወሰማዕት ። ወበጸሎተ ፡ ላሊበላ ፡ ወመስቀል ፡ ክብራ ፡
እግዚአብሔር ፡ ይምሐራ ፡ ለንግሥትነ ፡ ወለተ ፡ ኢየሱስ ፡ ወለውሉዳ ፡
ኃይለ ፡ ኢየሱስ ፡ ኃይለ ፡ ሚካኤል ፡ ወልደ ፡ ማርያም ፡ ወለአዋልዲሃ ፡
ወለተ ፡ ማርያም ፡ ኂሩተ ፡ ሥላሴ ፡ ለዓለመ ፡ ዓለም ፡ እሜን ።

VIE DE LALIBALA

TRADUCTION

DISCOURS D'INTRODUCTION. — INVOCATION A LA TRINITÉ. — ÉLOGE DE LALIBALA.

Le 12 de sanê[1] [*fol.* 1]. Au nom du Père, du Fils et du Saint-Esprit, un seul Dieu en trois personnes qui ne se confondent pas en une seule, égales et formant une union indissoluble; qui existait avant sa manifestation, immuable dans son essence; qui ne s'est ni affaibli ni agrandi, inexplicable dans les langues du monde et incompréhensible. Le Fils ne diffère pas de son Père, ni l'Esprit-[Saint] du Fils; il a, par sa parole, fait sortir le monde du néant par une seule pensée et une seule volonté. [C'est ce Dieu] qui a créé les fondements de la terre par sa sagesse, qui a placé l'eau dans l'air du feu brûlant et répandu le feu dans

1. Le mois de sanê commence le 7 juin et finit le 7 juillet (A. d'Abbadie, *Dict. de la langue amariñña*, col. 651). Le 12 de sanê correspond donc actuellement au 19 juin.

l'atmosphère du ciel sans le toucher de sa main; qui a lancé le vent sur le char des ténèbres sans aucun point d'appui; qui a congelé l'eau; qui a fait les cieux et les a suspendus comme une voûte et une colonne; qui a créé ses anges de [purs] esprits et ses messagers comme des flammes (?); qui a changé la foudre en éclair et donné la force au tonnerre; qui a brisé dans les nuages la pierre de la grêle en petits morceaux pour qu'elle descende (sur la terre); qui commande à la foudre et disperse les brouillards comme de la poussière; dont la demeure est au milieu des flammes et dont le char est la terreur; qui apaise les tempêtes et calme les flots de la mer; dont la puissance s'étend de génération en génération, et la justice de famille en famille. Le commencement de ses jours est incalculable et l'étendue de son existence est incompréhensible; Il a formé Adam à son image pour se manifester.

C'est après m'être prosterné devant ce Dieu et après l'avoir adoré, que je vais raconter les dures épreuves de la vie de cet homme bienheureux, saint, illustre, de ce prince glorieux, digne d'éloges, pur et sans tache, qui supporta la pauvreté tout en étant roi, qui ne marcha pas dans la mauvaise voie, qui ne fut pas atteint par les traits du malin, c'est-à-dire le diable, vraie montagne d'or et d'argent, montagne de perles fines et de saphir, colline de myrrhe et d'encens admirable. Si nous l'appelons montagne d'or, c'est à cause de l'éclat de sa foi pure, de sa persévérance dans la lutte, de son désir d'accomplir la parole de l'Évangile, car il avait entendu la trompette du salut, c'est-à-dire la bonne nouvelle (destinée) aux nouveaux enfants d'Israël, qu'a fait retentir [*fol.* 2] l'Agneau, et dont le son se transmet dans l'Église chrétienne par la bouche du prêtre. Elle dit : « Rachetez votre âme par l'abstinence. » Elle dit encore : « Entrez par la porte étroite, car la route qui mène à la perdition est large, mais la porte qui donne accès à la vie est étroite et resserrée[1]. » Bien peu y entrent tandis qu'on dit que beaucoup entrent par la porte large. Quels sont ceux qui se sont engagés dans la voie de la perdition et quels sont ceux qui l'ont suivie ensuite? Car ces deux routes sont restées ouvertes, l'une qui conduit à la mort, l'autre à la vie.

Ceux qui sont entrés par la porte de la perdition, ce sont ceux qui ont eu les agréments de cette vie, le manger et le boire à profusion, car ceux qui mangent et boivent sans retenue sont en opposition avec l'Évangile, qui dit : « N'appesantissez pas vos cœurs par le manger et le boire[2]. » C'est pour eux que s'accomplira cette parole du prophète[3] : « Malheur à ceux qui se lèvent de bon matin pour se rendre dans des tavernes où ils passent tout le jour à boire et le vin les échauffe. » Puis de l'intérieur de la maison, la voix de l'Époux vient jusqu'à eux et leur dit : « Malheur à ceux qui sont rassasiés maintenant, car ils auront faim, pour avoir repoussé la voix miséricordieuse du jeûne, qui leur disait : « Travaillez à obtenir la nourriture pour la vie éternelle, que vous donnera le Fils de l'homme, et non pour la nourriture temporelle et éphémère. » La grâce de Dieu s'éloigne de ceux dont le ventre est insatiable et se répand sur ceux qui aiment le jeûne, de même qu'Esaü, qui aimait la bonne nourriture, a perdu son droit d'aînesse, lequel est passé à Jacob, qui pratiquait le jeûne.

Ceux qui entrent encore par la porte de la perdition avec

1. *Saint Matth.*, VII, 13-14.
2. *Saint Luc*, XXI, 34.
3. *Isaïe*, ch. V, 11 : « Malheur à ceux qui se lèvent de bon matin, qui suivent la cervoise, qui demeurent jusqu'au soir jusqu'à ce que le vin les échauffe. » (*Trad. d'Ostervald.*)

les insatiables dont nous venons de parler, sont les adultères, les fornicateurs, les voleurs, les vindicatifs, les ravisseurs, les injustes, les railleurs, les orgueilleux, les vantards, les magiciens, ceux qui croient à l'astrologie, à la parole d'un homme ou d'une femme qui leur disent : « Nous savons ce qui arrivera et nous prévoyons ce qui sera. » Ceux-là donc, et ceux qui leur ressemblent, marchent dans la voie de la perdition ; la mort sera leur fin dernière, et l'enfer leur point d'arrivée. Telle est, avec son explication, l'issue de cette porte large qui conduit à la perdition.

[*fol.* 3]. Ne croyez pas, ô mes amis, lorsque vous entendrez parler de cette porte, dont il est question dans l'Évangile, qu'elle se trouve dans [le ciel (?)]. Dans le ciel il n'y a pas de porte de perdition, mais une porte de clémence. Où réside notre Dieu, il y a une mer de miséricorde et une source de bénédictions. Mais celui qui est damné ne monte pas au ciel, car si celui que l'on appelait le Prince des Anges a été précipité du ciel pour avoir eu une pensée criminelle, comment un homme damné pourrait-il y atteindre?

Quant à ceux qui entrent par la porte étroite, ce sont ceux qui suivent le Christ en portant sa croix, et porter sa croix, c'est pratiquer le jeûne, la prière, l'amour, la douceur, l'humilité et la pauvreté ; c'est passer des veilles dans les larmes, modérer sa langue, observer la continence, s'abstenir de proférer des blasphèmes et de dire des injures et des mensonges, se garder de toute œuvre mondaine qui conduit à la perte et à la mort, se préserver de l'impureté, se retirer dans le désert vêtu d'une peau de bête..., s'enfermer dans une cellule, préserver son esprit de toute pensée coupable, et penser à la mort en tout temps.

C'est par cette porte qu'a voulu entrer Lalibala, fortifié dans sa résolution par l'exemple des saints qui l'avaient précédé; c'est cette voie qu'a choisie cet homme glorieux, dont le nom est Lalibala et qui fut appelé Gabra Masqal lorsqu'il reçut l'onction des rois; il attacha des ailes à sa pensée, à l'instar des chérubins, afin de pouvoir, grâce à elles, s'élever jusqu'à la demeure de la divinité, pour s'associer aux séraphins entonnant des louanges. Il a enduré toutes les privations dont nous venons de parler, plongé dans une mer de résignation, car sans la résignation, on ne peut supporter la faim, la soif, l'indigence et la pauvreté. Il a accompli tout cela à cause de Dieu. La parole de l'Évangile n'est réalisable que par la résignation. C'est donc pour cela qu'il a revêtu l'habit de la persévérance et la cuirasse de la victoire, afin de triompher des difficultés de la lutte.

Cet homme nous l'avons appelé montagne d'or, parce que de même qu'on garde l'or dans un écrin où on l'enferme, de même le cœur du bienheureux Lalibala a été un écrin pour la parole de l'Évangile. Or la parole de l'Évangile est l'or vrai, sans mélange; elle est demeurée dans le cœur de cet homme accompli qui [*fol.* 4] égala le Christ. Son humilité fut pour lui un écrin; il fut lié par la corde de l'humilité, qui attache (?) le cou des justes, car sans humilité, il n'est pas possible d'être agréable à Dieu, ainsi que l'a dit le prophète, lorsqu'il reçut un charbon ardent qu'un chérubin (lui donna) avec des pincettes en lui disant[1] : Ainsi parle le Seigneur. Vers qui tournerai-je mes regards, sinon vers le doux, l'humble, le paisible, qui tremble à ma voix? — Le Prophète des prophètes dit aussi : « Apprenez de moi que je suis doux et que mon cœur est humble », et vous trouverez le repos pour vos âmes. »

1. Allusion au passage d'*Isaïe*, ch. VI, 6 : « Mais l'un des séraphins vola vers moi, ayant dans sa main un charbon vif, qu'il avait pris sur l'autel avec des pincettes. » (*Trad. d'Ostervald.*)

Nous l'avons assimilé à une montagne d'argent et à une montagne de saphir, à cause de la voix de la justice qui sortit de sa bouche éloquente et de sa langue agrémentée par le sel de la divinité.

Nous l'avons appelé montagne de perles fines à cause de la pureté de son corps, car il acquit une pureté semblable à celle des anges et il a fait briller l'éclat de la perle précieuse de sa pureté sept fois plus qu'Asonya, Oryarès, Aryob[1] et Mazerôt. Il a entendu la voix de l'Apôtre qui dit : Purifiez votre cœur et vos mains, ou encore cette parole qui est tombée de la bouche de Paul : Qu'il n'y ait parmi vous personne qui soit adultère ou impur. Il dit aussi : Celui qui aura détruit la maison de Dieu, Dieu le fera périr. Lalibala a encore bu le suc du raisin de la prophétie du bienheureux David, qui dit : Je ne veux pas d'offrandes ni de sacrifices; purifie-moi ton corps, comme sacrifice; à cause du péché, il ne m'est pas agréable. Et ayant gardé tout cela dans le carquois de la pureté, il se cacha pour ne pas être atteint par le venin du serpent qui engourdit tout ce qu'il touche.

C'est pour cela qu'il s'enfuit loin des délices de ce monde, qui excitent[2] les hommes au péché, afin de gagner (?) les grandes richesses qui sont accumulées dans les trésors du ciel, ainsi que le dit Salomon : Un homme pur est un bien précieux.

Lalibala est nommé colline de myrrhe et colline d'encens, à cause de l'arome de sa bonté, car la bonne odeur de son basilic s'est répandue jusqu'aux confins du monde, ainsi

1. *Aryôb*, est le nom d'une planète, Mercure ou Jupiter; les mots *Asonya* et *Oryarès* désignent la lune (*Livre d'Hénoch*, LXXVIII, 2) et *Mazerôt* est le nom biblique des constellations.

2. Mot à mot : « qui verdissent pour le péché ».

qu'il est dit dans l'Écriture : Des extrémités de la terre, nous avons entendu parler de l'espoir du juste et voici (cette parole) fait courir le peuple et les populations, les princes et les magistrats, les grands et la foule. Son odeur agréable ne s'est pas affaiblie jusqu'à ce jour; sa bonne odeur a persisté. Car dit l'Écriture : Nous courons après ta bonne odeur [*fol.* 5]. Et la bonne odeur de cet homme bienheureux n'est pas comme celle du grand prêtre Aron, qui provenait d'aromates de fleurs, de myrrhe, d'iris, de cinnamome, d'encens et d'onguent d'oliviers; mais son odeur est faite d'aromates de l'Évangile et non de plantes. Sa tente n'est pas comme la tente de Moïse, car le tabernacle de Moïse et sa vue étaient l'emblème du beau et nouveau tabernacle de l'avenir, de l'Église chrétienne, et surtout des églises qui ont été construites par Lalibala. L'église des chrétiens est la maison de noces des brebis, qui n'est pas faite pour d'autres pays, pas un seul de tous ceux qu'éclaire le soleil. Quant à la construction de ces églises, nous vous dirons plus tard comment elle se fit.

Mais auparavant, nous voulons vous entretenir de l'histoire de ces monuments, vous dire quelle en fut l'origine et le but. A cet effet, nous invoquons celui qui rend sages les insensés pour qu'il nous ouvre les portes de la parole. Ainsi que le dit l'Apôtre : Si quelqu'un manque de sagesse, qu'il la demande à Dieu, qui la donne à tous généreusement; qu'il la demande avec confiance et sans réticence; il ne sera pas repoussé et elle lui sera donnée [1].

Pour vous, mes chers amis, peuple glorieux, qu'on nomme les nouveaux enfants d'Israël, vous qui vous nourrissez d'une victime admirable dont le cadavre ne produit

1. *Saint Jacques*, I, 5.

pas de vers, qui ne ressemble pas à ces cailles qui se changèrent en vermisseaux et sortirent par les narines de ceux qui les mangèrent ; vous qui buvez de l'eau vivifiante à la roche du Horeb, qui fit naître une discussion entre Dieu et son prophète, (vous tous) priez pour moi, afin que Dieu me donne une langue sage, pour que je puisse bien me rendre compte de ce que je dirai. Car je suis bien inexpérimenté; jusqu'à ce jour, je n'ai pas abordé les choses qui concernent celui au sujet duquel je vais parler; le récit en est doux et les révélations de son mystère sont profondes.

Mais je vous parlerai comme je le pourrai, avec confiance dans la force de votre prière et de celle de cet homme, étoile glorieuse de l'Orient, dont la lumière l'emporte sur la lumière de toutes les autres étoiles, secouru par le Père, qui accorde l'intelligence, fortifié par le Fils, qui donne la paix, et par l'Esprit Saint qui est le complément de la puissance de la parole. Par son salut. *Amen.*

Que la prière, la bénédiction et le secours de ce bienheureux accompagnent toujours notre reine bien-aimée Walatta Iyasus[2] et son fils, le prince Ḥayla Iyasus, jusqu'à la fin des siècles. *Amen.*

DEUXIÈME DISCOURS : RÉSUMÉ DE LA VIE DU CHRIST.

[*fol.* 6]. Et d'abord rendons grâces à Dieu, au sujet de Notre Seigneur Jésus-Christ, qui est le Fils et le Verbe du Père, qui est le fruit digne de louange, qui a pris naissance dans le sein de son Père, le vrai médecin, qui est descendu du ciel pour panser les plaies de ceux qui ont été mordus par les serpents, les taureaux et les bœufs forts et puissants (?), qui a envoyé son Esprit à ses prophètes pour qu'il les obligeât à lui dire : O Seigneur, fais incliner tes cieux et descends. Prends ta force et viens nous sauver. Dieu des forts, dirige-nous, réduis les montagnes en fumée en les touchant. Que signifie réduire les montagnes en fumée après les avoir touchées? Dès le moment qu'elles sont réduites en fumée, elles sont anéanties. Ces montagnes sont ceux que l'on nomme Satan et les démons, à cause de la grandeur de leur orgueil, car autrefois Satan a été une montagne d'orgueil qui a conçu la douleur, et enfanté le péché depuis son existence, il est plein de poison qui tue. Et son péché, ayant grandi promptement, a été le fléau d'Adam et de sa postérité. C'est pour cela que celui qui a façonné Adam, lorsqu'il a vu sa créature souffrir du joug de la servitude de Satan, est descendu sans s'éloigner du siège de sa gloire. Celui que les cieux les plus élevés ne peuvent contenir est demeuré neuf mois dans le sein d'une femme; il n'a pas brisé, à son enfantement, le sceau de sa virginité; celui qui est caché dans un tabernacle de lumière a été enveloppé dans de vils langes; celui qui repose dans l'Aryam [1] s'est couché dans une crèche; celui qui ne mange pas, pour se nourrir, de la chair de bœuf et qui ne boit pas le sang de bouc, a sucé le lait comme enfant; celui qu'abritent les ailes du vent a été porté sur les genoux. Celui dont les jours sont innombrables a grandi peu à peu. Celui que servent des myriades de myriades d'anges a servi lui-même les autres comme un serviteur. Celui qui a lavé le monde dans les eaux du déluge a été baptisé dans le Jourdain. Il a jeûné 40 jours et 40 nuits dans le désert, puis ayant eu faim, il a été tenté par le démon et a enseigné l'Évangile du royaume des cieux; il a guéri les malades, a

1. L'Aryam est le point le plus élevé des cieux, l'empyrée.

rendu la vue aux aveugles, a fait marcher les paralytiques, a redressé les boiteux, a délivré de leur maladie ceux qui souffraient de la fièvre; il a purifié ceux qui étaientatteints de la lèpre; il a fait entendre les sourds et fait parler les muets. Celui qui était porté par les nuages a touché le sol de son pied; celui qui était à cheval sur les chérubins a foulé la terre et a été porté sur un ânon; il a montré toute son humilité; il a accepté toutes les souffrances corporelles, a été placé à la droite d'un esclave et a été attaché comme un malfaiteur [*fol.* 7]; il a été souffleté par la main d'un serviteur et sa tête a été frappée d'une verge de roseau. Il a été suspendu à la croix, des clous ont été enfoncés dans ses pieds et dans ses mains; il a bu du fiel mélangé avec de la myrrhe et, tout-puissant, il est mort en inclinant la tête. Son côté a été percé d'un coup de lance, et il en est sorti deux fleuves de vie; il a été enveloppé dans un linceul de lin et a été placé dans un sépulcre, fermé par une pierre portant le sceau des juifs. Puis après être resté trois jours et trois nuits dans les entrailles de la terre, il est ressuscité d'entre les morts et, ayant ressuscité des morts, il est monté au ciel où il est assis à la droite de sa majesté, qui est son Père et où il intercède pour nous. Après avoir accompli toutes ces choses, il nous a laissé un signe. Il a tranché les cordes des filets (qui nous retenaient) et a allumé en nous un feu, non pas pour brûler les membres de notre corps, mais un feu d'amour dont la flamme apaise l'ardeur de ceux qui l'aiment, ainsi qu'il le dit : Le Père de toutes choses est lui-même et la nourriture de tous est son corps. J'ai apporté le feu sur la terre; je veux qu'on l'allume et lorsque ce feu est enflammé, il remplit et embrase le cœur de tous les élus. Et ce feu a produit un amour excessif de ses brebis qui s'est manifesté dans leurs paroles et dans leurs œuvres. Par leur bouche ses brebis disent :

Nous sommes dans ce monde tels qu'il a été; par leurs œuvres, elles accomplissent tous les préceptes de l'Évangile. Embrasés par ce feu divin, les martyrs ont éteint les fournaises de feu qu'ont allumées les impies, car le feu d'amour qui est dans leur cœur et qu'y a placé le Sauveur est plus puissant. Enflammés par ce feu, les justes ont éteint le feu de la jeunesse qui environnait leur corps comme une muraille et ont acquis la pureté, au point d'être appelés des anges, car leur corps était revêtu de la *nature* de feu. Ils furent semblables aux chérubins qui ont six ailes, parce qu'ils ont accompli les six paroles de l'Évangile et même plus. C'est pour cela qu'ils sont les compagnons des chérubins et chantent des louanges avec eux. Les vierges ont été enflammées de ce feu, elles ont renoncé au mariage et se sont vouées à la continence pour avoir le royaume des cieux. Les moines ont brûlé de ce feu, ils ont abandonné ce monde et ses douceurs, et ont amaigri leur corps par l'abstinence; ils ont fui dans le désert, sans crainte des lions, ni de la chaleur du jour, ni du froid de [*fol.* 8] la nuit. Les filets qu'il a tendus, ce n'est pas en vain qu'il les a placés, mais afin de pouvoir entraîner vers les hauteurs célestes ceux qu'il a pris, ainsi que le dit lui-même Notre Seigneur : Lorsque j'aurai été enlevé de la terre, j'attirerai tous les hommes à moi[1]. Plusieurs qui ont été pris dans ses filets ont été tirés du puits de misère et de fange et ont été sauvés; saisis dans ces mêmes lacs, les pêcheurs de poissons ont quitté leurs filets et l'ont suivi pour pêcher les hommes, pour apprendre de lui à chasser les lions par la douceur, les tigres par la candeur(?) et tous

1. *Saint Jean*, XII, 32 : « Et moi quand j'aurai été élevé de la terre j'attirerai tous les hommes à moi. »

ceux qui font le mal, en s'efforçant de les ramener dans la bonne voie.

Cet homme dont le nom est Lalibala, vrai arbre vert du jardin, ayant été arrosé par le doux suc de leur parole, a poussé des fleurs odoriférantes et ayant été pris dans les fils de leurs sarments, il a produit des fruits savoureux, ainsi que nous apparaîtra le fruit de son œuvre excellente, à mesure que nous avancerons. Son fruit n'est pas le fruit unique d'un arbre du jardin, mais il a différents aspects et différentes formes de grappes, comme on en voit dans les vergers, d'odeur variée, d'aspect varié et de couleurs variées.

En effet le fruit de la vigne a un aspect, un suc, une saveur et une odeur particuliers; le fruit du grenadier a un aspect, une forme et un goût autres; le fruit de l'amandier, celui du palmier, du melon et de la mandragore ont aussi une forme, une odeur et une saveur qui leur sont propres..

....

L'AUTEUR COMMENCE A RACONTER LA VIE DE LALIBALA.

[*fol.* 35]. Écoutez donc, ô mes chers amis, vous qui cherchez les bénédictions de la grâce du juste et qui brûlez d'amour pour Lalibala, afin que vous vous délectiez au récit de son agréable combat, qui pénètre comme l'eau dans les entrailles ou la moelle dans les os. Car c'est une pluie de louanges qui n'est pas absorbée par les grandes chaleurs de l'été. Ouvrez donc les oreilles de vos cœurs. Je commence, autant que me le permettent les imperfections de ma langue, et la petite étendue de mon savoir, à raconter quelques-uns de ses nombreux prodiges. Je ne puis vous énumérer tous les travaux de ce bienheureux, mais seulement un petit nombre d'entre eux, afin que votre cœur se réjouisse de les apprendre, car l'histoire du juste réjouit beaucoup plus que ne rassasie une table bien garnie, que ne désaltèrent le vin et l'hydromel; elle a plus de douceur que l'huile et la graisse, ainsi que le dit le prophète : Ses paroles sont plus douces que le beurre[1]. Quant à vous, il convient que vous vous revêtiez de sa foi comme d'un vêtement, que vous vous en enveloppiez comme d'un voile, et que vous honoriez cet homme comme [vous honorez] les anges, les prophètes, les apôtres, les justes, les martyrs, les vierges et les moines, parce qu'il ne leur cède en rien. Que sa prière et son intercession, son secours et l'espoir de sa bénédiction soient avec la servante de Dieu, notre reine, Walatta Iyasus, avec Walatta Ḥiruta Selâsê, avec vous tous qui êtes ici présents, et qui êtes venus de près ou de loin vous réfugier à l'ombre de ses ailes; qu'il ne s'éloigne pas de vous jusqu'à la fin des siècles. *Amen.*

NAISSANCE DE LALIBALA.

Il y avait en Éthiopie une ville nommée Roḥa, qui est la ville natale du bienheureux Lalibala, et dans cette ville vivait un homme appartenant à une famille des plus grandes, des plus nobles et des plus riches [*fol.* 36] en or, en argent, en vêtements, en étoffes précieuses, en serviteurs et en servantes. Cet homme se nommait Jan Seyum; il se maria et eut un fils, qui fut ce saint illustre, appelé mystérieusement Lalibala (?). Je vais vous expliquer la signification de ce nom et pourquoi il lui fut donné.

Lorsque sa mère le mit au monde, il vint un grand nom-

1. *Ps.* LV, 22.

bre d'abeilles qui l'entourèrent comme elles entourent le miel, et sa mère vit ces abeilles qui se groupaient autour de son enfant, comme l'armée autour du roi. A ce moment l'esprit de prophètie descendit en elle et elle dit : « Les abeilles connaissent que cet enfant est grand. » C'est pourquoi elle lui donna le nom de Lalibala, qui signifie : « L'abeille a connu sa grâce ».

Il est certain, en effet, que les abeilles ont connu sa grâce, puisqu'elles l'ont entouré comme du miel (car les abeilles aiment le miel) et c'est pour cela qu'elles ont volé autour de lui : car le bienheureux Lalibala devait produire un miel pur de bonnes œuvres, en cueillant des fleurs de diverses couleurs, de différentes formes, de toute odeur et de tout parfum ; en luttant plus que les autres saints, en jeûnant plus que les autres jeûneurs, en restant plus pur que les autres hommes purs, en résistant (aux passions) plus que les autres hommes fermes, en adorant Dieu plus que les autres adorateurs, en s'humiliant plus que les autres hommes humbles, en se montrant plus doux et plus miséricordieux que les autres hommes doux et miséricordieux et plus charitable que ceux qui font l'aumône, en aimant son prochain plus que les autres philanthropes, en allant le matin à l'église plus souvent que les autres assidus [1] et en faisant la paix autour de lui plus que les autres hommes paisibles. De tout ce qui constitue les bonnes œuvres, il n'est pas une seule chose que le bienheureux Lalibala n'ait pas recueillie, pour acquérir la sagesse.

Celui qui scrute les cœurs et les reins avait envoyé les abeilles pour l'entourer au jour de sa naissance, comme elles entourent le miel. Il y a encore une autre similitude qui complète le présage donné par ces abeilles au sujet du

1. En suppléant le mot *ruṣata* à la fin de la phrase.

bienheureux et saint Lalibala, car un grand mystère a été révélé le jour de sa naissance; c'est que tout en étant enfant [*fol.* 37], il lui était annoncé ce qui lui arriverait dans sa vieillesse. Les abeilles figurent en effet l'armée du roi, et leur aiguillon (?), avec lequel elles piquent les hommes, est l'image des armes des soldats du roi avec lesquelles ils font la guerre aux infidèles qui combattent le roi. Car le bienheureux Lalibala devait être roi et c'est pour cela que les abeilles l'entouraient, comme l'armée et l'escorte d'un roi, sans qu'il comprît lui-même ce présage de son commandement. Avant qu'il fût proclamé roi, sa royauté se révéla; avant qu'on l'eût nommé roi ou prince, sa suprématie apparut. Mais ce n'étaient pas des abeilles corporelles, c'étaient des anges qui en avaient pris la forme pour annoncer son règne et le miel pur de bonnes œuvres qui distillerait de lui, car le bienheureux Lalibala devait revêtir (les habits royaux) et accomplir toute cette prophétie sur la terre, c'est-à-dire y faire des œuvres de justice.

PORTRAIT DE LALIBALA.

Puis il grandit, nourri par l'Esprit-Saint qui le fortifia en puissance, en sagesse et en résolution, avec un maintien admirable de majesté. Il était parfaitement beau, sans difformité de la tête aux pieds; ses joues étaient rouges comme l'écorce de la grenade, ses yeux semblables à l'étoile du matin, les doigts de ses mains comme un couple de tourterelles (!), son nez droit, le timbre de sa voix agréable, sa bouche éloquente et sa langue .... Ainsi grandit Lalibala, accompagné par la grâce de Dieu, l'aide de Jésus-Christ et les dons du Saint-Esprit. Tous ceux qui le voyaient admiraient sa majesté et son maintien, et lui prédisaient la royauté. Les abeilles l'avaient aussi fait connaître auparavant, le jour de sa naissance ; de même que Notre Sauveur lorsqu'il naquit d'une vierge sainte dans le sein de laquelle il avait été conçu sans le concours d'aucun homme, avait envoyé une étoile aux mages pour leur annoncer sa naissance et leur révéler sa royauté, car il était né roi des cieux et de la terre, dans le pays de Juda ; de même au lieu d'une étoile (*le recto du fol.* 38 *contient un dessin colorié avec cette inscription : Comment naquit saint Lalibala dans la ville de Roḥa*) [*fol.* 38 *r°*] il envoya des abeilles, le jour de la naissance du bienheureux Lalibala, pour annoncer sa royauté alors qu'il était encore tout petit enfant, parce qu'il devait être roi lorsqu'il serait devenu grand. Jésus-Christ devait avoir en partage le royaume des cieux et celui de la terre, et c'est pour cela que sa naissance fut révélée par une étoile ; la naissance de son serviteur Lalibala fut révélée par des abeilles, parce que son Seigneur voulut le faire son égal. C'est pourquoi il fut rempli de l'Esprit-Saint dès le sein de sa mère, comme Jérémie et Jean. C'est ainsi que le bienheureux Lalibala naquit rempli de l'esprit de la science et de la sagesse, de l'esprit de l'intelligence et du jugement, de l'esprit de sainteté et de pureté, car il naquit par la volonté du Père, par le bon plaisir du Fils et par la puissance du Saint-Esprit.

(*Le verso du fol.* 39 *contient un dessin colorié représentant Lalibala faisant l'aumône aux enfants des pauvres.*)

LALIBALA EST PERSÉCUTÉ PAR SON FRÈRE, ROI DU PAYS, QUI VEUT LE FAIRE MOURIR.

[*fol.* 41]. A cette époque le trône était occupé par son frère nommé Ḥarbâye. Celui-ci ayant eu connaissance de la prophétie concernant Lalibala, son frère, crut qu'il s'emparerait de son royaume sans la volonté de Dieu et il en fut très tourmenté, ainsi que tous ses amis (ses courtisans). Mais on ne peut s'emparer d'un trône que par la volonté de Dieu et si cette volonté se manifeste, elle ne peut manquer de s'accomplir. Son frère, le roi, se mit donc à lui adresser des reproches, par jalousie, et tous ceux qui composaient la maison royale, c'est-à-dire les courtisans de son frère, le haïrent pour le même motif, de même que les frères de Joseph le détestaient parce qu'il leur avait raconté le songe qu'il avait eu (en leur disant) : J'ai vu pendant la nuit que nous étions dans un champ occupés à moissonner et vos gerbes sont venues se prosterner devant la mienne. Lorsque ses frères apprirent ce songe, ils lui dirent : Est-ce que tu veux régner sur nous et être notre roi ? C'est pour cela qu'ils le vendirent en Égypte ; mais (ce qui avait été prédit) ne manqua pas d'arriver, quand le moment fut venu, et ses frères se prosternèrent devant lui, avec leurs femmes et leurs enfants, dans le pays d'Égypte, car c'était là que régnait Joseph.

Ceux qui haïssaient le bienheureux Lalibala ne savaient pas ce qui avait été écrit pour eux depuis longtemps ; car le prophète dit : Ils ne savent pas, ils ne comprennent pas, ils marchent dans les ténèbres. S'ils avaient su, ils n'auraient pas blasphémé contre lui, ils ne l'auraient pas insulté, mais ils auraient dit : Servons celui que Dieu nous a donné comme maître et soumettons-nous à celui qu'il a désigné comme notre seigneur. Mais ils voulurent se débarrasser de lui, pensant [*fol.* 42] qu'ils pouvaient le faire mourir par le poison.

Un jour le bienheureux Lalibala prit un breuvage qui l'affaiblit beaucoup, parce que c'était un breuvage débilitant mais (il n'eut d'autre effet que de le) débarrasser des impuretés de son corps.

Lalibala avait une sœur consanguine (c'est-à-dire du côté paternel), qui était très méchante, fille d'Elezâbel et nouvelle Hérodiade, semblable à Qâyâl (Caïn), le meurtrier de son frère. Elle lui fit porter un poison mortel qu'elle avait préparé et mélangé à de la cervoise, afin de le faire mourir rapidement pour qu'il ne fût pas roi. Elle lui envoya une coupe pleine de ce poison, et Lalibala qui avait soif et était pressé de boire, croyant que c'était de la cervoise et ignorant qu'on y avait ajouté du poison, commanda à un diacre de sa maison, qui était avec lui, de boire de ce breuvage. Il lui dit : Bois le premier, tu me feras plaisir. C'est ainsi qu'il avait l'habitude de faire ; il faisait boire d'abord le diacre à la coupe et buvait ensuite. Mais aussitôt que ce diacre eut bu (quelques gouttes de ce liquide), il eut une grande agitation dans tous ses membres, depuis la tête jusqu'aux pieds, fut pris de vomissements, tomba (par terre) et mourut aussitôt, car c'était un poison violent. Un chien qui se trouvait là et qui lécha les déjections de ce diacre, mourut aussi sur-le-champ. Lorsque le bienheureux Lalibaba vit ce résultat terrible, il en fut stupéfait et se dit : Pourquoi sont morts si rapidement ce diacre qui a bu à cette coupe que ma sœur m'a envoyée, et ce chien qui a léché ses déjections. Puis ayant vu qu'ils étaient morts tous les deux aussitôt après avoir bu du breuvage de cette coupe, qui contenait du poison, le bienheureux Lalibala fut plongé dans une profonde affliction à cause de leur mort ; il se frappa la poitrine, secoua la tête et s'écria en pleurant : Malheur à moi ! N'est-ce pas pour moi qu'était préparée cette boisson, et n'est-ce pas à cause de moi que sont morts ce diacre et ce chien ! Oui, mon crime est grand car c'est à ma place qu'ils ont péri. Après avoir prononcé ces mots [*fol.* 43], il pleura beaucoup ; l'amour de Dieu et de son prochain envahit son cœur, et il se souvint de ce qui est écrit dans les (Saintes) Écritures, et surtout de ce que dit (saint) Paul : Je vais vous montrer la voie la plus excellente ; rien ne vous servira si vous ne vous aimez pas les uns les autres. Quand même je connaîtrais la langue des anges et celles de tous les pays, si mon corps doit être brûlé, je serais impuissant à le racheter ; et quand même j'aurais le don de prophétie et que je connaîtrais toutes les choses qui ont été cachées ou révélées, si je n'ai pas la charité, je ne suis rien. Cela ne me servira de rien. Puisque je n'ai pas la charité, je ne suis rien et je ne vaux rien, car la charité est toute la loi [1]. Lalibala qui avait vu cela et qui savait que Notre Seigneur Jésus-Christ voulait que l'on aimât les hommes, prit la coupe qui avait causé la mort du diacre et du chien et en but le contenu en s'écriant : Que je meure comme eux, puisque c'est à cause de moi qu'ils sont morts.

Voyez, ô mes amis, quelle bonté et quelle pureté de cœur chez Lalibala, qui se livre à la mort parce qu'il a causé la mort d'autres créatures, et qui ne s'épargne pas. L'amour ardent de l'Esprit-Saint brûlait en lui et ne s'était pas refroidi dans son cœur ; il n'avait pas été atteint par l'eau de la perdition. Considérez cela, ô mes chers amis. S'il en était ainsi pour tous, j'en rendrais grâces à Dieu.

Parce qu'il n'avait pas bu tout d'abord à cette coupe empoisonnée, qui avait fait mourir ce diacre lorsqu'il en avait bu, non une grande, mais une petite quantité, aussitôt qu'il y eut goûté, Lalibala, voyant qu'il était mort, s'écrie : Que je meure comme lui, puisque c'est une coupe que l'on avait préparée pour moi qui a donné la mort à un autre ; mon péché a été assez énorme pour faire périr mon frère (?). Et en disant ces mots, il prend cette coupe funeste et la boit résolument avec une abnégation parfaite.

1. Saint Paul, I *Corinth.*, XII, 31 ; XIII, 12 et 13.

O mes chers amis, quel est celui de vous qui, à la vue d'un brigand, ne prendrait pas la fuite; quel est celui qui en voyant un javelot aigu entre les mains d'un ennemi vigoureux, ne chercherait pas à l'éviter; quel est celui qui, à la vue d'une épée tranchante suspendue sur son cou, n'aurait aucune frayeur [*fol.* 44); quel est celui qui voyant un feu ardent s'y jetterait, sans être effrayé de la flamme, qui en voyant un profond abîme s'y précipiterait pour rouler jusqu'en bas? Personne ne ferait ce que fit Lalibala par amour pour son prochain, car il fut un écrin pour l'amour de Dieu et de ses semblables. Si d'autres avaient été à sa place, si pareille chose et pareil événement leur étaient arrivés, ils n'auraient pas même voulu toucher cette coupe du bout de leurs doigts, après avoir vu qu'elle avait fait mourir leurs semblables qui y avaient bu auparavant; bien plus, ils se seraient emparés de la femme qui la leur aurait donnée, ils l'auraient injuriée, maltraitée et mise à mort. Il me semble qu'ils auraient dévoré sa chair et bu son sang, et encore leur cœur n'eût pas été satisfait, car l'action dont elle s'était rendue coupable est bien mauvaise.

Mais Lalibala ne craignit pas de boire à la coupe empoisonnée; il se souvint du fiel et du vinaigre mêlés à la myrrhe que but sur la croix Notre Sauveur pour racheter un grand nombre de pécheurs, ainsi qu'il l'a dit lui-même : Je donne ma vie pour mes brebis. Rien n'est plus grand que cet amour (du prochain), qui fait que l'on s'immole pour ses amis ....

[*fol.* 45 *v°*] En vérité Lalibala ressembla au Sauveur du monde puisqu'il but volontairement à la coupe empoisonnée par amour pour les autres; car il avait appris que la charité est toute la loi. Celui qui aime son prochain accomplit toute la loi. Il avait appris aussi cette parole de l'Évangile : Aime le Seigneur de tout ton cœur, de toute ta force et de toute ta pensée, et aime ton prochain comme toi-même, car c'est à ces préceptes que se rattachent la loi et les prophètes[1]. Lalibala les suivit jusqu'à se livrer à la mort, puisqu'il but ce breuvage qui avait donné la mort à un homme et à un animal. Quant à lui, lorsqu'il l'eut absorbé, il ne le fit pas mourir [*fol.* 46 *r*°], mais lui découvrit les mystères du ciel et de la terre, et c'est encore une ressemblance avec Jésus-Christ, car la coupe de mort du Christ donna la vie à ceux qui étaient morts, la lumière à ceux qui étaient dans les ténèbres, la richesse à ceux qui étaient pauvres et la pureté à ceux qui étaient souillés par l'adoration des idoles ....

LALIBALA EST RAVI DANS LES CIEUX.

[*fol.* 47] Lorsque le bienheureux Lalibala eut bu ce breuvage, il fut pris de faiblesse, mais ce n'était pas une faiblesse provenant de ce qu'il était vaincu par la force du poison. Il fut affaibli par un grand ver qui s'agitait dans son corps et qui l'avait rendu malade autrefois; lorsque le poison rencontra ce grand ver, celui-ci fut tourmenté, il ne put pas se retenir et il sortit du corps du bienheureux Lalibala. Le nombre de ses plis (ou anneaux) était de cinquante. Lorsque ce ver fut sorti, Lalibala se sentit le corps et les membres à l'aise[2].

Si je vous ai dit qu'il était devenu faible, ne croyez pas que c'était à cause du poison qu'il avait bu, car le poison

1. *Saint Matthieu*, XXII, 37 à 40.

2. Ce détail pourra paraître singulier au lecteur, mais il est tout naturel dans la bouche d'un Abyssin, car il ne faut pas oublier que l'Abyssinie est le pays du ver solitaire.

n'a aucune action sur les serviteurs de Dieu, comme le di Notre Seigneur lui-même : S'ils boivent un poison morte il ne leur fera aucun mal et ne les touchera pas. Mais pou ce qui est de la faiblesse de Lalibala, elle provenait de ce que ce ver s'agitait pour sortir, lorsqu'il fut atteint par le poison, et le bienheureux Lalibala se trouva mieux et fu guéri de sa maladie; alors Dieu vit la bonté de ce bienheureux, ainsi que son amour des hommes, son envie de lui ressembler, son ardent désir de faire sa volonté et d'exécuter ses commandements, et comment il avait bu la coupe pleine de poison mortel par amour pour son prochain: il lui envoya un de ses anges lumineux choisi dans son armée, pour le visiter et enlever son âme au ciel, afin de lui montrer les mystères d'en haut. Cet ange lumineux descendit vers lui tout joyeux, étincelant comme du feu, car c'est ainsi que vont les anges de lumière lorsque le Dieu juste les envoie vers ses élus et vers ceux qui font sa volonté, pour les visiter et les pourvoir du nécessaire, pour les faire sortir de prison, leur révéler des secrets ou leur porter secours dans toutes leurs afflictions [*fol.* 48]. Lorsqu'ils sont envoyés près des saints, les anges de lumière sont radieux de contentement. Celui-ci vint trouver Lalibala au moment où il venait de boire ce breuvage empoisonné, et il enleva son âme jusqu'aux cieux avec une grande joie. Pendant qu'il le faisait monter au ciel, il lui apprit à chanter le cantique suivant : « Envoie ta lumière et ta vérité; qu'elles me conduisent et m'introduisent à la montagne de ta sainteté et dans tes tabernacles. Alors j'entrerai jusqu'à l'autel de Dieu, du Dieu qui a réjoui ma jeunesse [1]. Si je monte aux cieux tu y es, si je descends dans l'abîme, tu t'y trouves; si je prenais les ailes de l'aigle et si j'allais demeurer à l'extré-

1. *Ps.* XLIII, 3, 4.

mité de la mer, là aussi ta main me conduirait et ta droite me saisirait[1]. »

Tout en chantant ainsi, il s'éleva, porté sur les ailes de l'ange de lumière, jusqu'à la région du premier ciel, et lorsqu'il arriva au firmament, il entendit un bruit effrayant et terrible et aperçut des visages redoutables, qui lançaient des étincelles de feu et rugissaient de colère, comme s'ils eussent voulu le mettre en pièces. Alors Lalibala fut effrayé par le bruit de leur colère et la fureur de leur rugissements, ainsi que par leur aspect terrifiant, qui désagrège les membres comme le feu fait fondre la cire. A leur vue Lalibala fut stupéfié et saisi d'une grande frayeur. L'ange qui le conduisait gardait le silence et ne cherchait pas à apaiser ces visages courroucés, qui se montraient à Lalibala sous un aspect terrible, et lorsque celui-ci vit leur colère, il comprit toute la frayeur qu'ils lui inspiraient.......

[*fol.* 53] Puis l'ange vola dans le second ciel en emportant le bienheureux Lalibala et lui dit : Réjouis-toi, homme de Dieu, de te trouver dans cet espace réservé aux anges vigilants. Vois cette région lumineuse, puisque tu as été jugé digne de la grande faveur de jouir de cette vue. Comme il disait ces mots, Lalibala entendit un grand bruit semblable au bruit des eaux puissantes, quoique agréable à entendre, et ce bruit épouvantable était encore plus terrifiant que celui qu'il avait déjà entendu dans le premier ciel. Alors il dit à l'ange qui l'accompagnait : Combien ce bruit est plus solennel et majestueux que celui que je viens d'entendre!...

[*fol.* 56] Et tandis que Lalibala parlait ainsi, l'ange le ravit du second ciel et le transporta dans la région du troisième ciel, environné de lumière et de gloire. Les anges

1. *Ps.* CXXXIX, 8, 9-10.

du troisième ciel sont plus grands que ceux du second, et en les voyant, le bienheureux Lalibala ressentit une nouvelle joie..

DESCRIPTION DES DIX ÉGLISES MONOLITHES DU CIEL.

[*fol.* 68] Après avoir dit ces mots, Dieu lui montra les grandes maisons faites d'une seule pierre. Le nombre de ces églises est de dix et elles ont chacune une construction, une couleur et un aspect particuliers. Il y en a dont l'entrée est étroite et l'intérieur vaste, d'autres dont la porte est large et l'intérieur étroit. Leurs murailles sont très longues et hautes et parmi ces églises, il en est qui sont plus élevées les unes que les autres et qui ont une couleur particulière. Il y en a qui sont rougeâtres, d'autres couleur de pierre de baltet, d'autres couleur de (zagas?), d'autres couleur de poussière de (kebo?); il y en a parmi elles qui ont de grandes dimensions; les unes sont plus grandes que les autres de l'étendue d'un..

LALIBALA REÇOIT L'ORDRE DE CONSTRUIRE DES ÉGLISES SEMBLABLES; SON RETOUR SUR LA TERRE.

[*fol.* 75] Dieu dit aussi au bienheureux Lalibala : N'aie aucune inquiétude au sujet de la royauté, car ce n'est pas pour la gloire passagère (de ce monde) que je te ferai roi, mais afin que tu construises des églises comme celles que tu as vues. C'est pour cela que je te donnerai l'onction des rois et que je te placerai comme oint sur mon peuple jusqu'à ce que tu aies achevé mes sanctuaires. Tu es digne de les faire sortir des entrailles de la terre par ma puissance, mais non par la sagesse des hommes, car la mienne bien différente de celle des hommes.

Puis Dieu ordonna à l'ange de lumière de ramener Lalibala sur la terre et de faire rentrer son âme dans son corps. Tout cela s'était passé dans l'espace de trois jours, pendant lesquels il avait vu les mystères des sept cieux, la gloire des anges qui habitent chacun d'eux et qui s'augmente par l'éclat du ciel, et la lumière des uns qui s'accroît encore par la lumière des autres, et l'aspect de la majesté de Dieu siégeant au-dessus des chérubins, du Dieu fort qui lui a parlé au-dessus d'eux. Le troisième jour, il reprit possession de son corps, conduit par l'ange lumineux qui exécutait l'ordre que Dieu lui avait donné de le ramener dans le corps d'où il l'avait tiré. Il fut semblable au Seigneur qui ressuscita le troisième jour d'entre les morts et non à Jonas, qui resta trois jours et trois nuits dans le ventre de la baleine à gémir et à pleurer amèrement. Car Lalibala fut environné d'une grande joie dans la cour céleste des anges vigilants et dans les maisons de lumière, comme Jérémie, le prophète, qui vit dans le ciel les mystères de la prophétie concernant la venue de Notre Seigneur et son incarnation.

Le bienheureux Lalibala revint le troisième jour sur la terre, après avoir contemplé les mystères du ciel et reçu l'onction de la royauté, après avoir conclu un pacte avec Dieu et accepté la mission de construire des églises semblables à celles qu'il avait vues.

Les gens qui étaient restés près de son corps préparaient le linceul et les linges pour l'envelopper et l'ensevelir (*Le recto du fol.* 76 *est occupé par un dessin colorié représentant Dieu faisant un pacte avec Lalibala, derrière lequel se trouve un ange l'aile droite relevée sur sa tête. Au-dessus du dessin se lit l'inscription suivante : Lalibala recevant la pa-*

role de son créateur. Le verso est consacré à deux dessins portant cette inscription : Mort de saint Lalibala) [*fol.* 77], mais ils n'osaient le faire parce que son corps n'était pas froid comme les autres cadavres, le troisième jour, car il était réchauffé par la flamme de l'Esprit-Saint qui y résidait.

(Tout à coup) Lalibala se dressa sur son lit, comme un homme qui s'éveille à la suite d'une profonde ivresse. Son visage était resplendissant comme le soleil par l'effet de la vision qu'il avait eue de la gloire de Dieu. Et s'étant levé, il remercia et bénit Dieu en ces termes : « Je te rends grâces, ô Seigneur, de ce que tu m'as accueilli et de ce que tu ne m'as pas laissé devenir la proie de mon ennemi; Seigneur, mon Dieu, j'ai crié vers toi et tu as eu pitié de moi; ô Seigneur, tu m'as fait sortir du sépulcre et tu m'as tiré d'avec ceux qui étaient descendus dans la fosse[1]. Tu as mis ma tête à couvert au jour de la mort. Que te rendrai-je, ô Seigneur, pour tout ce que tu as fait pour moi[2]. »

Ceux qui avaient fait tous les préparatifs pour l'ensevelir étaient dans l'étonnement et la stupéfaction. Ils s'écrièrent : Aujourd'hui nous avons vu un miracle. Un homme qui était mort depuis trois jours est ressuscité, miracle semblable à celui que nous avons entendu raconter de Notre Sauveur, car il est dit dans l'Évangile qu'il ressuscita Lazare qui était mort depuis quatre jours et dont le corps sentait déjà mauvais, et aujourd'hui il a ressuscité devant nous le bienheureux Lalibala, le troisième jour après sa mort. Puis ils se mirent à questionner le bienheureux Lalibala. Ils lui demandèrent : Où es-tu resté pendant ces trois jours? comment t'es-tu trouvé? Quelle a été la

1. *Ps*. xxx, 2, 3, 4.
2. *Ps*. cxvi, 12.

cause de ta mort, la cause de ta résurrection? Et ils lui montraient le linceul et les linges qui devaient l'envelopper et lui disaient : Vois ces linges et ces bandelettes que nous avions préparés pour t'ensevelir; nous attendions que ton corps se fût refroidi et si cela était arrivé, nous t'aurions enseveli. — Lalibala leur répondit : Béni soit Dieu qui m'a garanti de vos projets; son dessein et son intention n'étaient pas les vôtres, ainsi qu'il a été dit par le prophète : Mes conseils ne sont pas les mêmes que les vôtres, et ma pensée n'est pas semblable à la vôtre, mais elles sont bien différentes l'une de l'autre.

Voilà ce que leur dit Lalibala, sans leur parler en rien de la vision qu'il avait eue. Tel fut le fruit [*fol.* 78] que porta l'amour (des autres) qui avait été doublé chez le saint Lalibala par la coupe qu'il avait bue pour l'amour de son prochain, après avoir vu mourir un de ses compagnons par le poison qui avait été préparé pour lui. C'est cet amour qui lui attira la grâce de l'Esprit-Saint et lui permit de voir les mystères du ciel et la gloire de Dieu planant au-dessus des chérubins dans une splendeur éblouissante. Car l'amour mérite une grande récompense, parce que c'est par lui que s'accomplissent toutes les bonnes œuvres, ainsi que le dit saint Paul : Celui qui aime son prochain accomplit toutes les œuvres de la loi. Il dit encore : Aimez vos semblables, car la charité efface tous les péchés. Elle s'accomplit donc réellement cette parole de l'Apôtre écrite pour Lalibala : Il a fructifié et produit le double.

Quant à nous, que Dieu et Notre Seigneur Jésus-Christ nous inspirent le désir d'aimer notre prochain, par la pure intercession et l'aide de Lalibala, par les difficultés de sa lutte, par la sueur de la lassitude qui envahit le corps de ce bienheureux et vénérable Lalibala, qui fut appelé Gabra Masqal (*serviteur de la croix*), et qu'ils préservent de la tentation du corps et de l'esprit notre reine Walatta Iyasus, jusqu'à la fin des siècles. Ainsi soit-il.

LALIBALA, MALTRAITÉ PAR SON FRÈRE, SE RETIRE AU DÉSERT.

Le bienheureux Lalibala continua à être en butte aux injures et au mépris des gens de sa famille et de ceux que Satan avait suscités contre lui. Ils se moquaient de lui; l'un disait : Il sera roi, puis un autre ajoutait : S'il règne, il nous vendra de la myrrhe [1] qui est l'encens de l'église. Lorsque Lalibala entendait toutes ces injures, il pensait en lui-même : Allons, je suis un sujet de scandale pour mon prochain, pour mes frères; je ne resterai pas plus longtemps avec eux. Il vaut mieux que j'aille dans le désert vivre avec les bêtes féroces; il est préférable d'être avec ces animaux qu'avec ces gens à la langue blessante, car personne ne peut dompter la langue de l'homme. Toute créature se soumet à l'homme, l'animal qui marche et l'oiseau qui vole, mais la langue de l'homme est indomptable; elle est mauvaise et pleine de venin mortel, ainsi que le dit (saint) Paul : La tentation ne vous viendra que de l'homme. Hénoch abandonna les hommes et se retira [*fol.* 79] dans le désert, préférant la société des bêtes et les bêtes ne l'ont pas conduit au péché. C'est ensuite qu'il a été enlevé au ciel et qu'il en a vu les mystères. Élie aussi s'est retiré dans le désert et a été nourri par des corbeaux qui venaient soir et matin lui apporter du pain. Les hommes ne lui ont pas fait commettre de péché parce qu'il a fui Jésabel, mais il n'a pas eu à fuir devant les animaux féroces et ceux-ci venaient se prosterner

1. Mot à mot : « de l'eau de myrrhe ou de styrax, *aqua styracina* ».

devant lui. Enfin Jean a vécu au désert depuis sa jeunesse, mangeant les feuilles tendres des arbres et buvant la rosée. Les bêtes ne l'ont pas poussé au péché; les lions et les bœufs sauvages furent pour lui des frères.

Après avoir fait ces réflexions, Lalibala s'en alla au désert où il vécut d'animaux qu'il chassait et de perdrix qu'il prenait dans des filets. Le bienheureux Lalibala n'avait d'autre pensée que de célébrer sans cesse par des chants la gloire de Dieu. Il se frappait la poitrine jour et nuit en poussant des gémissements et en versant des larmes amères dans sa grande affliction; il se mortifiait par la faim, la soif, le froid, le manque de vêtements, le travail et la fatigue et se soumit à toutes les privations de ceux qui vivent dans le désert. Les hommes l'appelaient un animal, mais Dieu le considérait comme un (soldat) de son armée, car il voit le cœur et scrute les reins et il ne juge pas comme les hommes, parce qu'il voit l'intérieur, tandis que les hommes ne voient que le visage. Lalibala était méprisé par les hommes et petit aux yeux du monde, mais grand et glorieux devant Dieu.

Il demeura donc dans le désert, comme les Israélites, aux besoins desquels pourvut l'Esprit de Dieu, lorsqu'ils entrèrent dans la terre promise, que l'Éternel avait juré à leurs pères de leur donner. Le bienheureux Lalibala vécut aussi dans le désert, soutenu par la force de l'Esprit-Saint et il se procurait sa nourriture en se livrant à la chasse, comme je vous l'ai dit.

Que la bénédiction de sa prière accompagne la servante de Dieu, notre reine Walatta Iyasus, ses enfants Ḥayla Iyasus, Ḥayla Mikâ'el, Walda Mâryâm et ses filles Walatta Mâryâm et Ḥiruta Selâsê. Que la bénédiction de sa grâce se répande sur nous tous qui sommes réunis dans cette sainte église, jusqu'à la fin des siècles. Ainsi soit-il.

MARIAGE DE LALIBALA ; LE ROI, SON FRÈRE, LE FAIT VENIR POUR L'EN PUNIR.

[*fol.* 80] Pendant que le bienheureux Lalibala était dans le désert, l'ange du Seigneur, qui l'avait transporté au ciel et qui avait reçu mission de veiller sur lui jusqu'à la fin de ses jours, lui apparut et lui dit : Je te salue, Lalibala, homme du Seigneur. — Le bienheureux Lalibala lui répondit : Qui es tu, toi qui me salues? — L'ange répliqua : Je suis l'ange de Dieu ; c'est moi qui t'ai enlevé au ciel, qui t'ai montré les mystères de lumière et qui suis chargé de veiller sur toi. — Alors le bienheureux Lalibala lui dit : Que ton salut repose sur moi, ô Seigneur. — L'ange reprit : Prête une oreille attentive à ce que je vais te dire. — Lalibala répondit : Parle, Seigneur, ton serviteur t'écoute. — Alors l'ange dit au bienheureux Lalibala : Demain matin, à cette heure-ci, une jeune fille viendra te trouver et il lui décrivit les signes auxquels il la reconnaîtrait, ainsi que ses vêtements, puis il ajouta : Cette jeune fille deviendra ta femme ; elle a été, comme toi, choisie par Dieu, et elle te sera aussi chère que toi-même. Elle ne t'est pas inférieure par la beauté de ses actions, c'est une servante de Dieu et elle t'enseignera beaucoup de bonnes œuvres. Tu l'entretiendras de ce projet et tu lui parleras comme je te parle moi-même, de la part de Dieu, car c'est lui qui m'a ordonné de te dire cela. — Et Lalibala répondit à l'ange : Me faudra-t-il donc prendre une femme, maintenant que j'ai vu la lumière resplendissante que tu m'as montrée dans les sept cieux, la majesté qui existe dans le firmament et que tu m'as bien recommandé de ne pas oublier. — Mais l'ange reprit : Sera-ce un péché pour toi de prendre une femme, homme de Dieu, puisque ta récompense et ta grâce ne seront pas amoindries à cause d'elle? Car ce n'est pas pour l'amour de la femme que tu te marieras, mais pour l'amour de la postérité. Lalibala résista encore à l'ange du Seigneur et lui dit : Il ne me convient pas de me marier, mais l'ange insista : Peux-tu, lui dit-il, t'opposer aux ordres de Dieu et donneras-tu seul la vie aux enfants qui sont dans tes reins? — Après avoir longtemps parlé sur ce sujet, le bienheureux Lalibala répondit : Que la [*fol.* 81] volonté de Dieu soit faite et non la mienne. Alors l'ange disparut.

Le lendemain, Lalibala vit une jeune fille qui ramassait de l'herbe dans le désert, et dont le signalement répondait à celui que lui avait donné l'ange du Seigneur. Il lui parla comme l'ange le lui avait recommandé. C'était une sainte personne et elle fut charmée de ce que lui dit Lalibala, car il agissait par l'ordre de Dieu. Lalibala se fixa dans cette partie du désert, où cette jeune fille l'avait rencontré. Elle lui apportait du pain et des racines qu'elle faisait cuire chez son père, et cela dura longtemps. Puis le bienheureux Lalibala lui dit un jour qu'elle vint le voir (elle venait souvent le visiter depuis qu'elle l'avait rencontré et ne manquait pas de lui apporter une partie des provisions qu'elle faisait); un jour donc il lui dit : Parle à ton père de ce que je t'ai raconté, et il lui répéta les paroles de l'ange. Elle retourna chez elle et raconta tout à son père. Or son père vivait dans la crainte de Dieu, et savait à l'avance ce qui devait arriver. Avant qu'elle eût achevé son récit, il lui dit : Va chercher cet homme. Elle partit aussitôt, trouva Lalibala dans le désert où elle l'avait laissé et l'amena à son père. Lorsqu'ils furent en présence l'un de l'autre, ils se saluèrent du salut de l'Esprit-Saint, et le père de la jeune fille dit à Lalibala : Pourquoi as-tu séduit ma fille, ô mon fils? — Lalibala répondit : Ce n'est point volontairement que je l'ai séduite. Ce qui a été fixé par les décrets de Dieu ne peut manquer d'arriver, mais ce qui a été résolu par les hommes est fragile et incertain.

En entendant Lalibala parler ainsi, le père de la jeune fille comprit que l'ange du Seigneur lui avait apparu, et il appela sa femme pour prendre son avis avant de donner sa fille à Lalibala. Sa femme y consentit volontiers, car Lalibala avait une physionomie et un aspect agréables, parce que la grâce de Dieu l'entourait. De même que le soleil, attaché à la voûte du firmament envahit l'atmosphère de toute la force de sa beauté et de l'éclat de sa lumière; de même la grâce de Dieu environnait Lalibala [*fol.* 82]. Les parents de cette jeune fille la lui donnèrent donc pour qu'elle fût sa femme selon la loi de Dieu. Le saint et bienheureux Lalibala prit la jeune fille et la reconnut pour sa femme devant Dieu; ils furent bénis l'un et l'autre et reçurent de Jésus-Christ le sceau de la grâce, comme furent bénis Isaac et Rébecca, qui donnèrent le jour au père des douze rameaux d'olivier, lequel lutta avec l'homme (ange) de feu (?) et fut pour ce motif appelé Israël. Le bienheureux Lalibala continua à vivre dans une plus grande crainte de Dieu, à faire sa volonté et à se soumettre aux prescriptions de l'Évangile du Christ, après qu'il eut rencontré cette jeune fille, car elle avait un grand amour de Dieu. Aussi elle obéissait à son mari comme Sarah obéissait à Abraham. Elle l'appelait mon seigneur, et agissait d'après ses ordres et ses conseils. Il suivait, sans s'en écarter en rien, les conseils de sa femme, qui étaient pour lui plus doux que le miel et le sucre, et sa parole était aussi pour elle plus agréable que les raisins.

Ils vécurent ainsi dans un amour parfait de Dieu, car c'était Dieu qui les avait unis et c'est pour cela qu'ils ne formaient qu'un seul corps, ainsi qu'il est dit dans la

Genèse : L'homme abandonnera son père et sa mère pour suivre sa femme et ils seront tous les deux un seul corps [1]. Notre Seigneur dit aussi dans son Évangile : L'homme et la femme ne font qu'un seul corps et non deux ; l'homme ne divisera pas ce que Dieu a étroitement uni. Telle fut le mariage de Lalibala et de Masqal Kebrâ, unis par un lien spirituel, non par les charmes des démons (?) comme les gens du monde, mais d'après la loi que Dieu a établie, ainsi que l'avaient été Isaac et Rébecca ; car dit (saint) Paul : Le mariage est honorable entre tous ; leur union est sans souillure et leur lit sans impureté [2]. C'est ainsi qu'ils vécurent tous les deux, observant l'amour de Dieu et l'humilité, chez le père de cette jeune fille.

Mais lorsque le diable, qui est l'ennemi du bien, les vit dans cet état (heureux), il en fut jaloux. Il ne put se contenir, son esprit fut bouleversé et il médita une ruse (pour leur faire perdre leur bonheur). Il entra alors dans le cœur d'hommes [*fol.* 83] qu'il avait trouvés convenables, propres, préparés et appropriés pour en faire sa demeure ; il étendit sur eux le voile de sa malice à l'aide duquel il tourmenta leur esprit (?). Puis, ayant pris possession de leur âme, il les excita à agir contre Lalibala, et c'est ce qu'il firent.

Ces hommes allèrent trouver le roi pour accuser Lalibala d'un faux crime ; de même que Judas avait été poussé par le diable à livrer notre Sauveur aux princes des prêtres, qui étaient des chiens et des bœufs engraissés (?), de même ces hommes étaient conduits par Satan, le précepteur du mal ; ils s'entendirent pour dire au roi que Lalibala avait pris une jeune fille qui avait donné sa foi à un autre que lui et qu'il en avait fait sa femme. Ils ajoutèrent : O roi, ne ferme

1. Ch. II, 24.
2. Saint Paul, *Hébr.*, XIII, 4.

pas les yeux sur cette affaire, car il cherche par tous les moyens à arriver à la royauté ; si tu le laisses tranquille, son pouvoir s'accroîtra et il sera le plus fort. Lorsque le roi, qui était le frère du bienheureux Lalibala, apprit cela, il ordonna de l'amener à son palais, car depuis longtemps il était irrité contre lui, parce qu'il le soupçonnait de vouloir le détrôner. Les gens qu'il avait envoyés pour chercher le bienheureux Lalibala vinrent trouver celui-ci et lui dirent que le roi le demandait. — Lalibala les interrogea à ce sujet : Pourquoi, leur dit-il, le roi me fait-il appeler, moi, l'opprimé, qui me suis éloigné de lui et de son entourage, sans avoir fait aucun mal ; et maintenant ce n'est pas pour me faire du bien qu'il m'envoie chercher, c'est probablement parce qu'il a trouvé quelque motif de me persécuter encore. Son cœur est irrité contre moi et il veut me faire souffrir, comme autrefois Saül s'irrita contre David et chercha à le faire mourir, à cause de sa jalousie du pouvoir. Qui donc a dit au roi que j'étais ici ? Ne me suis-je pas sauvé de désert en désert, caché de caverne en caverne, pour fuir devant mon frère, comme David fuyait devant Saül, mais Saül et David n'étaient pas frères ; ils étaient d'une famille différente, puisque Saül était fils de Qis, de la tribu de Benjamin, et David était issu de la tribu de Juda. Quant à moi, je suis poursuivi par mon frère ; sa royauté, au lieu d'être pour moi une source de joie, est une cause de grands tourments ; au lieu de m'aimer, il me hait. Et maintenant, ô mes frères, dites-moi, si vous le savez, pourquoi il me fait demander. — Les envoyés du roi lui répondirent : Viens, ô notre frère, lorsque tu seras près du roi, tu sauras pourquoi il t'a fait venir [*fol.* 84]. Puis ils le conduisirent chez le roi et l'amenèrent devant lui. Pourquoi, lui dit celui-ci, fais-tu sous mon règne des choses qui ne doivent pas se faire ? Pourquoi as-tu pris comme femme une jeune fille qui était promise à un autre que toi? — Lalibala lui répondit : Permets-moi de parler. — Je t'autorise, parle, répliqua le roi. — Alors le bienheureux Lalibala lui dit : Cela n'est pas, ô Seigneur; je n'ai pas pris ce que Dieu ne m'avait pas permis de prendre, je n'ai fait violence à qui que ce soit. Alors vinrent les deux hommes qui l'avaient accusé devant le roi et ils témoignèrent qu'il avait enlevé une jeune fille fiancée à un autre homme.

Lorsque le roi, son frère, eut entendu ces témoignages, il ordonna de frapper Lalibala avec un fouet de cordes. Les gens du roi se préparèrent à frapper le bienheureux Lalibala qui s'écria, prêt à subir ce châtiment : J'ai mis ma confiance en toi, ô Seigneur, et je ne serai pas confondu à jamais. Délivre-moi par ta justice et tire-moi du danger; tourne ton oreille vers moi et sauve-moi promptement. Sois mon Dieu, mon sauveur et ma citadelle, car tu es ma force et mon refuge. A cause de ton nom, guide-moi et soutiens-moi; fais-moi sortir de ces filets qui ont été tendus et cachés pour me prendre, car tu es mon secours. O Seigneur, je remets mon esprit entre tes mains. Rachète-moi, Seigneur, Dieu de justice, et couvre-moi sous l'ombre de tes ailes[1].

Pendant qu'il prononçait ces paroles, les gens du roi se mirent à le frapper. Or le roi, après avoir donné cet ordre,

1. « Éternel! je me suis retiré vers toi : que je ne sois jamais confus. Délivre-moi par ta justice. Incline ton oreille vers moi, délivre-moi promptement; sois pour moi une forte roche et une maison bien munie, afin que je puisse m'y sauver. Car tu es mon rocher et ma forteresse. C'est pourquoi, à cause de ton nom, mène-moi et conduis-moi. Tire-moi hors des filets qu'on m'a tendus en cachette. Je remets mon esprit en ta main, tu m'as racheté, ô Éternel! qui est le Dieu fort de vérité. » *Ps.* XXXI, 2 à 6 et *Ps.* LXXI, 1 à 3. — « Couvre-moi sous l'ombre de tes ailes. » *Ps.* XVII, 8.

était entré dans l'église pour recevoir la communion, au moment où ils commençaient à frapper Lalibala. Ils ne cessèrent pas jusqu'à ce que le roi sortît de l'église, après le sacrifice, et frappèrent Lalibala les uns après les autres. Mais Dieu, qui n'oublie pas ceux qui mettent leur confiance en lui, envoya un ange pour le couvrir de ses ailes, afin que les coups ne lui fissent aucun mal. Cet ange de justice descendit et protégea le bienheureux Lalibala avec ses ailes lumineuses; cet ange était son ange gardien qui avait reçu de Dieu la mission de veiller sur lui pendant toute sa vie. Lorsque le roi sortit de l'église, il entendit le bruit des coups que l'on donnait à Lalibala et dit à ceux qui l'accompagnaient : Quel est donc ce bruit que j'entends? et ceux-ci lui répondirent : N'est-ce pas vous qui avez ordonné, en entrant dans l'église, de frapper Lalibala. C'est lui que l'on frappe encore en ce moment [*fol.* 85]. Alors le roi fut effrayé, car il lui semblait que son frère était mort et il fit aussitôt cesser le châtiment. Mais le bienheureux Lalibala n'avait pas été atteint et n'avait aucun mal, ce qui étonnait tous ceux qui étaient présents. Le roi fut aussi rempli d'étonnement et tout stupéfait de voir que son frère n'avait en rien souffert des coups qui lui avaient été donnés.

Lalibala alla ensuite retrouver sa femme et lui raconta tout ce qui s'était passé, comment son frère l'avait traité et comment Dieu l'avait protégé contre les coups en lui envoyant un ange de lumière qui l'avait couvert de ses ailes. Ils remercièrent Dieu et firent cette prière d'actions de grâces : « Béni soit le Seigneur, Dieu d'Israël, qui a eu pitié de nous et a sauvé son peuple; béni soit le nom de sa majesté sainte, car il ne repousse pas ceux qui se confient en lui; il est le secours de ceux qui portent leur pensée vers lui, ainsi que l'a dit Notre-Seigneur Jésus-Christ par la bouche de son prophète : « Il a mis sa confiance en moi, je le protégerai et le sauverai parce qu'il a connu mon nom; il m'appelle et je lui réponds. Je suis avec lui au jour de son affliction; je le sauverai et le glorifierai; je le rassasierai pour longtemps, je lui montrerai mon salut et la louange de Dieu remplira toute la terre. Ainsi soit-il, ainsi soit-il. »

Après avoir fait cette prière, ils se consolèrent l'un l'autre, comme deux amis ou plutôt comme deux camarades, c'est-à-dire qu'il recevait les consolations de sa femme et qu'elle recevait les siennes, car son mari avait été préservé des coups et ces coups lui avaient été infligés à cause d'elle, de même que le Christ a souffert la flagellation pour son Église et, dit (saint) Paul, celui qui aime sa femme, s'aime soi-même. Lalibala qui avait appris cette maxime, brûlait d'amour pour sa femme, et elle avait beaucoup d'amour pour lui, comme l'Église aime le Christ.

Que leur prière, leur intercession, leur bénédiction, leur secours, l'offrande de leur sacrifice, la bonne odeur de leur encens qui brûle dans l'encensoir des vingt-quatre prêtres du ciel, les gouttes de leur sueur lorsqu'ils étaient en adoration, la fatigue qu'ils éprouvèrent lorsqu'ils se tinrent debout, leur ardeur dans la veille, les larmes qu'ils versèrent pour l'amour de Dieu, leur empressement à se rendre le matin à l'église ou à consoler les captifs, leur douceur admirable qui ressemble à celle de la brebis, le mérite de leurs aumônes secrètes ou publiques; [*fol.* 86] que tout le zèle extrême avec lequel Lalibala et Masqal Kebrâ ont soumis leur corps au joug (de l'Évangile), accompagnent notre reine Walatta Iyasus, et sa fille Ḥiruta Selâsê, ainsi que tous ceux qui ont confiance dans la puissance de la prière de ces deux perles lumineuses, qui brillent d'une lumière resplendissante dans les ténèbres; qu'elles nous servent de guide, où que nous allions et d'où que nous venions, qu'elles soient devant nous, derrière nous, à notre droite et à notre gauche, jusqu'à la fin des siècles. *Amen.*

LALIBALA ET SA FEMME SE RETIRENT AU DÉSERT. — DIEU POURVOIT A LEUR NOURRITURE.

Lalibala réfléchit ensuite à toutes les peines qu'il avait eues à souffrir de ses parents ei de tous ceux qui composaient la cour du roi, et il dit à sa femme : Allons au désert pour nous remettre de tous les tourments que nous causent ces gens qui nous détestent, car il vaut mieux vivre avec les bêtes qu'avec des hommes qui sont méchants. Puis il emmena sa femme, à qui cette idée plaisait, et se rendit avec elle dans le désert où ils vécurent dans un amour parfait sous la garde de Dieu, qui les approvisionnait de tout ce qui leur était nécessaire. Un jour qu'ils s'étaient avancés plus loin et s'étaient assis dans une caverne, sans avoir de quoi faire leur repas du soir, il dit à sa femme : Lève-toi et prions Dieu pour qu'il nous donne notre nourriture. Sa femme lui répondit : Oui, mon seigneur et, étendant les bras et levant les yeux au ciel, ils firent la prière suivante :

....

[*fol.* 87]. Lorsqu'ils eurent terminé leur prière, Masqal Kebrâ s'avança jusqu'au milieu de la caverne et y trouva une grosse perdrix. Aussitôt elle l'annonça à son mari et lui montra ce qu'elle venait de découvrir. A cette vue, Lalibala remercia Dieu en ces termes : Sois béni, ô Seigneur, toi qui habites au plus haut des cieux et qui vois les petits.... .... A partir de ce jour, ils demeurèrent tous les deux dans cette caverne où ils avaient été nourris de ce que leur avait procuré l'Esprit-Saint..... [*fol.* 88] et ces deux petits prophètes, Lalibala et Masqal

Kebrâ, s'enfuirent dans les montagnes comme des oiseaux.

Puis des gens du roi vinrent pour les chercher dans toutes les contrées, dans tous les déserts, en tous lieux, afin de les emprisonner et de les faire mourir à cause de leur jalousie, car Satan les poussait contre les serviteurs de Dieu pour les tourmenter, et Lalibala et Masqal Kebrâ étaient des serviteurs de la Sainte-Trinité..................

.... Ces arbres du paradis, Lalibala et Masqal Kebrâ portèrent des fruits de persévérance et produisirent toutes sortes de bonnes œuvres, guidés par l'amour de Dieu. Les gens du roi qui avaient été envoyés à leur recherche ne les trouvèrent pas et ne purent arriver jusqu'à eux. Un ange du Seigneur apparut à Lalibala et à Masqal Kebrâ dans le désert et leur dit : Les serviteurs du roi vous cherchent, quittez cet endroit, venez et suivez-moi où je vous conduirai. Cet ange était Gabriel, c'est lui qui avait enlevé [*fol.* 89] Lalibala au ciel, qui l'avait protégé lorsqu'on avait voulu le frapper et qui avait été préposé par Dieu à sa garde pendant toute sa vie.

L'ANGE GABRIEL ANNONCE A MASQAL KEBRA LE PROCHAIN DÉPART DE LALIBALA POUR JÉRUSALEM.

Lalibala et Masqal Kebrâ suivirent Gabriel qui les guidait pour les sauver en les dérobant aux recherches des émissaires du roi. Il ne les laissa pas dans le premier village, ni dans le second, mais les conduisit jusqu'au pays de Mesrâq[1], qui est au commencement du royaume chrétien d'Éthiopie. C'est là que l'ange Gabriel les amena, puis il

1. *Mesraq* signifie l'Orient.

leur dit : Restez ici jusqu'à ce que vous vous sépareriez l'un de l'autre, car la volonté de Dieu est que le bienheureux Lalibala aille maintenant visiter la ville de Jérusalem. Quant à toi, Masqal Kebrâ, tu demeureras ici jusqu'à ce que ton frère revienne, après avoir visité les lieux où se sont accomplis les mystères de Notre Seigneur.......... .... En entendant ces paroles, Masqal Kebrâ se prit à s'affliger à cause de sa séparation d'avec son mari. Lorsque l'ange Gabriel la vit en cet état, il lui dit : Pourquoi le chagrin s'empare-t-il de ton cœur? Dieu ne te laissera pas seule ici; il a donné à ton sujet des ordres à Mikâ'el qui est un ange supérieur, assis à la droite du Tout-Puissant, son ange de confiance qu'il a établi sur les puissances. Il t'a confié à sa garde, de même que j'ai été préposé à celle de ton mari. Après avoir prononcé ces mots, Gabriel disparut à leurs yeux.

RETOUR DE LALIBALA EN ÉTHIOPIE.

[*fol.* 109 *r° fin*] Après avoir dit ces paroles [*fol.* 110], le bienheureux Lalibala se mit en marche pour revenir en Éthiopie, où il devait construire ces églises, qui, d'après les recommandations qui lui avaient été faites, devaient être bâties sans bois, ni mortier, ni plafond, ni toiture. Puis Gabriel le prit sur ses ailes lumineuses, s'envola dans les airs et l'apporta dans la contrée où était Masqal Kebrâ, c'est-à-dire à l'entrée du royaume chrétien d'Éthiopie. Masqal Kebrâ était alors en compagnie de Mika'êl qui la consolait en lui annonçant l'arrivée prochaine de son mari et lui disait comment il arriverait. Lorsque le moment de sa venue fut proche, Mika'êl dit à Masqal Kebrâ : Prépare-toi à revoir ton mari. Comme il disait ces mots, Gabriel arriva portant sur ses ailes Lalibala qu'il déposa devant Masqal Kebrâ. Elle se leva aussitôt, remplie de joie, et se jeta au cou de son mari qu'elle embrassa avec amour, puis elle tomba aux pieds de Gabriel en s'écriant : Salut à l'ange de justice, salut à l'ange de lumière; je sais, pour l'avoir appris autrefois, que tu es un joyeux messager, un messager de bonnes nouvelles. C'est ainsi qu'elle le salua, car elle avait retrouvé sa joie en voyant ces deux archanges et son mari.

Ainsi se rencontraient les anges et les hommes; il n'y avait qu'un seul troupeau et une seule race : deux étaient des mortels, Lalibala et Masqal Kebrâ, et deux des êtres de feu, Mika'el et Gabriel; alors ils s'entretinrent tous les quatre des grandeurs de Dieu et Lalibala raconta à Masqal Kebrâ qu'il avait vu à Jérusalem tous les mystères par lesquels s'est accompli notre salut, et qu'il avait vu, la nuit, dans une vision, toutes les flagellations de Notre Seigneur. Masqal Kebrâ lui fit de son côté le récit de ce qui lui était arrivé pendant qu'il était absent; elle avait eu la même vision que son mari et aucun des mystères ne lui était resté caché, car ils avaient eu tous deux la même vision dans la même nuit. Pendant que Lalibala était à Jérusalem, Masqal Kebrâ avait vu, à l'endroit où elle se trouvait en Éthiopie, les mêmes mystères que son mari.

Après s'être raconté l'un à l'autre tout ce qui les intéressait, ils se mirent à glorifier Dieu, avec les deux archanges, par ces paroles admirables : Bénissez le Seigneur, toutes les œuvres de Dieu, [*fol.* 111], car il est glorieux et exalté à jamais; bénissez le Seigneur, fils des hommes, car il est glorieux et exalté à jamais; bénissez-le, anges de Dieu, car il est digne de louange et exalté à jamais. C'est ainsi qu'ils remercièrent Dieu tous les quatre; les anges mêlaient leurs louanges à celles des hommes, car deux sortes d'êtres supérieurs et inférieurs se trouvaient réunis à cet endroit.

Mika'êl apparut aussi le même jour aux femmes à qui il avait confié la garde de Masqal Kebrâ, pendant qu'elles attendaient qu'il revînt comme il le leur avait annoncé. Lorsqu'elles le virent, elles furent remplies de joie et le saluèrent avec plaisir en lui disant : As-tu fait un bon voyage, beau jeune homme, serviteur de Dieu? Mika'êl leur répondit : Que Dieu vous donne la paix, femmes aimées de Dieu ; où est celle que je vous ai confiée? — A ces mots, elles allèrent appeler Masqal Kebrâ qui était dans un autre endroit avec son mari. Mais ces femmes ne connaissaient pas son mari, parce qu'elles n'avaient vu auparavant que Mika'êl qui leur avait recommandé de veiller sur Masqal Kebrâ, pendant que Lalibala était à Jérusalem..........

AVÈNEMENT DE LALIBALA.

Puis ils se mirent en route tous les quatre, Lalibala, Masqal Kebrâ, Mikâ'el et Gabriel, ceux-ci servant de conducteurs. Comme ils étaient un peu éloignés de [*fol.* 112] la ville, Mikâ'el et Gabriel prirent Lalibala et Masqal Kebrâ sur leurs ailes lumineuses et les apportèrent à proximité de l'endroit où se trouvait le roi, qui était le frère de Lalibala et se nommait Ḥarbay, comme je vous l'ai déjà dit. Pendant que Lalibala et Masqal Kebrâ se tenaient là, Notre Seigneur Jésus-Christ apparut au roi pendant la nuit, le frappa de terreur dans son sommeil, parce qu'il avait autrefois maltraité Lalibala, son frère, et lui fit à ce sujet de durs reproches, comme ceux qu'il adressa à Laban, parce qu'il poursuivait Jacob pour le molester. De même Notre-Seigneur fit des reproches à ce roi, et lui annonça que son règne était terminé et que son royaume allait être donné à Lalibala, non pas à cause de la gloire de ce monde, mais ɪour qu'il pût construire des églises sans pierre ni mortier. 'uis il ordonna à ce roi d'aller trouver son frère et lui it connaître dans quelle ville il était. Va, lui dit-il, au levant de lui, avec une grande pompe, une grande joie, n chantant des cantiques, car je l'ai oint de l'onction ainte, de l'onction de la royauté spirituelle, comme il conient aux rois qui ont été élus dès le sein de leur mère : ils ont oints de l'onction de la royauté qui leur est utile pour onnaître la justice et vaincre les infidèles. Maintenant lonc, va chercher ton frère avec de grands honneurs t une grande joie, comme je te l'ai dit, et que ton cœur ɪe s'afflige pas de la perte de ta royauté. Ce n'est pas pour a gloire de ce monde périssable que je l'ai donnée à Laliɪala, mais afin qu'il construise des églises; pour toi, herche le royaume des cieux qui est indestructible, tandis ue celui de la terre est éphémère. A ton lever, va trouver on frère, le jour de son arrivée (?), fais-le asseoir sur ton rône, en appelant sur lui la bénédiction du ciel; coupe-lui es cheveux de ta main, le jour où tu le mettras sur le trône, omme il convient pour la consécration de la royauté.

Après avoir prononcé ces paroles pendant son apparition ɪocturne, Notre Seigneur Jésus-Christ disparut.

Le roi s'éveilla épouvanté, ses os tremblaient par suite de a terreur que lui avait causée cette apparition; et il était ɪffrayé de la voix qui l'avait blâmé. Et s'étant levé, il se ɪrosterna, en s'écriant : O Seigneur, lorsque tu t'es montré . moi, cette nuit, dans une vision, et que tu m'as adressé les reproches au sujet des mauvais traitements que j'ai inligés à mon frère, ta majesté m'a terrifié et ta voix irritée n'a anéanti. Comment pourrai-je paraître devant toi au our [*fol.* 113] redoutable du grand jugement, où les justes euls seront sauvés; où pourrai-je me placer ce jour-là, ɪoi, pécheur; où pourrai-je me cacher?

Puis le roi fit appeler les gens de sa cour. Ses serviteurs et les soldats qui composaient sa garde se rassemblèrent aussitôt et vinrent le trouver ; il leur raconta que Dieu lui avait apparu, qu'il l'avait blâmé d'avoir maltraité son frère et que son royaume était donné à Lalibala, puis il ajouta : Maintenant, allons chercher Lalibala, car Dieu m'a ordonné de me rendre près de lui, de le placer sur mon trône et de lui couper les cheveux de ma main, comme c'est l'usage pour la cérémonie de l'intronisation. Alors ses courtisans lui dirent : Que signifie tout cela? Notre cœur est brisé de douleur en t'entendant parler ainsi d'abandonner ton trône pendant que tu es encore vivant. — Il leur répondit : C'est pour moi une grande joie de quitter la royauté et si j'avais su plus tôt que j'allais éprouver une telle frayeur, je ne serais pas resté sur mon trône, car la majesté redoutable de celui qui s'est montré à moi cette nuit m'a terrifié. A mon réveil, je ne pouvais pas me tenir debout ni prononcer un mot; ma langue était paralysée. C'est pour cela que mon cœur s'est détaché de la royauté, car j'ai pensé à l'heure du jugement dernier, heure à laquelle il n'y aura d'égards ni pour les rois, ni pour les princes, ni pour les riches, ni pour les pauvres, mais seulement pour les œuvres de chacun. Celui qui m'a apparu m'a dit : Le royaume de la terre est périssable, cherche le royaume du ciel.

Après avoir dit ces paroles, le roi se mit en marche à grands pas [*fol.* 114], suivi de ses courtisans et de ses muletiers (?). Comme ses courtisans insistaient pour qu'il montât à cheval, il refusa et leur dit : Je ne monterai pas à cheval jusqu'à ce que j'aie rencontré mon frère et qu'il m'ait pardonné les torts que j'ai eus envers lui. Et il continua de marcher à pied à la rencontre de son frère. Quant à Lalibala, Gabriel lui dit (à ce moment) : Prépare-toi à aller au devant de ton frère, car il vient vers toi à pied et a juré qu'il ne montera pas sur sa mule avant de t'avoir vu. Alors Lalibala se mit en route pour le lieu où devait passer son frère, le roi, et (bientôt) ils s'aperçurent l'un l'autre. Aussitôt qu'il vit Lalibala, le roi se prosterna et Lalibala en fit autant de son côté, puis ils se relevèrent et s'embrassèrent sincèrement, puis ils se mirent à l'écart et restèrent seuls, le roi ayant ordonné à son escorte de se tenir à distance. Il pria Lalibala de lui pardonner de l'avoir persécuté autrefois, et après s'être ainsi réconciliés, ils se racontèrent tout ce qu'ils avaient à se dire. Le roi fit connaître à Lalibala la vision qu'il avait eue pendant la nuit et l'ordre qui lui avait été donné de le faire monter sur le trône; et Lalibala lui raconta comment il avait reçu l'onction des rois et quel nom de roi lui avait été assigné. Après avoir dit tout cela à son frère, Lalibala ajouta : Ce n'est point pour la gloire de ce monde que (Dieu) m'a annoncé que je monterai sur ton trône, mais à cause des églises que je dois construire, moi, ton serviteur indigne. — Je sais cela aussi, mon frère, lui répondit le roi; que le seigneur des forts et roi d'Israël consolide ton trône par la justice, comme il a affermi celui de David son serviteur et de son fils Salomon. — Puis le roi se remit en marche, accompagné de son frère qui était monté sur la même mule royale. Ils arrivèrent ainsi à la demeure du roi et entrèrent dans le palais. Le roi donna aussitôt l'ordre de rassembler ses troupes et fit les préparatifs de la cérémonie du couronnement, puis il prit des ciseaux, coupa lui-même la chevelure de Lalibala et le fit asseoir sur le trône. Un héraut fit le tour du palais (?) en criant : « Lalibala règne par la volonté de Dieu ». Le roi ordonna ensuite à tous ses sujets de reconnaître Lalibala comme leur souverain, de lui rendre tous les honneurs [*fol.* 115] dus au roi et de se soumettre à ses jugements. Il donna en même temps à son frère comme nom de roi celui de Gabra Masqal qui lui avait été assigné par Dieu avant son avènement.

Lorsque Lalibala fut assis sur le trône, il se soumit à un jeûne plus rigoureux que celui des moines, car la royauté fut pour lui semblable à la vie monastique. L'humilité grandit dans son cœur après qu'il fut nommé roi ; il ne mangeait pas des mets de la table royale, mais il avait un serviteur appelé Krestos Ḥârayô (*le Christ l'a choisi*), qui lui achetait le nécessaire et lui donnait comme nourriture du pain sec dans du bouillon d'herbes, après avoir coupé le pain en trois morceaux, sans y rien ajouter ; pour boire, il lui remplissait une coupe qui était toute petite et insuffisante pour le désaltérer. C'est ainsi que Lalibala passa tous les jours de sa vie, depuis son avènement jusqu'à sa mort.

Parfois, lorsqu'il se mettait à dîner, trois frères s'approchaient de la salle où il prenait ses repas et lui disaient : O seigneur, donne-nous à manger, car nous n'avons pas de quoi dîner aujourd'hui. Lorsque l'un d'eux prononçait ces mots, Lalibala prenait un de ces morceaux de pain trempé dans du bouillon et le lui donnait ; le second parlait alors et recevait le second morceau ; puis lorsque le troisième demandait à son tour, Lalibala commandait à son serviteur de lui donner le troisième morceau. Le repas de Gabra Masqal se trouvait ainsi terminé, car il n'avait que ces trois morceaux. Quand son serviteur s'apercevait que la ration de Gabra Masqal était épuisée, il prenait la croûte (?) du pain, la brisait, la trempait dans le bouillon d'herbes et la présentait à Lalibala, mais celui-ci la repoussait en disant : Si Dieu a reçu de moi, par la main de ses serviteurs, les trois morceaux de pain que je mange ordinairement, pourquoi en mangerais-je d'autres ? Si je [illegible] prenais ce que tu m'offres, ce serait comme si je n'avais rien donné, puisque je mangerais autre chose à la place de ce que j'ai donné.

C'est ainsi qu'il répondait à son serviteur et il jeûnait toute la nuit, mais son âme était rassasiée de la nourriture de l'Esprit-Saint qui est la parole de Dieu, car il accomplissait ce précepte de l'Apôtre : Aimez votre prochain beaucoup plus que vous-même. Et, en vérité, Gabra Masqal s'y conformait puisqu'il endurait la faim pour rassasier [*fol.* 116] les autres et la soif pour les désaltérer. Mais Notre-Seigneur ne dit-il pas dans l'Évangile : Bienheureux ceux qui ont faim, car ils se réjouiront et seront rassasiés. C'est pour accomplir ce précepte que Gabra Masqal donnait les trois morceaux de pain qui lui servaient de nourriture. Ce n'était pas par parcimonie qu'il donnait ainsi ses propres aliments, puisqu'il était roi, mais afin de s'attirer la grâce de Dieu. Ensuite il ordonnait à son serviteur de distribuer à ces trois frères d'autres vivres et de la boisson; quand il apercevait des pauvres sans vêtements, il leur en faisait remettre.

Lorsque son serviteur sortait après avoir fait sa distribution à ces trois frères, il les voyait monter au ciel ; car c'étaient trois anges qui venaient trouver Gabra Masqal pour éprouver sa charité et le visiter; les anges visitent ainsi, sous la forme de pauvres, tous ceux qui aiment les pèlerins ; Notre-Seigneur aussi les visite et s'arrête dans leurs maisons, de même qu'il se reposa dans la maison d'Abraham; il leur donne les bénédictions qu'il répandit sur ce patriarche et sur sa postérité. C'est ainsi qu'il bénit Gabra Masqal, et c'était un prodige de voir ce roi supporter un jeûne si rigoureux et une soif si ardente, car il ne mangea pendant tout le temps qu'il fut sur le trône que trois morceaux de pain par jour et ne but qu'une seule coupe.

Que sa prière, son intercession, son secours et sa grâce

protègent notre reine Walatta Iyasus, ainsi que ses fils Ḥayl Iyasus, Ḥayla Mika'el, Walada Maryam et ses filles Walatt Maryâm et Ḥiruta Selasê.

MIRACLES EN FAVEUR DE LALIBALA.

Un jour que l'on devait payer à Gabra Masqal le tribu qui lui était dû comme roi, ceux qui étaient chargés d percevoir l'impôt et de le lui remettre recueillirent plu sieurs pots de miel et arrivèrent sur le bord d'une rivièr (qu'ils avaient à traverser). Le courant était très fort e les empêcha de passer, car c'était pendant la saison de pluies [*fol.* 117]. Ils restèrent donc sur le rivage en atten dant que la crue eût diminué; mais, après avoir attend quelque temps, ils se décidèrent à entrer dans la rivière parce qu'ils avaient à cœur d'exécuter les ordres des an ciens (de la ville), qui leur avaient recommandé de porte sans retard le tribut. Lorsqu'ils furent entrés dans l'eau e arrivés au milieu de la rivière, ils furent emportés par l courant, et laissèrent tomber leurs pots de miel. Ceux-c furent poussés au milieu des pierres et entraînés au fond d la rivière. Ces hommes sortirent de l'eau à grand'-peine retournèrent à leur village et racontèrent aux chefs tou ce qui s'était passé et comment ils avaient perdu leur pots de miel lorsqu'ils avaient été emportés par le courant Les chefs se rendirent aussitôt près de Lalibala pour lui fair part de cette affaire. Le roi ne montra aucun mécontente ment ni la moindre contrariété à ce sujet, car il était dou comme la colombe et sage comme le serpent, ainsi qu le recommande Notre Seigneur dans son Évangile : Soye sages, dit-il, comme le serpent et doux comme la colombe La sagesse s'entend des bonnes œuvres, comme le di saint Paul : Soyez sages envers vous-mêmes, envers vos âmes (?) et envers votre prochain. Gabra Masqal était doux (?), comme le dit encore l'Apôtre des nations : Si quelqu'un pense qu'il est sage, c'est un insensé ; qu'il devienne sage, car Dieu rend insensés les sages de ce monde.

Lors donc que les chefs de ce village annoncèrent à Lalibala la perte de ces pots de miel, il resta calme et froid et leur dit en plaisantant et en souriant : Si nous n'avons pas pu arracher ce miel à l'eau, c'est que l'eau a été plus prompte que nous à le saisir et l'a pris malgré nous. Et en l'entendant prononcer ces paroles en souriant, tous les courtisans qui étaient à ses côtés se mirent à rire en voyant que le roi n'était nullement chagrin. Les pots de miel restèrent pendant plusieurs jours cachés dans les flots, puis, lorsque la crue fut passée, l'eau devint plus limpide (blonde) et moins abondante, le sable apparut et l'on trouva les pots de miel intacts. Aucun d'eux n'avait été brisé par les pierres et les cachets posés sur les couvercles n'avaient même pas été touchés ni enlevés. Ceux qui les découvrirent appelèrent d'autres personnes pour leur aider à les porter chez le roi, et lui dirent : Voici, ô roi, notre seigneur, ces pots de miel qui avaient été engloutis dans [*fol.* 118] la rivière ; les pots n'ont pas été brisés et le miel y est encore, car le manteau de ta prière les a garantis ; quoiqu'ils soient restés dans l'eau tant de temps, les cachets du couvercle n'ont pas été touchés. Le roi dit alors : Voyons ; et ayant vu cette chose étonnante et miraculeuse pour ceux qui l'entendront raconter, il s'écria : Gloire à toi, ô Seigneur, car il n'y a rien qui te soit impossible ; ce qui est difficile pour les autres est facile pour toi ; rien n'est au-dessus de ton pouvoir ; puis s'adressant à ses courtisans : Voyez, leur dit-il, peuple de Dieu, nous avions voulu manger ce miel avant le temps et Dieu s'est servi de cette rivière pour nous en empêcher ; il l'a conservé dans l'eau et maintenant que son heure est venue, il nous le rend après l'en avoir fait sortir. Remerciez-le de vous avoir accordé une telle preuve de sa faveur, car c'est pour vous que ce miracle a été fait et que l'eau n'a pas détérioré votre nourriture. — Alors ils dirent tous : Gloire à Dieu, le Seigneur des seigneurs, le roi des rois, qui t'a envoyé parmi nous pour que tu portes le poids de nos péchés ; protégés par le bouclier de ta prière, nous espérons le salut dans le ciel et sur la terre, car tu observes la pauvreté et le jeûne comme les moines. — En entendant ses courtisans parler ainsi, Gabra Masqal leur imposa silence, car il détestait surtout les vaines glorifications de ce monde ; il aurait préféré livrer son corps aux flammes plutôt que de prêter l'oreille à une de ces louanges qui tuent l'âme de ceux qui les accueillent dans leur cœur. Lorsque ses courtisans le flattaient, il repoussait leurs flatteries et ne voulait pas les écouter, parce qu'il avait présents à l'esprit ces mots que le Christ dit à l'Église dans son saint Évangile : Malheur à vous qui écoutez les louanges que l'on vous adresse et les paroles flatteuses que l'on prononce sur vous, car c'est ainsi que l'on a traité ceux qui vous ont précédés(?). Voyez donc, ô mes chers amis, les choses surprenantes que Dieu a faites pour Gabra Masqal, puisqu'il a ordonné à l'eau de lui obéir comme une servante obéit à sa maîtresse. C'est ainsi, en effet, que l'eau obéit à Gabra Masqal, puisqu'elle respecta les cachets placés sur les couvercles de ces pots de miel et n'en brisa pas un seul. Elle les garda soigneusement sur l'ordre de Dieu, pour conserver les biens de son oint et de son élu Gabra Masqal. Le torrent brise les pierres lorsqu'il les fait rouler les unes sur les autres et déracine les arbres, car le torrent est fort, mais celui qui trace une route au milieu des eaux est le vrai fort [*fol.* 119] ; c'est lui qui a veillé sur ces pots de miel pour qu'ils ne fussent pas percés et que les sceaux de leurs couvercles ne fussent pas endommagés. De même qu'il a préservé Jonas pendant son séjour dans le ventre du cétacé, de même il a garanti ces vases pleins de miel, par la puissance de la prière de Lalibala; que sa requête, son intercession, sa bénédiction et sa protection accompagnent toujours notre reine Walatta Iyasus.

HUMILITÉ DE LALIBALA.

Une autre fois, ce fut un prodige d'humilité qu'accomplit Gabra Masqal. Quoique roi, il ressembla aux pauvres et s'associa à eux dans son mépris du monde. Ce n'était pas le manque de richesses qui le rendait ainsi, mais c'est pour conquérir le royaume des cieux qu'il se fit pauvre, tout en étant roi. Un jour, il fit préparer une table somptueuse, comme celle d'un roi, pour offrir un repas aux personnages de sa cour; il leur donna des mets exquis de toute sorte et, comme boisson, de la cervoise, afin qu'ils fissent une réjouissance. Quant à lui, il sortit de derrière son rideau, vêtu de haillons comme un pauvre et se rendit dans la pièce réservée aux pauvres, par un passage où personne ne pouvait le voir; il entra et s'assit au milieu d'eux pour recevoir le pain des pauvres que, par son ordre, ses courtisans distribuaient aux indigents. Il employait tous les moyens pour se mortifier l'âme et le corps. Pendant qu'il était au milieu d'eux, un des serviteurs chargés de distribuer le pain aux pauvres passa près de lui, lui en donna un morceau et s'éloigna de lui, après l'avoir reconnu. [Un instant après], un musicien l'aperçut au milieu des pauvres et ayant vu que c'était le roi, il se mit à chanter en s'accompagnant de son instrument: « Tandis que les autres se délectent en mangeant de la viande de bœuf et en buvant de la cervoise, le roi est assis avec les pauvres comme un indigent. En entendant ces paroles, Gabra Masqal se leva aussitôt et passa derrière son rideau, vivement contrarié d'avoir été reconnu par ce musicien, car il tenait à accomplir ses bonnes œuvres à l'écart et en secret, comme le recommande Notre Seigneur dans l'Évangile : Que le bien que vous faites soit caché; que les hommes [*fol.* 120] ne sachent pas que vous jeûnez; mais votre Père qui est dans les cieux vous verra. Gabral Masqal, en se nourrissant du pain que lui donnaient ses serviteurs, était placé près de son divin protecteur. Il avait fait une œuvre admirable et difficile, puisqu'il s'était réuni aux pauvres, afin de gagner le royaume des cieux, en se conformant à cette parole du pontife du monde qui est Jésus-Christ : Bienheureux les pauvres d'esprit, car le royaume des cieux est à eux. Les prières et les requêtes de Lalibala montent jusqu'au sanctuaire du Très-Haut, en répandant une bonne odeur, comme un sacrifice d'encens, car elles sortent de la bouche du juste pour entrer dans le temple du prince des prêtres suprême, sans que personne puisse les arrêter, comme si elles étaient portées sur les ailes des humbles (?), parce qu'il s'est réuni aux pauvres.

Quant à nous, si nous n'avons pas à manger des mets exquis et des herbes fines que notre corps désire, nous ne pouvons pas nous en passer une seule nuit; si nous en trouvons, nous ne les quittons pas, et si nous n'en trouvons pas, nous tâchons de nous en procurer, car nous ne possédons pas l'ardeur de l'esprit qui fait jeûner, tandis que Gabra Masqal, quoiqu'il fût assis sur un trône, s'abstint de manger et de boire, pour le plaisir du corps, afin de se procurer des délices complètes dans les fêtes célestes qui n'ont pas de fin.

Que Notre Seigneur et Notre Sauveur Jésus-Christ nous admette à ce festin de noces, par la grâce de la prière de Gabra Masqal, son oint, qui s'est astreint au jeûne pendant qu'il était roi et qu'il protège notre reine Walatta Iyasus à tout jamais. *Amen*.

UN CHEF TRIBUTAIRE DE LALIBALA SE RÉVOLTE CONTRE LUI. MIRACLES DE LALIBALA.

Une autre fois, le chef d'une ville de son royaume s'étant révolté contre lui, Gabra Masqal envoya son fils pour faire la guerre à ce vassal qui s'était déclaré son ennemi. Lorsque son fils arriva près de la ville de ce chef insoumis, il campa à un endroit situé au pied d'une montagne (voisine), et détacha un officier avec une escorte pour lui proposer de faire la paix en ces termes : Mon père m'envoie vers vous pour vous offrir la paix et vous demander pourquoi vous vous êtes révolté contre lui ; pensez-vous que Dieu ne nous guidera pas et si c'est Dieu qui nous dirige, vous ne pouvez nous échapper si vous nous résistez. Mais le rebelle reçut par des injures l'envoyé du roi, comme autrefois Senakrem (Sennachérib), et lui dit : Je n'ai pas à faire la paix avec votre père ni avec vous ; je ne vous crains pas [*fol.* 121] et je ne repondrai pas à votre proposition. Quant à ce qui est d'échapper de vos mains, n'invoquez personne et sachez bien que vous ne pouvez rien contre moi. Si vous voulez que nous combattions, préparez-vous, j'en ferai autant et je viendrai vous trouver. Lorsque cette réponse fut rapportée au fils de Lalibala, il fit dire à ce rebelle : Que ce soit comme tu le désires ; ce n'est pas moi qui te ferai la guerre, c'est le Dieu de mon père qui te livrera dans mes mains.

Le jour suivant, ils se préparèrent au combat et vinrent camper vis-à-vis l'un de l'autre. Le fils du rebelle dit au fils de Gabra Masqal, roi des chrétiens : Quitte ton armée, moi je quitterai la mienne et nous combattrons tous les deux seuls. Le fils de Gabra Masqal lui répondit : Ne t'ai-je pas dit hier que je ne te fais pas la guerre avec ma propre force; Dieu traitera cette provocation comme il a traité celle de Goliath; quant à moi, j'irai te trouver avec la force de mon Dieu, comme David le croyant. A ces mots, il fit signe au fils du rebelle d'avancer, mais celui-ci lui dit en le narguant : Avance plutôt toi-même et, comme le fils de Gabra Masqal marchait vers lui, il lui porta un coup, mais il ne lui fit aucun mal, parce que le javelot avait dévié, à la prière du roi Gabra Masqal. Car le roi Gabra Masqal, bien qu'il fût resté dans la ville de Roḥa, voyait tout ce qui se passait entre son fils et le fils du rebelle, non pas avec les yeux du corps, mais avec ceux de l'esprit. Quoique son fils fût loin de lui, dans le pays de ce chef révolté, à environ huit jours de marche, lorsque le fils de ce rebelle porta un coup à son fils, il le vit en esprit et fit cette prière : Garde-le, ô Seigneur, comme la pupille de ton œil et protège-le à l'ombre de tes ailes? C'est lorsqu'il eut fait cette prière que le trait lancé par le rebelle passa par-dessus la tête de son fils. Le fils de Gabra Masqal porta à son tour un coup au fils du roi rebelle et l'atteignit; le javelot entra dans le cou de ce dernier, sortit par la gorge de la longueur d'un empan, et le cloua sur la terre. Ainsi mourut cet orgueilleux; quant au fils de Gabra Masqal, il fut sain et sauf, grâce à la prière de son père. Gabra Masqal vit ce rebelle tomber sous le coup de son fils et commanda à ses courtisans de pousser de grands cris de joie, parce que Dieu avait obtenu la victoire par la main de ses serviteurs et que Satan avait été vaincu avec ses partisans.

Après la mort du fils du roi rebelle, ses soldats prirent la fuite; ceux du fils de Gabra Masqal se mirent à leur poursuite et les exterminèrent; ils firent prisonnier le père du jeune prince tué et l'amenèrent chargé de fers à leur commandant. Celui-ci, après avoir rétabli l'ordre, retourna près de son père et remit entre ses mains ce chef révolté qu'on lui avait amené enchaîné [*fol.* 122].

Mais lorsque Gabra Masqal qui était plein de miséricorde comme Dieu, le vit devant lui, il lui dit : Pourquoi t'es-tu révolté contre moi? Maintenant, je te pardonne ce que tu as fait, mais ne recommence plus cette mauvaise action; retourne dans ta famille et dans ton royaume.

Or cet homme était hautain et orgueilleux. Au lieu de remercier le roi en sortant de chez lui, il se mit à se moquer de lui et de sa cour. Que ces gens sont insensés! dit-il; je me suis révolté contre eux, Dieu m'a livré entre leurs mains et ils me renvoient ainsi sans me faire aucun mal; s'ils n'étaient pas fous, ils m'auraient mis à mort. Puis, il sauta sur son cheval et se mit en route. Il y avait sur son chemin un arbre épineux; cet orgueilleux vint se frapper la tête contre cet arbre qui lui perça le front et il mourut sur-le-champ. On rapporta au roi comment il était mort et, en apprenant cet événement, il dit : L'orgueil n'avait pas abandonné son âme, c'est pour cela qu'il est mort et parce qu'il nous avait [illegible]s. Voyez, ô mes chers amis, etc.

Maintenant, je veux vous raconter un miracle que fit un jour Gabra Masqal. Il y avait une femme riche qui, non contente de se gorger de la chair des bêtes à tous ses repas, voulut encore dévorer ses semblables par la médisance et accusa Lalibala d'un méfait, en blasphémant contre lui; puis elle se mit à manger, mais un morceau de viande lui resta dans le gosier, sans pouvoir descendre plus bas ni remonter plus haut. Arrêté au milieu de la gorge, il l'étranglait; ses yeux sortaient presque de leur orbite par suite de la douleur qu'elle ressentait. Alors elle fit en elle-même cette prière : J'ai péché contre vous, seigneur Gabra Masqal, oint du Seigneur. Je ne recommencerai plus désormais à réclamer contre vous. Je ne dirai plus de mal de vous mais du bien. A peine avait-elle terminé cette oraison mentale, que le morceau de viande qui l'embarrassait sortit de sa gorge avec un peu de sang et tomba à ses pieds.

Une autre fois ce fut un homme qui se mit à blasphémer contre Lalibala et à prononcer des injures contre lui. Sa femme lui dit : Ne t'emporte pas ainsi contre le serviteur de Dieu, qui est aussi son oint [*fol.* 123]. Mais il se mit en colère contre sa femme, puis il alla se coucher et s'endormit. Lorsqu'il se réveilla, il avait perdu l'usage de la vue. Il en fit part à sa femme qui lui répondit : Ne t'avais-je pas dit de ne pas blasphémer contre le serviteur de Dieu ; Dieu t'a puni d'avoir mal parlé de son serviteur, dans l'aveuglement de ton cœur, et il t'a rendu aveugle, afin que tu le sois intérieurement et extérieurement. Ne t'afflige pas de la perte de tes yeux ; afflige-toi plutôt à cause de ton âme, parce que tu seras condamné au feu de la géhenne si tu ne te repens pas. Car Notre Seigneur dit dans l'Évangile : Celui qui profère des blasphèmes contre le fils de l'homme sera pardonné, mais celui qui blasphémera contre l'Esprit-Saint, n'aura pas de rémission dans ce monde ni dans l'autre. Ceux qui blasphèment contre le fils de l'homme, ce sont ceux qui injurient les gens qui n'ont pas été baptisés ; et ceux qui blasphèment contre l'Esprit-Saint, ce sont ceux qui parlent mal des hommes qui ont reçu le Saint-Esprit par le baptême. Ne crois pas que dans ce cas ce soit aux hommes que tu t'attaques ; c'est au Saint-Esprit. C'est ainsi que cette femme réprimanda son mari, car elle était inspirée par l'Esprit-Saint.

Et maintenant, ô mes chers amis, que le blasphème ne sorte jamais de votre bouche contre un de vos frères chrétiens, car il a été engendré par l'Esprit-Saint, et c'est pour cela que lorsque nous blasphémons contre un chrétien, c'est comme si nous nous attaquions à l'Esprit-Saint. Que Dieu nous garde donc d'une telle habitude, car saint Paul nous enseigne qu'il ne faut maudire personne, pas même Satan; ce n'est pas pour que nous ayons des égards envers Satan qu'il nous enseigne cela, mais afin que nous nous abstenions de la malédiction à l'égard de nos frères et que nous ne nous y laissions pas entraîner..........................

CONSTRUCTION DES ÉGLISES MONOLITHES; LEUR DESCRIPTION.

Écoutez donc, ô mes chers amis, car je vais vous raconter comment ces églises furent extraites du sein de la terre par l'illustre et mémorable Lalibala et comment elles furent construites, sans charpente ni mortier, sans toit ni architraves. Avez-vous jamais entendu dire pareille chose, vu semblable merveille. Ce fut un trésor admirable, qui fut découvert par Lalibala, dans le cœur et dans l'esprit duquel il avait été caché par Celui qui a fait tout ce qui est sur la terre, le Créateur de toutes choses [*fol.* 124], qui a fait surgir le monde tout entier à l'appel de sa voix. Quand le moment de construire ces églises fut venu et quand Lalibala eut grandi en corps et en esprit, Dieu voulut révéler ce trésor secret qu'il avait enfoui dès les premiers temps dans les entrailles de la terre, lorsqu'il en avait établi les fondements, afin de montrer un prodige au peuple qu'il avait destiné à produire ces monuments, par un travail admirable et un mystère secret. De même qu'il avait fait sortir autrefois de la terre toutes les semences des plantes selon leur espèce et leur forme, les arbres selon leur aspect et leur apparence, ainsi que les nombreux animaux de tout genre et de toute conformation, de même il voulut faire sortir de la terre ces églises d'une couleur et d'une façon différente, de sorte que l'une ne ressemblât à l'autre par son aspect ni par sa construction.

Lorsque son temps fut venu de révéler ces dix églises monolithes, Dieu dit à Lalibala : Le moment est arrivé de construire des églises semblables à celles que je t'ai montrées autrefois; munis-toi de courage et de force pour accomplir cette œuvre, car bien des âmes seront sauvées dans ces églises. Hâte-toi de les construire. J'ai ordonné à mes anges de te prêter leur concours. — Alors Lalibala fit forger un grand nombre d'instruments de fer de toute sorte, les uns pour travailler la pierre, d'autres pour la tailler, ainsi que plusieurs autres propres à édifier un temple dans le rocher. A partir de ce moment, Lalibala ne pensa plus du tout à ses propres besoins, ni à ceux de sa femme (?); il songea chaque jour à mener à bonne fin la construction de ces églises, sur le modèle de celles qu'il avait vues dans le ciel, fortifié en tout par l'Esprit-Saint. Après avoir fait fabriquer les outils nécessaires à ce travail, il ordonna de rassembler tout le peuple et parla ainsi : Vous tous qui êtes réunis ici, dites-moi quel salaire vous voulez recevoir pour aider à bâtir ces églises que Dieu m'a ordonné d'élever ; que chacun fasse connaître le salaire qu'il désire, celui qui façonnera la pierre, aussi bien celui qui déblayera la terre. Parlez tous, et ce que vous me demanderez, je vous le donnerai, afin que vous ne disiez pas que je vous ai fait travailler malgré vous; car je ne veux pas que votre peine soit sans récompense, ni que vous murmuriez. Alors chacun fit connaître le prix qu'il désirait et le roi le paya, ainsi qu'il l'avait promis [*fol.* 125], sans aucune interruption, depuis le jour où fut commencée la construction des églises, jusqu'au jour où elle fut terminée. Il donna à chacun son salaire, à celui qui coupait la pierre, à celui qui la façonnait et à celui qui enlevait les débris provenant de la taille. Dans le peuple, il y avait beaucoup de gens qui étaient très habiles et auxquels Dieu avait donné une certaine science, comme à Beseleêl et à Eliab. Gabra Masqal se prépara donc à reproduire (les églises) que Dieu lui avait montrées et à en commencer la construction; les anges allèrent avec lui prendre les mesures sur les lieux, d'après les dimensions que devaient avoir les églises, grandes ou petites, selon le cas. Il acheta à prix d'or, à ceux qui en possédaient le terrain, l'endroit où furent élevées ces églises et ce fut de sa part l'effet d'une grande bonté, car s'il eût voulu s'en emparer, qui aurait pu l'en empêcher, comme roi? Il bâtit d'abord une église semblable à celle que Dieu lui avait fait voir, d'un travail et d'un art admirables, qu'il n'est pas possible à l'homme d'atteindre sans la sagesse divine; il l'embellit à l'intérieur et à l'extérieur et y mit de belles fenêtres munies de barreaux. Ces barreaux ne sont pas en bois et leurs colonnes sont en belzunât (?). Devant cette église, il en fit deux autres, qui ont chacune une porte de sortie et sont séparées à l'intérieur par une cloison pourvue d'une porte. Derrière elle, il éleva une grande église, qu'il orna beaucoup, non pas avec de l'or ni de l'argent, mais avec des sculptures taillées dans la pierre; les piliers de cette église sont au nombre de soixante-douze, comme les disciples du Sauveur. A droite de la première, il en fit creuser une autre, ainsi qu'à sa gauche. Il nomma la première Bêta Mâryâm (maison de Marie); il donna à l'une des deux églises qui étaient devant elle le nom de Dabra Sina (montagne du Sinaï) et à l'autre celui de Golgotha; il appela celle qui était à droite Bêta Masqal (maison de la Croix) et celle de gauche Bêta Danagel (maison des Vierges); il groupa ainsi cinq belles églises taillées dans le même roc.

Près de ces cinq églises, il en éleva deux autres qui sont très belles et dont la construction est différente; elles sont séparées l'une de l'autre par un mur mitoyen; il nomma l'une Bêta Gabriel (maison de Gabriel) et l'autre Bêta Abba Matâ'e (maison d'Abba Matâ'e); c'est ainsi qu'il réunit ces deux églises, en les entourant de la même muraille et en les séparant intérieurement par un mur [*le recto du folio* 126 *contient un dessin colorié représentant une église avec l'inscription : Construction de Lalibala; fol.* 126 *v°*]. Il fit encore deux autres églises très belles et d'une construction différente; il appela l'une d'elles Bêta Marqorewos (maison de Mercure) et l'autre Bêta Amanuel (maison d'Emmanuel) et groupa ainsi ces deux églises; puis il en bâtit une autre isolée, construite d'une autre manière, en forme de croix, comme les anges le lui avaient indiqué et le lui avaient montré, pendant qu'il prenait ses mesures sur le terrain; il lui donna le nom de Bêta Giyorgis (maison de Georges). Il termina ainsi la construction de dix églises, dont l'architecture et l'aspect sont différents pour chacune d'elles. Gabra Masqal ne fit pas autre chose que ce que Dieu lui avait montré et reproduisit exactement ce qu'il avait vu dans le septième ciel, sans augmenter ni la longueur, ni la largeur, ni la hauteur, d'après la recommandation que Dieu lui avait faite de ne rien ajouter à la longueur ni à la hauteur[1].

Lorsqu'il commença à construire ces églises, les anges

1. On trouvera plus loin en appendice la description de ces églises d'après François Alvarès, Gerhard Rohlfs, Achille Raffray et Gabriel Simon qui les ont visitées, le premier au XVIe siècle et les trois autres dans ces derniers temps.

vinrent lui aider dans chacun des travaux; il y avait alors une troupe d'anges et une troupe d'hommes, car les anges venaient se joindre aux ouvriers, aux carriers, aux tailleurs de pierre et aux terrassiers. Les anges travaillaient avec eux pendant le jour et seuls pendant la nuit. Lorsque les ouvriers faisaient une coudée pendant le jour [*fol.* 127], le lendemain, il y avait trois coudées en plus, parce que les anges travaillaient toute la nuit. En voyant cela, les ouvriers s'écriaient : Quel est ce prodige, nous avons fait hier une coudée et aujourd'hui nous en avons quatre. Ils ne se doutaient pas que les anges faisaient ce travail, parce qu'ils ne les voyaient pas; mais Lalibala savait cela, parce que les anges, qui connaissaient sa vertu, ne se cachaient pas de lui; les anges de feu étaient pour lui des compagnons, et c'est pour cela qu'ils ne se cachaient pas; c'est ainsi que furent élevées ces dix églises faites d'une seule pierre.

Jugez donc, ô mes amis, quel était cet homme qui fit construire ces églises, telles qu'on n'en a jamais bâti de semblables dans les autres pays. Quelle langue pourrait en faire la description? Je suis incapable de vous expliquer la structure de leurs murs d'enceinte; n'attendez pas de moi la description de leur intérieur; celui qui les voit ne peut se rassasier de leur vue, et dans son étonnement, le cœur ne peut se lasser de les admirer. C'est un véritable prodige qui a été accompli par Lalibala, dont aucun mortel ne peut compter les miracles. Si quelqu'un peut calculer les étoiles du ciel, qu'il fasse le compte des miracles de Lalibala. [*Le verso du folio 127 est occupé par un dessin représentant un ange qui travaille à la construction d'une église, avec cette inscription : Construction de Bêta Mâryâm; fol.* 128]. Si quelqu'un veut apprécier le travail de ces églises, élevées par Lalibala, qu'il vienne les voir (encore maintenant), car la tour construite par Lalibala n'a pas été modifiée par le temps; elle est semblable à la tente de Moïse et non au temple de Salomon que les impies ont détruit; la tour, c'est-à-dire les temples de Gabra Masqal (existent encore); ils ne seront pas détruits ni même ébranlés jusqu'à ce qu'apparaisse sur la terre la Jérusalem céleste destinée aux élus, qui doivent y résider.

Pierre, Paul et Jésus, leur maître, ont construit, par l'ordre de Dieu, un temple à la Vierge avec trois pierres tendres comme de la cire, et Lalibala a élevé dix églises avec une seule pierre, aidé par la grâce et les armées de Dieu. Pierre et Paul ont édifié le salut d'âmes nombreuses sur la foi seule et Lalibala a construit plusieurs églises avec une seule pierre; Pierre et Paul ont fondé des églises sur un seul roc, mais elles furent faites avec du mortier; elles avaient un toit, un plafond, des architraves et des colonnes de bois, tandis que Lalibala a fondé plusieurs églises monolithes, sans mortier pour lier les pierres, sans toit séparé pour les abriter, ni chaume pour les couvrir. Nous ne pouvons pas décrire tous les détails de leur construction, car il y en a de plusieurs sortes. Ma langue s'embarrasse et se trouve impuissante à vous raconter toutes les vertus de Lalibala, cet homme illustre, qui fut plus remarquable que tous les mortels par sa sagesse et sa grande justice, et semblable à Salomon, le sage, parmi tous les humains et tous les sages de l'Égypte. Salomon, aidé par Hiram, roi de Tyr, construisit à Jérusalem un temple en pierres grandes de 7 à 8 coudées chacune, en bois de cèdre, en bois de larix et en bois de cyprès; il fit ainsi deux monuments en vingt ans, un temple pour le Seigneur et son propre palais. Lalibala bâtit dix églises en une seule pierre, avec l'aide du Fils de Dieu. Ces deux sages élevèrent chacun des temples : celui du premier fut en pierre, en bois et en mortier; ceux du second sont tous taillés dans une seule pierre, sans aucun accessoire, sans bois pour les fenêtres ni mortier pour les assemblages de pierre, car il les a faites entièrement d'une seule pierre [*fol.* 129]. Leurs murailles sont d'une seule pierre, leur intérieur est d'une seule pierre, les difficultés du travail de l'intérieur étaient plus grandes que celles des murailles. Aussi tout Éthiopien qui, après avoir entendu parler de ces églises si remarquables, ne se rend pas dans la ville sainte de Roḥa (pour les visiter), ressemble à un homme qui n'aurait aucun désir de voir le visage de Notre Seigneur et Sauveur Jésus-Christ.

LALIBALA NE VEUT PAS QUE SON FILS LUI SUCCÈDE ; MORT DE LALIBALA.

Lorsque le bienheureux et saint Lalibala eut achevé la construction de ces églises, d'après le modèle de celles que Dieu lui avait montrées, il ne voulut pas conserver plus longtemps la charge de la royauté, ni la transmettre à son fils. Mais il dit : « Que Dieu reprenne ces fonctions royales et les fasse revenir (à la maison) d'Israël, car c'est à elle qu'il a dit : C'est pour vous que j'ai créé toutes les nations, et il a aussi juré en ces termes : Ne méprisez pas le peuple de Jacob ; ne dédaignez pas le peuple d'Israël, parce que je l'ai choisi parmi tous les peuples. Et le prophète dit : Dieu a juré à David par sa justice, et il ne s'en repentira point [1] ; il lui a dit : Je placerai ta postérité sur ton trône. Maintenant donc que Dieu fasse retourner ce royaume à la maison d'Israël ; qu'il reste désormais à la maison d'Israël ; qu'elle occupe le trône ; que le Dieu puissant ne conserve pas la royauté plus longtemps à moi et à ma famille. J'ai

1. *Ps.* cx, 4 : « L'Éternel l'a juré et il ne s'en repentira point. »

achevé la mission pour laquelle il me l'avait donnée lui-même par l'intermédiaire de ses anges. »

Ainsi parla le roi Gabra Masqal, qui n'aimait pas les honneurs de ce monde, après avoir terminé son œuvre. Il distribua tous ses biens en aumônes, à tel point qu'il ne lui restait plus de chaussures pour se mettre aux pieds. Il donna des ornements aux églises qu'il avait bâties en tous lieux ; quant à ces dix temples qu'il avait tirés d'une seule pierre, il les dota, comme il convenait à des édifices de ce genre, de croix et de tentures. Quelques-unes n'eurent que des peintures. Il fit surtout des choses merveilleuses dans le sanctuaire de Golgotha; (la représentation) du corps glorieux de la brebis qui n'est pas dévoré par les vers (?) et plusieurs autres peintures, auxquelles il pensait nuit et jour (?). Il n'eut pas d'autre pensée, n'eut aucun souci de sa nourriture [*fol.* 130] ni de ses vêtements et ne se préoccupa ni de sa femme ni de ses enfants, mais seulement de ces églises. Et lorsqu'elles furent complètement terminées, il y fit chaque matin cette prière : Dans ces sanctuaires que tu as élevés par ma main, donne-moi la dîme, ô Seigneur. Et Dieu lui dit : Qu'il soit fait selon ton désir; puisque tu viens le matin dans mon église avec un cœur pur (?), ô mon élu, il en sera ainsi que tu l'as demandé. Tu as achevé ta mission et gardé ta foi; maintenant la couronne brillante des justes t'attend et la porte du royaume des cieux est ouverte pour toi, afin que tu y entres avec joie.

Quelque temps après que Notre Sauveur lui eut adressé ces paroles, le bienheureux Lalibala eut une courte maladie et mourut le 22 du mois de Ḥazirân[1]. Son âme fut reçue par les anges de lumière. Gabriel la porta sur ses ailes,

1. Ḥazirân est le nom d'un mois syrien, qui correspond au mois de juin.

pendant que les autres anges marchaient devant et derrière lui en chantant. Ils la portèrent au ciel. Gabra Masqal revint à sa demeure éternelle et s'assit à côté de Pierre et de Paul, ainsi que le Sauveur le lui avait promis.

Voilà, mes chers amis, un petit aperçu des vertus de Gabra Masqal, que j'ai composé pour vous, afin de vous procurer de la joie. Que la prière puissante de ce roi soit pour nous tous, qui sommes réunis ici, un casque glorieux pour nos têtes, une auréole (?) resplendissante pour nos visages, un collyre efficace pour nos yeux, des anneaux de grâce pour nos oreilles, une odeur suave pour nos narines, un sceau de justice pour nos lèvres, un manteau joyeux pour nos épaules, une robe triomphale pour nos poitrines, des bracelets de clémence pour nos bras, des bagues d'amour pour nos doigts, des chaussures protectrices pour nos pieds, une boisson rafraîchissante pour notre soif et une manne pour notre faim; que Lalibala nous introduise dans la maison de délices où il est entré lui-même, en nous protégeant à l'ombre de ses ailes et qu'il nous fasse asseoir à la table où il est assis, jusqu'à la fin des siècles. *Amen*.

Que Dieu fasse miséricorde (et donne en partage) le royaume des cieux à celui qui a écrit et a fait écrire cette histoire, à ceux qui la liront, la traduiront ou en entendront la lecture, par la prière de Marie, mère de Dieu, par l'intercession de Mikâ'el, de Gabriel, des prophètes, des apôtres, des justes et des martyrs.

Qu'à la requête de Lalibala et de Masqal Kebrâ, il accorde son aide à notre reine Walatta Iyasus, à ses fils Ḥayla Iyasus, Ḥayla Mika'ël, Walda Mâryâm et à ses filles Walatta Maryam et Ḥiruta Selasê, jusqu'à la fin des siècles. *Amen*[1].

1. Je dois à mon cher maître, M. Joseph Halévy, qui a eu l'obligeance de revoir ma traduction, l'explication de certains passages contenant des allusions dont je ne me rendais pas compte. Je le remercie bien sincèrement de son précieux concours.

APPENDICE

LES ÉGLISES MONOLITHES DE LALIBALA

Quatre voyageurs en Abyssinie ont donné dans leur relation de voyage une description des églises monolithes construites par Lalibala ; ce sont dans l'ordre chronologique :

Le P. Francisco Alvarès (chapelain de l'ambassade envoyée en Éthiopie vers 1520 par le roi de Portugal Emmanuel) : *Verdadeira informação das terras do Preste João* (Rapport véridique sur les pays du Prêtre Jean), ch. LIII et LIV.

M. Gerhard Rohlfs : *Land und Volk in Africa* (*Berichte aus den Jahren* 1865-1870), Bremen, 1870.

M. Achille Raffray : *Voyage en Abyssinie et au pays des Gallas Raïas* (*Bulletin de la Société de géographie de Paris*, 2e trimestre 1882). M. Raffray a publié aussi un travail spécial sur ces églises : *Les églises monolithes de la ville de Lalibéla*, 14 pages, 20 planches, Paris, 1882, Morel. — Je n'ai pu me procurer ce travail.

M. Gabriel Simon, ancien officier de cavalerie : *L'Éthiopie, ses mœurs, ses traditions. Le négouss Johannès, les églises monolithes de Lalibéla*, avec des plans des églises et des dessins de sculptures. Paris, Challamel aîné, 1885.

L'ouvrage de François Alvarès a été réimprimé en 1883 par l'Imprimerie nationale de Lisbonne. Grâce à l'obligeance de M. Esteves Pereira, bien connu des éthiopisants par sa publication de la Chronique du roi Minas, je possède un exemplaire de cette réédition et je vais donner la traduction des deux chapitres qui ont trait aux églises monolithes de Lalibala. J'y ajouterai celle des passages de Rohlfs relatifs au même sujet et enfin les descriptions de MM. Achille Raffray (*Bulletin de la Société de géographie*, 1882) et Gabriel Simon.

M. René Basset, qui est très versé dans la connaissance de l'histoire de l'Éthiopie et qui m'a été d'un grand secours pour la publication de ce mémoire, ainsi que je l'ai déjà dit, a bien voulu me prêter l'ouvrage de Rohlfs que je n'avais pas et revoir ma traduction des textes allemand et portugais. Je le prie d'agréer mes plus vifs remerciements.

DESCRIPTION DE FRANCISCO ALVARÈS

Ch. LIII. — *Des grandes églises qui ont été construites par le roi Lalibala dans la terre d'Abuxima et de la sépulture de ce roi dans l'église de Golgotha.*

A une journée de l'église d'Imbra-Christo, il y a des édifices tels que je crois pas qu'on en puisse trouver dans le monde de semblables et en si grand nombre. Ce sont des églises taillées dans le rocher et artistement travaillées. Elles se nomment Emmanuel, le Sauveur, Sainte-Marie, Sainte-Croix, Saint-Georges, Golgotha, Belem (Bethléem), Marcoreos (Mercurius) et les Martyrs. La principale est Lalibala.

On dit que Lalibala fut un roi qui régna dans ce pays pendant quatre-vingts ans avant celui qui portait le nom d'Abraham. C'est lui qui fit construire ces édifices. Il n'est pas enterré dans l'église qui porte son nom, mais dans l'église du Golgotha, qui est la plus petite de toutes.

[*Église du Golgotha*]. — Cette église est entièrement creusée dans un seul rocher de 120 palmes de long et de 72 de large. La toiture est supportée par cinq piliers, deux de chaque côté et un au milieu, comme un quinconce; le plafond est plat comme le sol de l'église et les côtés sont ornés de sculptures, ainsi que les fenêtres et les portes. On y voit surtout un fleuron si beau qu'un orfèvre ne pourrait en faire un plus joli en argent ni un cirier en cire. Le tombeau de ce roi est dans le genre de celui de Santiago de Galiza (saint Jacques) à Compostelle[1]. Il est ainsi disposé : la galerie qui fait le tour de l'église ressemble à un cloître, mais en contre-bas de l'édifice l'on peut descendre de l'église (?), car de chaque côté de cette galerie, dans la hauteur de l'église, sont percées trois fenêtres plus élevées que le sol; celui de l'église est creusé d'une profondeur égale à son élévation. En regardant par une de ces fenêtres, opposée au soleil, on aperçoit le tombeau à la droite du maître-autel. Au milieu de la nef de l'église, se trouve l'indice d'une porte comme celle d'une trappe; elle est fermée par une grande pierre semblable à une pierre d'autel bien appliquée sur l'ouverture. On dit que c'est là l'entrée du caveau et que personne n'y entre, et, en effet, il ne paraît pas que cette pierre ou porte puisse se déplacer. Au milieu de cette pierre est un trou qui va d'une face à l'autre et de la largeur de 3 palmes. Tous les pèlerins qui viennent dans l'église (et

1. Voici d'après M. Germond de Lavigne, *Guide du voyageur en Espagne et en Portugal* (collection Joanne), Paris, Hachette et Cie, 1872, la description du tombeau de saint Jacques, auquel fait allusion le P. Francisco Alvarès. Ce tombeau est placé dans la cathédrale de Santiago. « L'ancien sanctuaire forme une église souterraine où l'office divin se célèbre publiquement deux ou trois fois dans l'année. La chapelle souterraine est au-dessous de la *capilla mayor* ; elle est fermée par une fort belle grille de bronze. Au milieu s'élève un autel monumental en marbre tout couvert d'incrustations d'argent et dont la construction a duré vingt ans. Sur cet autel est placée la statue assise de saint Jacques portant sur ses épaules une riche pèlerine d'argent, d'or et pierres précieuses, et tenant à la main le bourdon de pèlerin. En arrière, quatre statues de rois agenouillés soutiennent une autre image du saint dont l'auréole est faite de rubis et d'émeraudes. Le tout est entouré d'ornements, d'anges portant des bannières et quatre d'entre eux, assis sur les chapiteaux des colonnes, supportent sur leurs épaules le cercueil de l'apôtre, surmonté d'une étoile d'or qui touche la voûte. Derrière l'autel est un escalier où les pèlerins montent à la file, les jours solennels, pour baiser la pèlerine de la sainte statue. »

ils y tiennent difficilement, tant ils sont nombreux) mettent les mains dans cette ouverture et on prétend qu'il s'y fait beaucoup de miracles. Sur la main gauche, en allant de la porte principale à la grande chapelle, se trouve un sépulcre taillé dans la même pierre que l'église; les Éthiopiens disent qu'il est fait sur le modèle du sépulcre du Christ à Jérusalem. Aussi ils l'honorent et le vénèrent comme celui-là qu'ils ont en grande vénération. Dans une autre partie de l'église, il y a deux grandes images (sculptures) faites dans le mur même et qui en sont presque séparées. On me les montra comme des choses qui devaient m'émerveiller. L'une de ces statues représente saint Pierre et l'autre saint Jean, et les Éthiopiens les tiennent en grand respect. Cette église a en outre une chapelle supérieure; cette chapelle est faite comme une église, elle est composée de nefs supportées par six piliers, trois de chaque côté. Elle est très ornée et avec beaucoup de grâce; la nef du milieu est élevée et arquée : ses fenêtres et ses portes sont bien sculptées, c'est-à-dire la porte principale et une des portes de côté, parce que l'autre sert aussi pour la grande église. Cette chapelle est aussi large que longue; elle a 52 palmes de largeur et autant de longueur. L'autre chapelle est beaucoup plus haute, et plus petite, comme un campanile, avec plusieurs fenêtres dans le sens de la hauteur. Ces fenêtres sont également aussi longues que larges; elles ont 12 palmes de côté. Cette église et ses chapelles ont leurs autels et leurs niches ainsi que leurs piliers, faits dans le même bloc de pierre. Elle a une grande enceinte faite dans le même bloc de rocher et de la même hauteur que l'église, en forme de salle carrée. Les murs sont percés de trous ronds comme l'ouverture d'un tonneau. Ces trous sont bouchés avec de petites pierres. On dit que ce sont des sépultures et cela paraît être, parce que les unes sont hermétiquement fermées et les autres peu. L'entrée de cette enceinte est au bas du rocher, sa hauteur et sa largeur sont de 13 palmes; elle est artificiellement coupée ; car on ne peut creuser la pierre parce qu'elle est très dure. (Alvarès, ch. LIII, p. 58-59.)

Ch. LIV. — *De l'architecture de l'église de Saint-Sauveur et d'autres églises qui sont au même endroit; de la naissance du roi Lalibala et des revenus de la terre d'Abuxima.*

[*Église de Saint-Sauveur*]. — L'église de Saint-Sauveur est isolée et taillée dans une seule roche; elle est très grande et n'a pas moins de 200 palmes de long sur 120 de large; elle a cinq nefs, dans chacune desquelles se trouvent sept colonnes carrées; la grande nef a 4 palmes et elle est éloignée d'autant (?) des murailles de l'église. Les colonnes sont très bien ornées, et des arcs, au nombre de dix, de la grosseur d'une palme, sont sous la voûte. Les voûtes sont bien faites et d'une grande hauteur; celle du milieu surtout est très élevée; les autres se rapprochent de sa hauteur, mais celle-ci est la plus haute. Les autres sont plus basses, mais toutes sont bien proportionnées. Dans la plus importante de ces nefs, il y a de grands fleurons imitant des miroirs ou des roses, placés aux clefs de voûtes où ils forment des rosaces et d'autres ouvrages magnifiques; dans les côtés, il y a de très belles fenêtres avec de grands fleurons longs et étroits au milieu; à l'intérieur et au dehors elles sont larges comme des arcs; étroites au dehors et larges à l'intérieur (?). Elles sont larges à l'intérieur et au dehors, et étroites au milieu, avec des arcs et des lacs (?). La chapelle principale est très élevée, ainsi que la niche (tabernacle) qui surmonte l'autel, et qui est supportée par un pilier à chaque coin. Tout cela est fait dans le même bloc de pierre. Les autres chapelles ou autels, avec leurs grottes, ne sont pas revêtues d'ornements dans leur hauteur comme la grande. De chaque côté de la porte principale sont plusieurs grands arcs-boutants qui vont en diminuant, pour former d'autres arcs, jusqu'à la petite porte, laquelle n'a pas plus de 9 palmes de haut et 4 palmes et demie de large. Les portes de côté sont faites de la même manière, mais elles ne sont pas aussi larges au commencement et se terminent dans la même largeur que la porte principale. Du côté du dehors de cette église sont sept piliers en forme de lunes (?), lesquels sont éloignés de 12 palmes du mur de l'église. Ces piliers sont reliés l'un à l'autre par un arc et ces arcs se rejoignent à la partie supérieure de l'église en une voûte tellement bien faite qu'elle est un vrai chef-d'œuvre et qu'on ne pourrait faire mieux (?).

Ces arcs extérieurs paraissent avoir plus de 2 lances de hauteur. On ne voit pas dans toute cette roche, dans laquelle a été creusée cette église, une seule différence de pierre ; elle paraît n'être qu'un seul marbre. Le champ, ou le cloître qui est autour d'elle, a été aussi pratiqué dans le même bloc; il a 60 palmes de large à chaque extrémité et est de 100 palmes devant la porte. Au-dessus de cette église (?), où l'on a eu à tailler la pierre, sont neuf grands arcs, comme des cloîtres, qui descendent du sommet jusqu'en bas, pour les sépultures placées sur les côtés, comme celles de l'autre église. L'entrée est au pied du rocher même ; il y a quatre-vingts marches taillées dans la pierre et d'une largeur telle que dix hommes se tenant par la main pourraient y passer, et la hauteur de cette entrée (?) est d'une lance ou plus. Ce passage a dans la partie supérieure quatre trous qui, outre les extrémités, donnent du jour dans le chemin. Entre ce rocher et l'enceinte de l'église, il y a une sorte de champ, avec plusieurs maisons, et on y sème de l'orge. (Alvarès, ch. LIV, p. 59-60.)

[*Sainte-Marie* ou *Notre-Dame*]. — L'église de Notre-Dame n'est pas aussi grande que celle du Sauveur, mais elle est beaucoup plus ouvragée. Elle a trois nefs; celle du milieu est très élevée avec de grands lacs et des roses sculptées finement dans le même rocher. Dans chaque nef sont cinq colonnes, surmontées chacune de ses arceaux et de ses voûtes bien assemblées et bien construites. Il y a en outre dans la grande nef une colonne très haute sur laquelle est placée une niche, surmontée d'un fleuron si délicatement travaillé qu'on le croirait fait en cire. A l'entrée de chaque nef, se trouve une chapelle avec son autel, dans le genre des chapelles de l'église du Sauveur. Seulement il y en a plusieurs à chacune des deux portes qui sont aussi grandes et de même façon que celles de l'église du Sauveur (?). L'église a extérieurement six piliers : les deux qui sont de chaque côté sont comme appuyés sur le mur ; les quatre autres en sont éloignés ; ils sont reliés l'un à l'autre par des arcs très bien faits, et au haut desquels sont des niches également bien faites, et très hautes, comme des porches au-dessus des portes. Ces niches sont bien proportionnées, aussi longues que larges ; elles ont 15 palmes de longueur et autant de largeur. Il y a une enceinte, très belle et très élevée, aussi bien par derrière que sur les côtés et par devant, dans le rocher, de la hauteur de l'église. Cette église a 80 palmes de long et 64 de large ; en outre, en face de la porte principale, on a construit dans la même grande roche, une maison dans laquelle on donne à manger aux pauvres. Le passage qui conduit de l'église en dehors débouche dans cette maison ; c'est par elle qu'on entre à l'église, par-dessous le rocher même (où il y a) un très long espace. De chaque côté de cette église, en face des portes latérales, est une autre église. Cette église de Notre-Dame est la cathédrale de toutes les autres églises de cet endroit ; elle a un très grand nombre de chanoines.

[*Les Martyrs*]. — L'église qui se trouve du côté de l'épître (c'est-à-dire à droite) a la même longueur et a la même largeur que celle de Notre-Dame. Elle a trois nefs et dans chaque nef sont trois colonnes très bien faites et d'une œuvre égale ; elle n'a qu'une chapelle et un autel faits comme ceux des autres églises. Sa porte principale est très bien ouvragée ; elle n'a pas de portail devant, mais un couloir qui est au-dessous du rocher et qui va comme un chemin à l'église de Notre-Dame. Ce couloir va très loin ; on y monte par quinze marches faites dans le même (bloc de) rocher ; il est très obscur. Du côté de Notre-Dame, cette église a une très jolie porte latérale et deux belles lucarnes ; par derrière et de l'autre côté le rocher est escarpé et très âpre, nullement travaillé. Cette église s'appelle *les Martyrs*.

[*Sainte-Croix*]. — L'église qui a été construite du côté de l'évangile (à gauche) de Notre-Dame se nomme Sainte-Croix. Elle est petite, sa longueur est de 68 palmes. Elle n'a pas de nef, mais elle a au milieu trois colonnes qui paraissent se joindre au sommet à une voûte très bien faite ; l'intérieur en est simple. Du côté de l'église Notre-Dame, se trouvent une porte latérale très élégante et deux fenêtres bien ouvragées. Elle n'a qu'un seul autel comme les autres églises, et une porte principale d'un beau travail. Elle n'a pas de petite cour ni de façade par devant, mais seulement un couloir, très long et très obscur, qui conduit dehors par-dessous le rocher.

[*Emmanuel*]. — L'église d'Emmanuel est très ornée aussi bien en dedans qu'au dehors. Elle est petite ; sa longueur est de 42 palmes et sa largeur de 20. Elle a trois nefs ; celle du milieu est très haute et terminée par une voûte. Les nefs des côtés ne sont pas voûtées et leur toiture est plate, comme le sol de l'église. Ces nefs reposent sur cinq piliers ; leur largeur ou grosseur est de 4 palmes en carré et ils sont éloignés de quatre autres palmes du mur de l'église. Ses portes sont bien ornées, aussi bien la porte latérale que la porte principale et elles ont toutes les mêmes dimensions, 9 palmes de haut et 4 de large. Elle est tout entourée en dehors par une cour à trois degrés qui en fait le tour, excepté devant les portes, lesquelles ont chacune une petite cour et cinq marches toutes taillées dans le même bloc de rocher, sans aucun morceau rapporté ni brisure. Cette église possède en outre un chœur, ce que n'a aucune autre église; on y monte par un escalier en limaçon, très bas, car un homme haut de plus d'une palme donnerait de la tête au sommet. Le plafond est uni comme le sol de l'église : de même les nefs et les côtés, quelle que soit leur hauteur (?), seulement on débouche (par l'escalier) dans de petites maisons ou cellules, qui communiquent entre elles par des portes ; des portes donnent aussi accès du chœur même dans ces maisons ou cellules. On ne se sert de ce chœur que pour y conserver des caisses de vêtements et des ornements d'église. Ces caisses doivent avoir été fabriquées dans l'intérieur du chœur, parce qu'elles ne pourraient y entrer d'aucun côté, et, même en morceaux, je ne sais pas comment on pourrait les y faire entrer. Les murs extérieurs de cette église ont en outre des sortes d'assises de pierre, ce qu'on ne voit pas dans les autres. L'une fait saillie au dehors d'environ 2 doigts, tandis que l'autre rentre en dedans de la même épaisseur, en alternant ainsi depuis le bas des marches de l'escalier jusqu'au sommet de l'église. L'assise de pierre qui fait saillie a 2 palmes de largeur, celle qui est en retrait n'en a qu'une seule; et elles se succèdent ainsi dans toute la hauteur du mur, de sorte qu'en comptant ces pierres, on trouve que la muraille a 52 palmes de haut. L'enceinte de cette église, ainsi que son mur, est taillée en dedans et en dehors dans le même rocher; on y entre par trois portes très belles, comme de petites portes d'une cité ou d'une ville fortifiée.

[*Saint-Georges*]. — L'église de Saint-Georges qui est taillée dans un grand bloc de pierre, se trouve au-dessous des autres comme si elle en était séparée. Elle est, comme elles, façonnée dans un seul bloc. On y entre par dessous le rocher; il y a huit marches à monter, puis on entre dans une belle et grande maison, avec un banc de pierre qui en fait le tour à l'intérieur; à l'extérieur le rocher est brut. Dans cette maison, on donne l'aumône aux pauvres, qui s'asseoient sur les bancs. A l'intérieur de l'église, on trouve un endroit en forme de croix(?); cette église est donc faite comme une croix. De la porte principale au mur latéral il y a la même distance qu'entre les portes de côté, tout est bien proportionné et bien travaillé du côté des portes du dehors; on n'entre pas par là parce qu'elles sont fermées. En entrant dans l'enceinte de l'église, à la main droite, où le rocher est entièrement brut, il n'y a qu'une porte, qui est de la hauteur d'un peu plus d'un homme. Dans le mur même, il y a une espèce de réservoir, comme une arche, plein d'eau. On y monte par des marches. Les Éthiopiens disent que cette eau jaillit à cet endroit, mais qu'elle ne court pas;

ils en emportent chez eux pour s'en servir contre les mauvaises fièvres et disent qu'elle est efficace contre elles. Tout le pourtour de l'église est plein de sépultures comme celui des autres églises. Au-dessus est une croix double dont les bras sont égaux et encastrés l'un dans l'autre, comme les croix de l'ordre du Christ. En dehors le rocher est plus élevé que l'église; sur ce rocher extérieur sont des cyprès et des oliviers sauvages. Mais il me répugne de parler davantage de ces monuments, parce qu'il me semble qu'on ne me croira pas et qu'on pourrait taxer ma description de mensonge, pourtant je jure par le Dieu tout-puissant que tout ce que j'ai écrit est vrai et que j'aurais pu dire beaucoup de choses que j'ai passées sous silence pour qu'on ne me traitât pas de menteur. Car aucun autre Portugais n'a vu ces édifices; moi seul suis allé les visiter parce que j'en avais entendu parler.

L'endroit où sont élevées ces églises est situé sur le flanc d'une chaîne de montagnes, à un jour et demi de marche du sommet. Lorsqu'on descend la montagne, il semble que cette chaîne ou ce versant soit presque séparé d'une autre ligne de montagnes, mais elle s'y rattache. De cet endroit au pied de la montagne il y a encore une grande pente, et au loin, à une distance que l'on peut évaluer à la vue à 4 ou 5 lieues, sont de vastes plaines que l'on dit être à deux journées de marche, mais je crois qu'il n'y en a qu'une. Les Éthiopiens disent qu'on trouve dans ces plaines d'autres édifices semblables à ceux d'Axum, des sièges de pierre, ainsi que d'autres monuments et que c'était là que résidaient les rois, tandis que les reines habitaient les autres édifices. Ces plaines sont du côté du Nil; je n'y suis pas allé et je rapporte, pour l'avoir entendu dire, ce fait qui m'a beaucoup étonné. On me dit aussi que toutes ces églises furent construites dans l'espace de vingt-quatre ans, et que cela est écrit; qu'elles furent faites par les Gibetes, c'est-à-dire par des hommes blancs, parce que les Éthiopiens reconnaissent bien qu'ils ne sauraient exécuter des travaux aussi parfaits. Ils affirment qu'elles furent faites par ordre du roi Lalibala, dont le nom signifie miracle; qu'il porta ce nom ou bien qu'il lui fut donné parce qu'il fut entouré d'abeilles le jour de sa naissance et que les abeilles s'approchèrent de lui pour le purifier, sans lui faire aucun mal ; ils disent qu'il n'était pas fils d'un roi, mais d'une sœur du roi (qui régnait alors) ; que ce roi mourut sans avoir de fils et qu'il légua le royaume à son neveu, le fils de la reine ; ils ajoutent que ce fut un saint, qu'il fait beaucoup de miracles et qu'il jouit à cause de cela d'une grande renommée.

Avant notre départ d'Abyssinie, le Prêtre Jean donna ce fief d'Abrigima à l'ambassadeur qu'il envoya en Portugal. J'ai visité deux fois ces églises ; la seconde fois, je suis venu les voir avec l'ambassadeur lorsque celui-ci prit possession de son fief. Pendant que nous parcourions le pays, nous vîmes venir vers nous des calaçes (*qala ḥacê*, messager royal). Ce mot signifie messager ou parole du roi. Ces calaçes dirent à l'ambassadeur de prendre possession de ce fief d'Abrigima ; que le Prêtre Jean lui faisait remise du *gibir*, c'est-à-dire de l'impôt qui lui était dû par son prédécesseur et que lui-même ne lui devrait cet impôt que lorsqu'il aurait la jouissance de ce fief. Ils dirent qu'il était dû au roi cent cinquante bœufs de labour, trente chiens (?), trente zagaies et trente petits boucliers. (Francisco Alvarès, *Verdadeira informação*, ch. LIV, p. 59-62.)

DESCRIPTION DE ROHLFS

Après m'être un peu réconforté, j'allai visiter les différentes églises qui avaient déjà excité l'admiration des Portugais et qui, en réalité, n'ont pas leurs pareilles dans le monde, car toutes les églises que l'on admire à Lalibala sont monolithes. Les Portugais attribuent la construction de toutes ces églises à Lalibala, mais c'est évidemment une erreur, car dans l'architecture des diverses églises l'on ne saurait méconnaître un style plus ancien et plus barbare et un style plus moderne et plus délicat. On ne saurait nier pourtant que Lalibala a pris une grande part à la construction de ces merveilleux monunents, et l'église qui porte son nom a bien été construite par lui.

Je fus reçu à mon arrivée par les moines et les prêtres avec beaucoup d'empressement, et il ne fut pas question de me faire retirer mes chaussures ni de pratiquer d'autres formalités comme l'avaient exigé les prêtres des autres églises que j'avais déjà visitées; ils me firent entrer, dans toutes les églises, m'introduisirent dans le saint des saints, ou jusqu'au maître-autel. Je remarque que la disposition adoptée aujourd'hui dans toutes les églises nouvelles de l'Abyssinie et même dans celles qui ont déjà plusieurs siècles d'existence et qui consiste à murer soigneusement le Saint des saints et à le séparer du reste de l'église, comme cela avait lieu dans le temple des Juifs à Jérusalem, n'était pas usitée en Abyssinie dans les premiers temps du christianisme, car toutes les églises de Lalibala, telles que nous les voyons aujourd'hui, ont un maître-autel unique, comme les autres églises chrétiennes. On trouve pardessus tout dans ces monuments le pur caractère chrétien, tandis que pour les nouvelles églises abyssiniennes, il faut savoir d'abord qu'elles doivent être des maisons de Dieu chrétiennes, ce qu'aucun Européen ne pourrait reconnaître de lui-même.

La mieux conservée est l'église *Saint-Georges*, qui est séparée des autres; c'est (dans sa forme) une croix parfaite; elle a été taillée dans une seule pierre. On dirait une pièce qui vient de sortir de la main d'un confiseur. Chaque bras de la croix peut avoir 40 pieds à la base et autant jusqu'au sommet. Quatre colonnes à l'intérieur soutiennent le toit, qui a été façonné dans le même bloc de pierre que l'église et ne forme qu'une masse avec elle.

La plus grande de ces églises et la plus parfaite à l'origine est celle dédiée à *Medanhe Allem* ou *au Sauveur du monde*; c'est une basilique complète, et l'on ne peut rien trouver de plus beau, pour l'harmonie des proportions entre le tout et ses parties.

L'église d'*Emmanuel* est aussi parfaite dans ses formes.

Elle a 24 pas de long, 16 de large et 40 pieds de haut; comme toutes les autres, elle est taillée dans un seul bloc de rocher.

La plus ancienne paraît être l'église d'*Abba Libanos*, puis celle de *Mercure*, ornées de sculptures colossales.

Il y a en outre une église de *Gabriel* et une église de *Marie*, qui est réunie à celle de *Dabra-Sina*, qu'on appelle aussi église de *Golgatha* ou de *Lalibala*. Le roi Lalibala est enterré dans l'église de Golgatha, où un autre saint célèbre de l'Abyssinie, Selassé, a aussi son tombeau.

A côté de plusieurs de ces églises, la pierre volcanique qui constitue le sol de Lalibala et des environs et dans laquelle ces remarquables édifices monolithes ont été taillés, a mal résisté au temps et, comme la génération actuelle ne fait rien pour les conserver, ils marchent vite à la ruine. L'église de Saint-Georges est encore aujourd'hui bien conservée; au contraire, la belle église de Medanhe-Allem qui autrefois était entourée à l'extérieur d'une colonnade haute de 40 pieds, taillée dans le même bloc de pierre et reliée à elle, n'a plus aujourd'hui que quatre colonnes; les autres sont tombées autour d'elle. Il serait temps que l'on fît quelque chose pour ces monuments admirables de l'ancien art chrétien.

On me montra tout avec la plus grande affabilité et le plus grand empressement; ici c'était une cloche; là une cassolette à encens (ou un encensoir); ailleurs une couronne ecclésiastique ou bien une croix que l'on me faisait admirer. La tolérance de ces prêtres alla si loin que mon serviteur musulman Abd-er-Rahman, qui me servait d'interprète, put m'accompagner partout. Je dus même dans l'église de Saint-Georges me vêtir du propre manteau de saint Georges. Ce n'étaient plus, à vrai dire, que des lambeaux horriblement sales et suspects, mais les bons prêtres y mettaient une telle insistance, afin de me faire partager les bénédictions de leur patron que, pour ne pas passer pour un mécréant, je devais me montrer tout joyeux de porter ce vêtement désagréable pendant ma visite à l'église Saint-Georges. Plusieurs de ces églises sont très bien dotées; celle de Marie a même des cloches; d'autres possèdent des meubles qui feraient honneur à toute église catholique en Europe.

Toute la journée se passa naturellement à visiter ces monuments remarquables et lorsque le soir je revins à la maison où j'étais descendu, je trouvai mon hôte devant la porte avec un grand pot de *tedj*, c'est l'hydromel ou eau de miel aigre, boisson agréable et forte suivant son degré de fermentation, que l'on rencontre seulement chez les riches Abyssins, car la préparation en est trop coûteuse pour ceux de la classe ordinaire.

Le jour suivant, je fus de nouveau attiré par ces églises. Je ne pouvais pas me rassasier de voir ces merveilles. Je pus aussi être témoin du grand nombre de pauvres, de mendiants et de voyageurs qui étaient nourris devant l'église de Marie. La distribution de nourriture a lieu tous les jours à la même heure et les églises ont pour y subvenir de riches fonds et beaucoup de revenus, car les habitants de Lalibala ou des environs et des pèlerins riches y apportent de l'argent et des cadeaux. Le clergé de toutes ces églises, y compris les moines, est cependant considérable et peut s'élever à deux cents personnes environ.

A côté de ces curiosités antiques, on vous montre aussi à Lalibala sept oliviers, qui y ont été transplantés tout jeunes de Jérusalem. Ce sont aujourd'hui de grands et magnifiques arbres. Leur âge doit toutefois être considérable, car l'un d'eux n'a plus qu'un tronçon et deux autres se sont confondus en un seul. On me fit voir comme une chose remarquable une colline ombragée par un arbre et appelée Dabra siti, où le roi Lalibala aurait enseigné et prêché. On appela aussi mon attention sur une simple croix de pierre placée sur le chemin conduisant à l'église Saint-Georges, mais personne ne put me dire dans quelle circonstance cette croix avait été élevée.

La ville de Lalibala est bâtie sur sept collines situées sur un des versants occidentaux de la grande montagne Aschete, dont la hauteur peut atteindre 10,000 pieds. Même à 7,000 pieds d'altitude, le climat y est excellent; les arbres qui abritent les huttes et son site charmant en font un vrai paradis. Il peut y avoir maintenant de douze cents à quinze cents âmes; mais elle était certainement plus importante autrefois. Plusieurs chemins pratiqués dans le rocher, des restes de vieilles églises, dont la tradition ne paraît pas avoir conservé le souvenir, de nombreuses ruines d'habitations qui étaient mieux construites que celles de nos jours, attestent suffisamment que Lalibala était autrefois une localité bien différente de la ville actuelle, alors même qu'on n'aurait pas pour confirmer cette opinion le témoignage des églises. (Rohlfs, *Land und Volk in Africa*, p. 141-146.)

DESCRIPTION DE M. ACHILLE RAFFRAY

Ces églises monolithes (de Lalibéla) extrêmement curieuses sont fort difficiles à décrire, car elles sont très variées, je ne dirai pas dans leur construction, elles n'ont pas été construites, elles ont été taillées dans le roc, mais dans leurs formes. En général, on a isolé de la montagne un bloc par des tranchées plus ou moins larges; on l'a travaillé extérieurement en forme d'église et intérieurement on l'a creusé, évidé, en ménageant des colonnes, des pleins cintres pour soutenir le plafond; puis on y a percé des portes et des fenêtres, on a enrichi le tout de sculptures et de fresques et l'on est arrivé ainsi à faire un monument absolument complet.

Ces monuments sont loin d'être de petite dimension. Une des plus belles églises et la plus grande, celle de Medani-Allemm, le Sauveur du monde, est construite dans une cour rectangulaire qui a 43 mètres de longueur, sur 38 de largeur et 10 de profondeur. L'église elle-même a 33^{m},50 de longueur sur 23^{m},50 de largeur.

Les murs, dans leur plus grande épaisseur, ont 2^{m},08.

L'église est entourée à l'extérieur d'une colonnade qui, pour être moins parfaite, n'en a pas moins beaucoup d'analogie avec celle qui entoure la Madeleine à Paris.

Les colonnes sont plates (les colonnes rondes sont inconnues dans tous ces monuments), et elles entourent tout l'édifice. C'est sur ces colonnes que vient reposer l'avancement de la terrasse. Il y a même un fronton triangulaire dans le genre des frontons des temples grecs.

La plupart de ces églises communiquent entre elles. Il y en a dix dans la ville de Lalibela. Elles sont divisées en trois groupes : le premier de ces groupes en comprend cinq, le deuxième quatre et le troisième n'en a qu'une seule.

Les églises de chacun de ces groupes sont reliées entre elles par des communications à ciel ouvert et aussi par des communications souterraines. Quant aux trois groupes, ils sont eux-mêmes reliés entre eux complètement par des communications souterraines qui viennent aboutir à un torrent canalisé de main d'homme et que les Abyssins appellent le Jordanos (Jourdain). Quand les Abyssins ont taillé ces monuments, ils ont eu la pensée de représenter la ville de Jérusalem.

De Medani-Allemm on passe par une petite voûte dans une vaste cour trapézoïdale, dont les côtés ont 46 mètres, 36^{m},50, 37^{m},50 et 21 mètres. Au milieu se trouve l'église de Biet-Mariam et de chaque côté, creusées en grotte, les églises de Danaghel (des Vierges) et de Meskal (la Croix). Puis la cour se continue sur une plate-forme qui n'est autre que la terrasse de l'église de Golgotha qui se trouve ainsi à l'étage inférieur.

L'église de Biet-Mariam, de petite dimension, est la plus ornée à l'intérieur de sculptures et de fresques ; on y remarque surtout une galerie circulaire creusée dans l'épaisseur de la muraille et percée de fenêtres qui donnent dans l'intérieur de l'église ; c'est une sorte de tribune fermée dans laquelle le negouss Lalibela assistait, dit-on, aux saints offices. On y parvient non pas par un escalier, mais par des saillies laissées le long du mur. Quant à l'église de l'étage inférieur, Golgotha, elle est ornée de bas-reliefs sculptés à même dans le roc des murailles. C'est aussi la sépulture de Lalibela, dans un caveau du sous-sol. L'église la plus remarquable du second groupe est Ammanouel ; la cour au centre de laquelle elle se trouve a 30 mètres sur 24; l'église elle-même a $17^{m},50$ sur $11^{m},50$. Elle a été travaillée avec soin extérieurement comme intérieurement, et ornée de colonnes et de moulures plates.

Cette cour est entièrement isolée; elle n'a de communication avec les autres que par un petit tunnel où un homme a beaucoup de peine à passer.

L'intérieur de l'église répond bien à l'extérieur, mais il est beaucoup mieux conservé, parce qu'il n'a pas eu à subir les injures du temps.

Dans le même groupe, il y a celle d'Abba-Libanos qui n'est pas complètement isolée de la montagne; elle lui appartient encore par le sommet et par la base; mais un tunnel qui tourne autour permet d'y entrer. Cette église était l'église favorite du constructeur. Les fenêtres sont de formes très variées; il y en a en forme de croix, d'autres ressemblent un peu à l'ogive et enfin il y a des ouvertures en plein cintre.

Quant à l'église isolée qui forme un groupe à elle seule, c'est l'église de Ghorghis; elle a quatre corps de bâtiment accolés les uns aux autres, comme une croix grecque.

Il y a un baptistère, comme dans presque toutes les églises.

La forme des fenêtres est toute particulière, presque ogivale, avec des chapiteaux et des colonnettes.

Enfin quelques excavations dans les murailles de la cour renferment des sépultures.

Quelques-unes de ces églises sont très ornementées; c'est ainsi que l'église de Medani-Allemm, à l'intérieur, est divisée en cinq nefs et huit travées formées par des colonnes rectangulaires ornées de chapiteaux, reliées entre elles par des pleins cintres qui encadrent des plafonds carrés et plats. A l'extrémité de chaque travée, il y a un système de fenêtre très compliqué; dans l'ornementation de ces églises, on s'est toujours inspiré de l'agencement de lignes brisées à angle droit, nommé « la grecque ». Dans beaucoup de fenêtres, les meneaux affectent cette forme. J'ai fait les dessins de presque toutes les églises et de chaque type d'ornementation. Je n'ai pas pu dessiner tout, parce que mes moments étaient comptés. Heureusement, l'un de mes compagnons de voyage, M. Herbin, a bien voulu me prêter son concours. Ayant été attaché à la carte de France, comme officier, il a bien voulu se charger de lever le plan de toutes les églises et en particulier celui de l'église de Medani-Allemm, qui est certainement l'église la plus parfaite comme construction.

L'instrument dont on s'est servi pour tailler ces églises est évidemment le pic : on trouve la trace de l'outil sur les murailles, et nulle part on ne voit l'aspect lisse qu'aurait donné le ciseau.

Quant à l'historique de ces constructions, j'ai eu assez de peine à me le procurer. Cependant il existe à Lalibela un manuscrit dont j'ai offert une somme très élevée ; son propriétaire n'a jamais voulu s'en dessaisir, il m'a permis seulement de faire copier quelques passages. Un des missionnaires lazaristes qui habitent l'Abyssinie, le Père Duflos, qui connaît parfaitement la langue, a bien voulu me traduire les passages de ce manuscrit que j'ai rapprochés ensuite de la tradition. J'y ai trouvé ceci : c'est vers le ve siècle que ces églises ont été construites, et voici comment je suppose que c'est vers le ve siècle [1].

Le roi qui a fait construire ces églises était le négouss Lalibela. Lalibela était le cinquième négouss chrétien et le troisième qui eût régné à Lalibela. Les deux premiers, Arbaha Esabaha et Hashé Kabel, avaient régné à Axum. Or, c'est vers le commencement du IVe siècle que saint Frumence a évangélisé et christianisé l'Abyssinie, et Lalibala fut le cinquième négouss chrétien.

Les règnes étaient probablement longs à cette époque ; la légende et le manuscrit disent qu'il s'était passé une centaine d'années pour cinq souverains, par conséquent cela mettrait l'édification de ces monuments vers le commencement du ve siècle.

1. *Note de M. Raffray* : Des savants compétents pensent que cette date du ve siècle est erronée. Le négouss Lalibela aurait régné au XIIe siècle et l'on ajoute que le style des églises rend cette dernière date certaine.

Il est bon de dire enfin que ce ne sont pas les Abyssins qui les ont construits. Le roi Lalibela, qui était très pieux, fit venir de Jérusalem et d'Alexandrie d'Égypte quatre ou cinq cents ouvriers européens (c'est ainsi que les appellent la légende et le manuscrit), qui furent appelés pour construire ces édifices.

On trouve encore (les prêtres qui fréquentent ces églises et qui les connaissent parfaitement me l'ont montré), auprès d'une église, une succession de petites anfractuosités quadrangulaires, dans lesquelles l'homme peut à peine se tenir debout et qui ont été les habitations des quatre ou cinq cents ouvriers que Lalibela avait mandés d'outre-mer.

Il est vraiment curieux de constater qu'à une époque si reculée, un souverain d'Abyssinie ait fait venir de si loin des ouvriers, car Lalibela est fort éloignée de la côte ; cette ville est située par 12° 5′ latitude nord et 36° 45′ longitude orientale. et le voyage pour y venir du port de Massouah demande au moins pour les meilleurs marcheurs, je ne dis pas pour les Européens, plus d'un mois.

Du reste. je citerai ici, à titre de curiosité, une partie de la traduction que j'ai fait faire du manuscrit :

« Lalibela a passé trois jours et trois nuits en extase (mot à mot : dans la substance de son âme). L'ange du Seigneur lui révéla le secret des cieux. De par la volonté de Dieu, lève-toi, lui dit-il, va, bâtis dix églises où les pécheurs trouveront le salut. Il se leva, régna et bâtit, comme l'ange du Seigneur le lui avait montré. Dans une pierre, il fit d'abord Biete-Mariam (maison de Marie), ensuite Debre-Sina (temple du Sinaï, en l'honneur de la sainte Vierge), et le Golgotha à sa droite, Biete-Meskal (maison de la Croix), à sa gauche, Biete-Medani-Allemm (maison du Sauveur du monde), Biete-Denaguel (maison des Vierges) ; les murs et les colonnes sont en pierre. Il bâtit encore Biete-Gabriel, et ensuite Biete-Abba-Libanos. Elles sont entourées du même mur (mot à mot : leur mur est un).

« Il construisit encore Biete-Mercurios (Mercure), et ensuite

Biete-Ammanouel (Emmanuel), et les entoura d'un mur. Il bâtit à l'écart une église en forme de croix, celle de Biete-Guiorguis. Il ne fit rien sans se conformer au plan que le Seigneur lui avait montré. »

Il est bon d'ajouter que cette description, qui date de l'époque, est absolument conforme, absolument identique à ce qui existe encore et que j'ai pu voir à Lalibela.

« Guerma Sioum donna le jour à Imerehané Christos pour qui chaque jour le pain et le vin descendirent du ciel pendant trente ans et il régna quarante ans et vécut quatre-vingts ans.

« Zan Sioum enfanta Guêbré Mariam et Lalibela ; Guêbré Mariam régna trente-deux ans et Lalibela régna quarante ans. Sa nourriture était le *zengada* et trois bouchées de *ouet* (ce sont des aliments peu substantiels et très peu abondants) ; il n'alla jamais jusqu'à quatre.

« Dès l'âge de sept ans, il savait parfaitement lire. Dix ans après son avènement au trône, il bâtit onze églises. Il en faisait une coudée par jour et les anges du ciel lui en faisaient quatre par nuit. Il parvint à l'âge de soixante-dix ans et termina ses constructions en vingt-trois ans.

« Guêbré Mariam donna le jour à Macoueto le Ab, qui adora son Créateur dès le sein de sa mère, le loua avec les séraphins, parvint à l'âge de soixante-dix ans et nous fut ravi comme Hénoch et Héli. Il se nourrissait de terre le dimanche. Il ne mangea pas de grain. Lalibela était le père dans le Saint-Esprit de Macoueto le Ab. »

Il y a aussi dans ce manuscrit, que j'ai convoité si ardemment, une page fort curieuse ; elle est écrite en trois langues, en grec, en arabe et en ghèse, par l'historien qui était en même temps l'architecte, l'entrepreneur de ces monuments, Sidi Meskal. Cette page est l'acte par lequel le négouss Lalibela fait donation aux moines, des églises, de la ville et d'un territoire assez vaste qui, du reste, leur appartient encore, car tous les rois qui se sont succédé dans ce pays ont respecté, je crois, cette donation ; du moins, elle est encore très respectée aujourd'hui.

Lalibela est une ville exclusivement religieuse, et à sa tête se trouve un homme auquel je suis très heureux de rendre hommage ici. C'est un prêtre nommé Memer Member. J'ai rarement rencontré de par le monde un homme plus affable, plus bienveillant que lui. (Achille Raffray, *Voyage en Abyssinie et au pays des Gallas Raïas* dans le *Bulletin de la Société de géographie de Paris*, 2e trimestre 1882, p. 341-347.)

DESCRIPTION DE M. GABRIEL SIMON

Voulant faire revivre dans leur pays le souvenir de l'antique capitale de la Judée, les Éthiopiens ont donné à ces onze églises monolithes (de Lalibéla) les noms des onze principaux temples de Jérusalem.

Dix de ces églises sont réunies en deux groupes distincts ; la onzième Biet-Gorghuis (église de Saint-Georges), dont nous parlerons tout d'abord, est isolée de ces deux groupes, qui sont composés comme suit :

1er *groupe* :

Biet-Danaghel (église des Vierges).
Biet-Mariam (église de Marie).
Biet-Médine-Allem (église du Sauveur du monde).
Biet-Maskal (église de la Croix du Sauveur).
Biet-Golgotha (église Golgotha).
Biet-Kodos-Mikaël (église de Saint-Michel).

Ces deux dernières sont taillées dans le même roc.

2e *groupe* :

Biet-Gabriel (église de Saint-Gabriel).
Biet-Abba-Libanos (église de Saint-Libanos).

Biet-Mercurios (église de Saint-Mercurios).
Biet-Ammanouël (église de Saint-Emmanuel).

Ces curieux monuments monolithes s'élèvent au milieu de larges et profondes tranchées dans la roche qui compose la

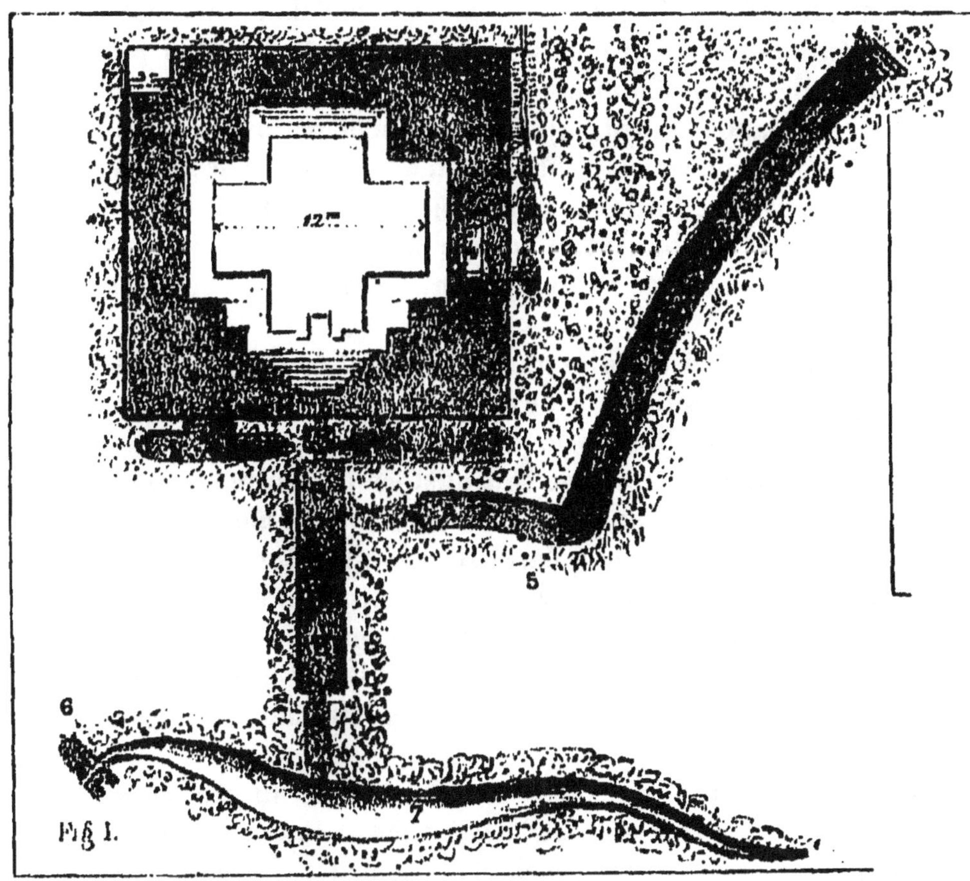

PLAN GÉNÉRAL DE L'ÉGLISE GORGHUIS.

1. Crypte creusée dans la paroi et servant de sépulture. — 2. Magasin et logement des gens d'église. — 3 et 4. Baptistère. — 5. Escalier de Lalibala. — 6. Commencement de la voûte conduisant au groupe de six églises. — 7. Le Jordanos.

montagne sur laquelle est situé le village de Lalibéla. On ne les voit que lorsqu'on arrive sur le bord de la tranchée, et des galeries à ciel ouvert descendent dans les cours où ils se trouvent. Alors on est étonné d'être en présence d'édifices remarquables par leurs détails architecturaux, et que leur présence au cœur d'un pays réputé barbare rend particulièrement intéressant. (Gabriel Simon, *L'Éthiopie*, Paris, Challamel, 1885, p. 297-299.)

Il existe à Lalibéla un petit cours d'eau dont on a détourné le cours pour le faire passer dans une sorte de canal profond creusé de main d'homme dans le roc; les Éthiopiens l'ont appelé Jordanos (Jourdain). Cette tranchée a une longueur totale de 50 mètres et la hauteur moyenne des parois est de 6 à 7 mètres. Au Jordanos commence, vers le nord, une galerie souterraine conduisant au groupe de six églises, qui communique lui-même avec celui des quatre églises par une tranchée très étroite.

Pour pénétrer dans les galeries de *Biet-Gorghuis*, on descend trois marches situées à l'extrémité de la galerie à ciel ouvert A; puis le sol s'incline de plus en plus jusqu'à une profondeur de 10 mètres; la tranchée se transforme ensuite en un souterrain voûté d'une longueur de 4 mètres, et quelques marches donnent accès dans la galerie B, reliant le Jordanos à l'église elle-même. Elle est d'environ 16 mètres de longueur, et ses deux extrémités sont souterraines et voûtées. Par l'une de ces deux voûtes, on arrive dans la cour de Biet-Gorghuis, coquette et petite église dont je donnerai plus loin une description détaillée.

En revenant sur ses pas, on peut arriver au groupe des six églises, soit en remontant le Jordanos et le souterrain désigné plus haut, soit par la galerie A, et les rues du village. On arrive à ce groupe par la *Biet-Danaghel*, qu'une voûte sépare en deux parties inégales, puis on se trouve dans une grande cour, au centre de laquelle on aperçoit Biet-Mariam, dont on verra plus loin les détails[1], ainsi que les dessins de ses arcs et de ses

1. L'ouvrage de M. Gabriel Simon contient des dessins représentant le plan de l'église Médiné-Allem, la façade est et sud de cette église, ses piliers,

piliers ; à l'est, une voûte conduit à Médiné-Allem, belle église au plan rectangulaire, rappelant vaguement l'architecture des temples grecs ; au nord, on voit Biet-Meskal, creusée en grotte, comme Biet-Danaghel, dans les flancs de la montagne ; à l'ouest, la cour se continue et forme terrasse au-dessus de Biet-Golgotha dont le niveau est, par conséquent, inférieur à celui des autres églises ; on y a accès par une galerie voûtée et un escalier. Bien que Biet-Golgotha ne présente que l'apparence d'une seule église, elle est divisée en deux qui sont Golgotha et Kodos-Mikaël.

Le deuxième groupe possède quatre églises et se relie au précédent par une tranchée étroite, qui, se dirigeant de l'ouest à l'est, conduit dans une première cour où se trouvent Biet-Gabriel et Biet-Abba-Libanos ; enfin une galerie de peu de longueur conduit à une dernière cour où l'on voit Biet-Mercurios et Biet-Ammanouël.

Ces onze églises sont toutes orientées selon le rite chrétien, ce qui prouve déjà qu'elles ont été bâties après le ve siècle (date assignée par M. Raffray à l'édification de ces monuments), car c'est seulement à partir du vi^e^ siècle que les chrétiens ont observé cette règle qui a pris naissance en France. Avant cette époque, on célébrait le culte dans les anciennes basiliques, qui n'étaient pas toutes orientées uniformément. »

Ces quelques mots dits sur l'ensemble de ces églises, je commencerai la description de détail par Biet-Gorghuis.

[*Saint-Georges*]. — Dans la galerie à ciel ouvert A il existe, dans la paroi de gauche, six trous circulaires que l'on appelle *escalier de Lalibéla*. La tradition affirme que le négouss Lalibéla descendait cet escalier à cheval, tour de force

ses arcs et ses fenêtres, des arcs et la peinture des plafonds de Biet-Mariam, des fenêtres de Biet-Golgotha, le mur intérieur de l'église Saint-Emmanuel, le portrait de Lalibéla et un bas-relief placé au-dessus de l'entrée de Biet-Mariam et représentant saint Georges terrassant le dragon. Je n'ai reproduit que le plan général de l'église Gorghuis, qui est indispensable pour comprendre la description.

prodigieux qu'aucun cavalier n'a depuis jamais pu exécuter. La cour où se trouve Biet-Gorghuis forme un carré exact de 22 mètres de côté. Les parois ont une hauteur de 15 mètres au nord et de 9 mètres au sud-ouest. On y remarque des cryptes assez profondes servant de sépulture aux habitants. Les Abyssiniens emploient plusieurs procédés pour la conservation des morts ; quelquefois ils placent le cadavre dans un tronc d'arbre creusé ou entre des planches reliées entre elles par des lanières, d'autres fois ils enroulent le corps dans une peau de bœuf tannée, appelée *djendi*, assujettie également par des lanières, et le déposent convenablement dans ces cryptes. Les cadavres se dessèchent et se conservent assez bien.

Lorsqu'un habitant de Lalibéla meurt hors de sa province, son corps est rapporté par un de ses parents et déposé, comme il est dit, dans l'enceinte sacrée.

Il existe encore, dans les parois, des chambres ou grottes où les prêtres rangent les instruments de musique et tous les accessoires ; il en est d'autres qui servent de baptistères, lorsque l'eau y vient.

Dans un angle de la cour, au nord-est, se trouve une petite construction, également monolithe, ayant comme dimensions 2 mètres sur 2m,50 ; elle sert de logement au prêtre.

Au sud, on remarque un baptistère extérieur creusé dans le sol ; on sait qu'autrefois on plaçait toujours les baptistères en dehors des églises, et que ce n'est qu'au xe siècle qu'on les a mis à l'intérieur.

Les chambres désignées plus haut et ce baptistère sont alimentés d'eau par une espèce de petit canal creusé dans la paroi de la cour, au sud-est.

Pour construire Biet-Gorghuis, on a creusé dans le rocher l'espace de la cour en laissant au centre le bloc qui devint l'église ; extérieurement on l'a taillé pour laisser le soubassement et les marches, et intérieurement, on l'a creusé, fouillé et sculpté en y laissant les murs, les piliers et les cintres.

Le plan de Biet-Gorghuis, dessiné d'après l'architecture byzantine, forme [illegible] une croix grecque ; de la cour, pour pénétrer dans l'église, il faut monter sept degrés; la hauteur du soubassement, de ce côté, est de $1^m,50$, et comme le sol de la cour est en pente, la hauteur à l'est n'est plus que de $0^m,85$, et il n'y a que quatre marches.

Elle est très ornementée, et les fenêtres en sont excessivement originales. On voit que l'art arabe n'y est pas étranger, car elles affectent ces formes contournées et capricieuses qu'on remarque dans les mosquées musulmanes, et qui ont donné naissance au style ogival. Les chambranles verticaux des fenêtres sont des surfaces planes au nombre de trois; ils ne prennent la forme de colonnettes, ou de boudins, qu'au-dessus des corbeaux d'ornementation et se terminent au sommet par un fleuron que nous commencerons à apercevoir en France à la fin du XIe siècle ; par une anomalie assez curieuse, on voit réunis dans le fleuron la croix grecque et le croissant musulman. Les corbeaux forment bandeaux dans les trumeaux; leurs ornements très simples et d'un relief très peu accentué ont eu beaucoup à souffrir des injures du temps; il en est de même de quelques fenêtres.

En suivant la tranchée B, puis le Jordanos, on peut aller, paraît-il, au groupe des six églises par une voie souterraine (n° 10); mais nous reviendrons sur nos pas, et, sortant des tranchées par la galerie A, nous nous rendrons dans ces monuments en traversant le village.

[*Saint-Sauveur*]. — De ces six églises, la plus remarquable par ses belles proportions, par l'ampleur de son plan, est, sans contredit, Biet-Médiné-Allem. Sa longueur totale est de $33^m,50$ sur $23^m,50$ de large, et *intra muros* elle a $16^m,10$ de largeur sur 26 mètres de longueur. Elle possède cinq nefs et huit travées. On y remarque intérieurement vingt-huit piliers carrés de $1^m,10$ de côté, surmontés par des chapiteaux se composant d'un listel et d'un quart de rond. Ils sont tous reliés entre eux par les arcs à plein cintre qu'employaient les architectes byzantins. En face de chaque pilier de nef ou de travée latérale, il existe contre le mur des pilastres de 35 centimètres de saillie, et qui se relient entre eux et les piliers par des arcs plein cintre, ainsi qu'on peut s'en rendre compte sur le plan[1]. Le plafond n'est pas voûté, les murs extérieurs ont $1^{m},20$ dans leur plus grande épaisseur ; selon le rite grec, l'autel est séparé du reste de l'église par un mur s'élevant à la hauteur des chapiteaux, et reliant les piliers de la deuxième travée, qui isole le maître-autel. A droite et à gauche de celui-ci, se trouvent deux pièces servant de sacristie ; dans les deux murs latéraux et extérieurs deux portes donnent passage aux fidèles; enfin un mur semblable au précédent sépare la première travée des autres, de sorte qu'il reste cinq travées pour les fidèles.

Mais si l'intérieur est admirable, l'extérieur ne lui cède en rien comme beauté et comme grandeur architecturale. Trente-deux piliers, de forme carrée ou rectangulaire, entourent le monument, et, à la façade principale ainsi qu'à la postérieure, un fronton rappelant vaguement ceux des monuments grecs, couronne les huits piliers et forme au-dessus de l'édifice une terrasse en dos d'âne. Une rangée de grecques en demi-cercle court sur toute la longueur du fronton dont chaque angle est orné d'une croix curviligne ; quelques moulures plates encadrent le tout ; pour les façades latérales, cette ornementation se continue et forme entablement. Ce monument n'a pu survivre intact à son antiquité ; plusieurs piliers sont brisés ainsi que l'entablement, et leurs débris épars jonchent le sol. Comme particularité, les piliers d'angle seuls sont carrés et reliés à leurs voisins par un voussoir à hauteur du deuxième bandeau mouluré. Ce sont surtout les fenêtres de style grec mélangé d'arabe qui donnent à cette église ce caractère particulier qui la distingue de Biet-Gorghuis ; il y a deux rangées horizontales de fenêtres, chacune d'elles correspondant à une travée ou à une nef. Celles du rez-de-chaussée affectent le carré ; c'est tout simplement un trou dans lequel des meneaux en forme de croix grecque donnent à l'intérieur de l'église de beaux effets d'ombre et de lumière. Au-dessus de chacune de ces fe-

1. Voir la note, page 152.

nêtres, on remarque deux bossages de forme cubique. Dans la façade est, ces baies ne sont plus carrées; l'ouverture, de forme irrégulière (une ellipse rencontrée par un rectangle), style arabe, est à la partie supérieure de la croisée, et au-dessous sont des ornementations grecques : ce sont des bâtons rompus de divers dessins, des croix à branches égales, et même de simples dés en relief. Ces dessins sont, en général, effrités par le temps, et même ceux de la deuxième fenêtre sont complètement effacés. Les fenêtres du rang supérieur sont en plein cintre et laissent pénétrer la lumière par des sortes de découpures en forme de cercles, de croix et d'étoiles qui donnent un ensemble excellent; cette ornementation est imitée de l'art arabe, tandis que celle des fenêtres inférieures est byzantine. Toutes ces découpures ont été fermées par des vitraux convexes et très épais, comme il en existait dans les monastères du moyen âge.

Ces fenêtres sont mal conservées ; il n'en existe qu'une à la façade sud, qui soit en assez bon état et qui possède encore quelques vitraux.

La cour où se trouve Mediné-Allem est rectangulaire ; elle a 43 mètres de longueur et 38 mètres de largeur ; elle est creusée à une profondeur moyenne de 10 mètres.

[*Sainte-Marie*]. — En sortant de Médiné-Allem, on pénètre dans la deuxième cour de ce groupe par une petite voûte; on aperçoit alors Biet-Mariam, de petite dimension, mais dont l'intérieur mérite une mention spéciale. Elle possède trois nefs et trois travées : l'abside, à l'est, est séparée des fidèles par une muraille à hauteur de la naissance des arcs. Les piliers, reliés par des arcs à plein cintre, n'ont pas de chapiteaux; l'art byzantin s'est complu dans cette ornementation de bâtons grecs ou rompus qui décorent les voûtes. Tous ces ornements ont un relief d'environ $0^{m},04$ et reposent généralement sur une imposte. Le fond est noir, et les bâtons grecs sont peints en vert ou en rouge brique. Quant aux impostes, elles affectent différentes formes; c'est tantôt un simple plan un peu en saillie, tantôt un cylindre ou une petite baguette, tantôt des moulures. Dans tous les cas, elles sont toujours peintes comme les bâtons rompus. Une voûte se fait remarquer par une décoration toute particulière : c'est un entrelacement de courbes noires, vertes, blanches, jaunes, et bleues d'un éclat très vif, séparées seulement par un léger trait noir. Elle n'a pour imposte que quelques moulures : au-dessous, il y avait des fresques actuellement effacées. Le dessin est rompu à la clef de voûte par une croix grecque à côtés rectilignes en saillie. Le nu du mur est peint en damier, mais il en reste peu de vestiges. Un autre arc, orné de bâtons grecs dont les creux dessinent une série de croix, a son imposte ornée de bandes rouge-brique, blanches et vertes; la bande blanche est coupée en deux par un gros trait noir. A la clef de voûte, le nu du mur a été creusé en cercle et on a laissé en saillie une croix grecque aux côtés gracieusement contournés; aux quatre angles sont des ornements creusés; le fond du cercle est peint en rouge brique, la croix est bordée d'un trait noir. Mais l'arc le mieux décoré est celui de la planche X[1]; il possède une imposte cylindrique ayant des grecques en relief ainsi qu'une croix; au-dessous existe un ornement également en saillie. Les bâtons rompus sont très compliqués, et la clef de voûte possède une étoile à six branches et au centre une croix aux côtés curvilignes. Le nu du mur est rouge-brique, le fond des branches de l'étoile et de la croix est noir; la croix et les branches de l'étoile sont blanches. L'arc de la planche X est à peu près semblable au précédent; les bâtons rompus offrent des dessins différents, et l'imposte ne comporte que des moulures.

Les plafonds ont été recouverts de peintures murales qui ont disparu; il en reste quelques traces à l'un d'eux : c'est une croix bordée d'un large trait noir avec des bandes transversales en vert foncé, fond blanc, encadrées par deux traits noirs. Aux quatre angles on voit comme ornements deux rosaces et deux damiers placés diagonalement.

1. Voir la note, page 152.

A la porte de Biet-Mariam, il y a un tambour d'entrée couvert en chaume, et au-dessus on aperçoit un bas-relief informe, qui ne date pas de la même époque que l'édifice, et qui doit être de provenance portugaise, car il rappelle leur manière. Or on sait que Christophe de Gama a pénétré dans le pays, au commencement du XVIe siècle, à la tête de cinq cents Portugais. Ce bas-relief représente saint Georges, à cheval et armé d'une lance, terrassant un dragon.

Dans le mur extérieur de Biet-Mariam a été ménagée une espèce de tribune ou plutôt une galerie contournant l'église. Cette tribune est percée de jours permettant de voir dans l'intérieur. La légende dit que Lalibéla assistait de là aux offices divins. C'est également dans cette église que se trouve le tombeau de Lalibéla.

[*Église de Golgotha*]. — Biet-Golgotha est cette église monolithe dont le toit formant terrasse ne dépasse pas le niveau de la cour de Biet-Mariam. Comme on l'a vu plus haut, cette église est double : Biet-Kodos-Mikaël et Biet-Golgotha.

Leurs fenêtres offrent ce mélange de grec et d'arabe que nous avons remarqué dans Biet-Gorghuis. Les unes sont de simples croix percées dans le mur, les autres des carrés divisés en quatre parties par des meneaux en forme de croix latine. Il y en a qui affectent le plein cintre avec des moulures plates, et dont le corbeau et les chambranles verticaux sont ornés de courbes entrelacées et en saillie. Enfin, quelques-unes, comme à Biet-Gorghuis, sont découpées en ogive avec une colonnette-boudin faisant le tour complet de la baie et placée sur un méplat extérieur; elle est terminée à la partie supérieure par un fleuron avec la croix grecque et le croissant. Tous ces ornements sont en saillie ainsi que les fleurs et les feuilles des corbeaux.

[*Église des Vierges et de la Croix*]. — Les églises de Danaghel et de Meskal ne présentent rien de remarquable, si ce n'est qu'elles ne sont pas détachées de la montagne ; ce sont des grottes creusées à même dans le roc. Leur ornementation est très simple et il y a peu de peintures; les voûtes sont les mêmes que celles de Biet-Mariam.

Enfin, dans le deuxième groupe, parmi les quatre églises qui le composent, on remarque Biet-Ammanouël, dont les voûtes ornées de grecques comme à Biet-Mariam reposent sur des chapiteaux semblables à ceux de Médiné-Allem. Le mur, entre deux voûtes, a, comme ornementation, des moulures horizontales taillées en biseau qui sont d'un très bel effet; il est percé de fenêtres rappelant celles de Médiné-Allem. Le haut de cette église est plat, sauf la nef centrale où il est voûté en forme cylindrique.

[*Église de Mercure*]. — Biet-Mercurios contient des peintures à fresques représentant saint Georges, saint Maurice à cheval et une Vierge à l'Enfant.

[*Abba-Libanos*]. — Quant à l'église Abba-Libanos, construite par Maskal Kébra en l'honneur de son mari Lalibéla, elle n'est pas complètement isolée de la montagne à laquelle elle tient par un de ses côtés; son toit est couvert de végétation. On remarque à l'intérieur une peinture murale assez originale, dont la couleur rouge brique commence à disparaître : c'est le portrait du négouss Lalibéla ayant à sa droite et à sa gauche Maskal Kébra, sa femme, et Abba Libanos (ces deux derniers portraits sont presque entièrement effacés). Depuis, les Abyssins en ont arrêté les traits et les contours avec du charbon.

[*Église de Gabriel*]. — Biet-Gabriel, enfin, imitée de l'ancien temple de Jérusalem, n'est autre chose qu'un tabernacle entouré d'un parvis qui rappelle celui où le Christ annonçait la parole sacrée aux Juifs.

Toutes ces églises ont été taillées au pic et certaines traces extérieures l'indiquent suffisamment; pourtant, à l'intérieur, on a dû promener le ciseau sur la surface des murs et des piliers si douce et si lisse au toucher. En outre les peintures murales n'auraient pu être exécutées. et il est impossible de sculpter les fins reliefs de Biet-Mariam, par exemple, autrement qu'au ciseau. En somme, il y a là une prodigieuse dépense d'efforts accumulés, et l'esprit se plonge dans une profonde rêverie, lorsqu'il tâche de se représenter la marche infatigable de l'activité religieuse, creusant dans la montagne ces galeries et ces tranchées, et déblayant ces blocs immenses, où elle sculpte ensuite ces monuments qui, par leur sombre majesté. rappellent, non seulement les édifices égyptiens, mais aussi les temples mystérieux de l'Inde, restes de cette civilisation orientale dont un dernier reflet brille encore à la cour des radjahs indépendants de l'Angleterre. (Gabriel Simon, *L'Éthiopie*, Paris, Challamel aîné, 1885, p. 300-317.)

CORRECTIONS

Malgré le soin que j'ai apporté à la révision des épreuves, plusieurs fautes se sont glissées dans la composition du texte éthiopien. Bien qu'elles soient faciles à corriger pour un éthiopisant, je crois devoir les indiquer :

Page		ligne		lire		au lieu de	
Page	2	ligne	11	lire	nĕdĕt	au lieu de	nĕdût.
—	3	—	7	—	lâʻelĕhomû	—	lâʻebĕhomû
—	4	—	2	—	barakat	—	bĕrakat
—	5	—	13	—	sanpêr	—	sanpir
—	11	—	1	—	'ôfequrânya	—	'afequranya
—	12	—	20	—	'emna	—	'emana
—	13	—	1	*il y a lieu de suppléer le mot* ruṣata *après* kĕrĕstiyân			
—	15	—	21	lire	lôtu	au lieu de	lĕtu
—	27	dans le titre		—	le roi, son frère,		
—	29	dernière ligne		—	šamerat	au lieu de	šĕmerat
—	39	ligne 11-12		—	'esût	—	'est (?)
—	31	—	5	rétablir : la Yesḥaq : mĕsla : Rĕbqâ.			
—	32	—	14	lire	walda	au lieu de	walada
—	33	—	16	—	yĕtmataw	—	yĕtwaṭaw
—	34	—	11	—	'Esrâ'ĕl	—	'Asrâ'ĕl
—	38	—	7	—	ḥâlawô	—	halawâ
—	46	—	6	—	'emmawaʻel	—	'emwâʻel
—	52	avant-dernière ligne			la'abuhu	—	ba'abuhu
—	54	ligne	3	—	ṭĕwaqê	—	ṭewawê
—	55	dernière ligne		—	'aweçĕ'a	—	'eweçe'a

TABLE DES MATIÈRES

ANGERS, IMPRIMERIE BURDIN ET Cie, RUE GARNIER, 4.